新形态一体化教材

注重文化内涵挖掘
配套多形态学习资源

# 中国旅游文化

## 第 3 版

李娌 —— 主编

数字资源总码

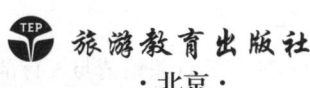

旅游教育出版社
·北京·

图书在版编目（CIP）数据

中国旅游文化 / 李娌主编. -- 3 版. -- 北京：旅游教育出版社，2025. 1. -- （新形态一体化教材）.
ISBN 978-7-5637-4746-7

Ⅰ．F592

中国国家版本馆CIP数据核字第2024MJ2192号

新形态一体化教材

中国旅游文化（第3版）

李娌　主编

| 策　　划 | 赖春梅 |
|---|---|
| 责任编辑 | 贾东丽 |
| 出版单位 | 旅游教育出版社 |
| 地　　址 | 北京市朝阳区定福庄南里1号 |
| 邮　　编 | 100024 |
| 发行电话 | （010）65778403　65728372　65767462（传真） |
| 本社网址 | www.tepcb.com |
| E - mail | tepfx@163.com |
| 排版单位 | 北京旅教文化传播有限公司 |
| 印刷单位 | 天津雅泽印刷有限公司 |
| 经销单位 | 新华书店 |
| 开　　本 | 710毫米×1000毫米　1/16 |
| 印　　张 | 13.25 |
| 字　　数 | 202千字 |
| 版　　次 | 2025年1月第3版 |
| 印　　次 | 2025年1月第1次印刷 |
| 定　　价 | 52.00元 |

（图书如有装订差错请与发行部联系）

# 前言（第3版）

2024年新春，习近平总书记在贺词中这样表述："中国是一个伟大的国度，传承着伟大的文明。在这片辽阔的土地上，大漠孤烟、江南细雨，总让人思接千载、心驰神往；黄河九曲、长江奔流，总让人心潮澎湃、豪情满怀……泱泱中华，历史何其悠久，文明何其博大，这是我们的自信之基、力量之源。"

新时代新征程，要用文化赋予旅游发展深厚的人文底蕴，用旅游促进文化繁荣，推动文化和旅游交融互动、融合发展。《中国旅游文化》（第3版）教材与师生们见面了，本次修订工作具有以下特点：

一是教学资源十分丰富。教材集合了文字、图片、音频、视频、动画、试题等"新形态"素材。通过丰富的资源呈现，有利于解决"理论过多、课堂乏味"的问题，激发学生的学习兴趣。同时，学生、教师、社会人员及文旅从业者均可以免费登录"智慧职教"及"MOOC学院"进行在线课程学习。

二是紧密对接就业岗位需求。本教材的知识点，注重实际应用，可作为备考全国导游人员资格考试的考生参考用书。此外，教材结合高校大学生特点，在教材结构上，将"任务导入""知识链接""试一试"等环节，作为教材的重要组成部分，提高学生的认知能力和对相关知识的理解能力，教师可结合导游等相关岗位需要进行针对性授课。

三是课程思政资源贯穿全书。本教材以"讲好中国故事""做好中国故事叙事表达"为宗旨，每个知识点的背后都是博大精深的中国旅游文化、历史、建筑、园林、山岳、民族、饮食、诗词等，处处表达着作为中国人的文化自信。

  本教材既可以作为普通本科、职教本科及高职旅游类相关专业学生用书，也可作为旅游从业人员和旅游爱好者的参考书。撰写过程中作者参考了国内许多专家学者的相关成果，恕不一一列出。最后，感谢旅游教育出版社策划编辑赖春梅在近二十年时间里对作者的帮助和信任，向其表示深深的谢意！感谢出版社责任编辑与相关人员对本书出版的辛勤付出！限于本书作者水平，书中错漏之处在所难免，诚恳欢迎各位同仁给予批评指正，将不胜感激！

作者<br>
2024 年 12 月

# 动画视频资源列表

## 动画视频资源列表

| 动画视频名称 | 对应二维码 | 动画视频名称 | 对应二维码 |
| --- | --- | --- | --- |
| 巴山夜雨现象 | | 趵突泉 | |
| 舫 | | 佛跳墙 | |
| 故宫到底有多少房间 | | 故宫里为什么多"红色"和"黄色" | |
| 故宫内朝的匾额为什么是满汉双文书写 | | 海蚀 | |
| 荷花的文化解读 | | 茅台酒 | |
| 泡温泉有哪些注意事项 | | 泼水节 | |

续表

| 动画视频名称 | 对应二维码 | 动画视频名称 | 对应二维码 |
|---|---|---|---|
| 千叟宴 | | 什么叫年号 | |
| 泰山摩崖石刻 | | 透过楹联看景区 | |
| 西湖醋鱼 | | 徐霞客 | |
| 长白山 | | 做个会点菜的达人 | |
| 葡萄酒的酒瓶为何多是绿色的 | | | |

# 目 录

## 第一章　中国历史文化常识 ·········································································· 001
### 第一节　中国历史发展的基本线索 ······················································ 001
### 第二节　帝王称号与皇族、皇戚称谓 ···················································· 008
### 第三节　古代官制与官吏选拔制度 ······················································ 010
### 第四节　诸子百家、天干地支与八卦 ···················································· 015
### 第五节　文学艺术 ····················································································· 019

## 第二章　中国自然旅游景观 ·········································································· 025
### 第一节　地质地貌景观 ·············································································· 025
### 第二节　水体景观 ····················································································· 033
### 第三节　生物景观 ····················································································· 040
### 第四节　天象与气候景观 ········································································· 045
### 第五节　中国的自然保护区、森林公园、地质公园与国家公园 ············· 050

## 第三章　中国古代建筑 ·················································································· 053
### 第一节　中国古代人文建筑景观 ···························································· 053
### 第二节　中国古代城市建筑 ···································································· 064
### 第三节　中国古代宫殿坛庙与民居建筑 ················································ 065
### 第四节　中国古代陵墓 ············································································· 072
### 第五节　中国古代重大工程与楼阁、桥梁建筑 ······································ 076

## 第四章　中国古典园林 … 080
### 第一节　中国古典园林的起源、特点和分类 … 080
### 第二节　中国古典园林的组成要素 … 086
### 第三节　中国古典园林的常见构景手法 … 092

## 第五章　传统饮食与特产 … 096
### 第一节　烹饪 … 096
### 第二节　中国名酒 … 100
### 第三节　中国名茶 … 104
### 第四节　织绣与陶瓷、雕塑工艺品 … 108
### 第五节　其他特产 … 113

## 第六章　中国的民族民俗 … 118
### 第一节　中国的民族民俗概述 … 118
### 第二节　汉族 … 121
### 第三节　满族、朝鲜族、蒙古族、回族和维吾尔族 … 124
### 第四节　壮族、土家族、苗族和黎族 … 130
### 第五节　藏族、彝族、傣族和纳西族 … 134

## 第七章　中国的四大宗教 … 140
### 第一节　佛教 … 140
### 第二节　道教 … 156
### 第三节　伊斯兰教 … 164
### 第四节　基督教 … 169

## 第八章　中国旅游文学 … 176
### 第一节　旅游与旅游文学 … 176
### 第二节　旅游文学的类型及形式 … 180
### 第三节　文学中的旅游体验 … 185

| 参考书目 | 191 |
| 试卷 A | 192 |
| 试卷 B | 197 |
| 后　记 | 202 |

# 第一章
# 中国历史文化常识

 **学习目标**

**1. 知识目标**

了解中国历史发展的基本线索；掌握帝王的各种称号；熟悉中国古代官制发展状况，了解科举制度；熟悉中国古代思想文化成就。

**2. 能力目标**

对中国历史的发展、朝代更迭有所了解。

**3. 技能目标**

结合中国古代天文历法等相关知识，理解中国文化的特点。

**重点难点**

1. 帝王的各种称号，科举制度，中国古代思想文化成就。
2. 对阴阳五行、八卦、诸子百家思想的理解。

## 第一节 中国历史发展的基本线索

 **任务导入**

中国历史上存在过多少个朝代？哪个朝代存在的时间最长？哪个朝代发展最鼎盛？三皇五帝是指哪些人？

## 一、石器时代与古史传说时期

### 1. 石器时代

地球上有生命的历史虽然已有30多亿年了,但是在距今300万—200万年地球上才出现人类。考古学家把以古人类制造和普遍使用劳动工具——石器为主要特征的历史时期命名为石器时代。一般将石器时代划分为旧石器时代和新石器时代。旧石器时代人类普遍使用打制石器,工具粗糙而简单。新石器时代人类普遍使用磨制石器,工具精细且种类较丰富。中国境内已发现旧石器时代遗址达400余处,主要有距今170万年的元谋人遗址(发现于今云南省元谋县)、距今80万—60万年的蓝田人遗址(发现于今陕西省蓝田县)、距今70万—20万年的北京人遗址(发现于今北京市房山区周口店龙骨山),以及马坝人遗址(发现于今广东省韶关市曲江区马坝镇)、长阳人遗址(发现于今湖北省长阳县)、丁村人遗址(发现于今山西省襄汾县丁村)、山顶洞人遗址(发现于今北京市房山区周口店龙骨山山顶洞穴)等。

中国境内新石器时代遗址已发现一万余处。主要有距今8000—7000年的磁山文化遗址(发现于今河北省武安市磁山)和裴李岗文化遗址(发现于今河南省新郑市裴李岗)、距今7000—5000年的仰韶文化遗址(发现于今河南省渑池县仰韶村)、距今6000—5000年的红山文化遗址(发现于今内蒙古自治区赤峰市红山后),以及龙山文化遗址(发现于今山东省济南市章丘区龙山镇)、齐家文化遗址(发现于今甘肃省广河县齐家坪)、良渚文化遗址(发现于今浙江省杭州市余杭区良渚)、河姆渡文化遗址(发现于今浙江省余姚市河姆渡)等。

中国旧石器时代遗址在全国各地均有分布,当时的社会组织主要是以血缘关系为特征的,人们过着群居生活。"北京人"已懂得使用天然火,"山顶洞人"已会人工取火。此时期古人类的经济生活以采集和渔猎为主。中国新石器时代遗址遍布全国各地,当时的社会组织由以血缘关系为纽带的群居逐渐发展为氏族公社。此时期经济生活逐渐丰富,农业和畜牧业发展起来,并成为主要的经济活动。陶器、玉器等大量器物在生活中使用,绘画、音乐、舞蹈、宗教活动等各种文化现象开始出现。

### 2. 古史传说时期

考古学上的石器时代也是中国的古史传说时期。石器时代人类的活动经人们口耳相传流传下来,又经各种文学艺术以及信仰等的加工,形成了中国历史上的古史传说。这些传说有些是历史发展的反映,有些是人们信仰崇拜的反映,传说的内容既具有史实性又具有神话性。这些神话传说反映了上古之时人类征服自然、战胜自然的精神,是古人类文明进步的重要体现,也是古人类为中华民族的文明做出的杰出贡献。

盘古氏。开天辟地,变成宇宙和大地万物。

有巢氏。原始巢居的发明者。相传远古之时,人们穴居野处,受野兽侵害,有巢氏教人构木为巢,以避野兽。这可以说是古人类由利用自然洞穴居住到自己建造房屋居所的转折。

燧人氏。传说中发明钻木取火的人。

伏羲氏。传说中华夏民族的始祖。相传其人首蛇身,与其妹女娲成婚,生儿育女,成为人类的始祖。相传他教民结网、从事渔猎畜牧。相传他始画八卦,造书契。又相传他是古代东夷部落的杰出首领。

女娲氏。传说中她"抟土造人,炼石补天",她发明笙簧。

神农氏。传说中农业和医药的发明者。远古人过着采集渔猎的生活,神农氏发明制作了木耒、木耜,教民进行农业生产。传说反映了中国原始时代由采集渔猎向农耕生产进步的情况。又传说他遍尝百草,发现药材,教人治病。

知识链接

### 浙江良渚遗址

良渚文化是环钱塘江分布的以黑陶和磨光玉器为代表的新石器时代晚期文化,活跃在距今5300年到4300年之间的良渚文化,被认为是东亚地区最早迈入早期国家形态的区域文明。2019年7月6日,在第43届世界遗产大会上,"良渚古城遗址"列入《世界遗产名录》,这标志着中华五千多年文明史得到世界广泛公认。

良渚文化的发现,既丰富了中国古代文明的内涵,又对研究中华文明的起源和发展具有重要意义。位于良渚遗址核心区的古城遗址,拥有规模宏大的城址、功能复杂的外围水利系统、分等级墓地(含祭坛)等一系列相关设施,以及以具有信仰与制度象征的系列玉器为主的出土文物,这些实物证明,在中国新石器时代晚期,环太湖地区存在着一个以稻作农业为基础、社会已显著分化并拥有统一信仰的早期区域性国家,这为中华文明五千多年的历史提供了确凿的证据。

(摘自"浙江宣传"公众号)

## 二、夏商周时期

公元前21世纪,禹之子启取消了中国五帝时期传统的"禅让"制,登上王位,建立了中国历史上第一个王朝——夏朝。夏朝统治时间约为公元前2070年—公元前1600年。夏朝时经济活动以农业生产和畜牧业为主,石器、木器和陶器广

泛使用，能够制造青铜器。

约公元前 1600 年，在商部落首领汤的率领下推翻了夏的统治，建立了商王朝。商朝多次迁都，大约公元前 1300 年商王盘庚迁都到殷（今河南省安阳市），自此以后，商朝不再迁都，因此，商朝也被称为殷朝。商朝的农业和畜牧业较前有很大的发展，以青铜冶炼和制造为代表的手工业发展较快，天文历法较为发达，中国文字在商朝成熟并已定型。商朝统治时间为公元前 1600 年—公元前 1046 年。

公元前 1046 年，周武王率兵推翻了商王朝，建立了周王朝，定都镐京（今陕西省西安），史称西周。周代实行分封制，确立了以血缘关系为纽带的宗法制。在全国推行井田制，确立了土地国有和农业生产制度。手工业较前更为发展，青铜冶炼与制造技术达到了鼎盛时期。公元前 841 年，"国人"举行暴动，周公和召公"共和"执政，周王室开始衰微。公元前 771 年，犬戎人攻破镐京，杀死了周幽王，周平王被迫迁都洛邑（今河南省洛阳市），史称东周。

### 三、春秋战国时期

公元前 770 年，周平王迁都洛邑，开启了中国历史上的东周时期。东周时期，周王室更加衰微，很难再有从前的权威来控制各诸侯国。各诸侯国乘机不断发展自己的势力，争夺土地、人民和财富，从此，中国历史进入了春秋战国时期。

公元前 770 年至公元前 476 年，是中国历史上的春秋时期。公元前 475 年至公元前 221 年，是中国历史上的战国时期。春秋战国时期，诸侯国间为争夺土地、人民和对其他诸侯国的支配权，不断进行兼并战争，以谋取霸主地位。春秋时期先后出现了齐桓公、宋襄公、晋文公、秦穆公和楚庄王（另一说为齐桓公、晋文公、楚庄王、吴王阖闾和越王勾践）五位霸主，史称"春秋五霸"。战国时期出现了齐、楚、燕、韩、赵、魏、秦七个实力最强的诸侯国，被称作"战国七雄"。

为在诸侯国争霸中处于强势地位，各诸侯国纷纷采取各种措施进行改革，促进生产发展，增强国力。最早实行变法的是鲁国，于公元前 594 年实行"初税亩"，即按亩征税的田赋制度，这是承认私有土地合法化的开始。初税亩的实行，增加了财政收入，适应和促进了新生的封建土地占有关系，标志着奴隶制土地关系开始瓦解。

**知识链接**

#### 什么是"初税亩"？

"初税亩"的具体实行方法是："公田之法，十取其一；今又履其余亩，复十取一。"具体来讲，就是按照田地亩数征收收成的十分之一作为赋税，公田、私田一视同仁。之所以如此收税，是因为在当时，农业生产力水平大大提高，大量土地被开垦后掌握在私人手中，成为私人财产。而按照鲁国原有的赋税制度，私田是无须缴纳赋税的，只有公田需要。因此，国家的财政收入中，农业的比重不断下降，与朝廷鼓励农耕的政策相悖。

各诸侯国的改革在战国时期达到高潮，先后有李悝在魏国变法、吴起在楚国变法、申不害在韩国变法、赵武灵王推行"胡服骑射"、齐威王任用邹忌和孙膑变法、商鞅在秦国变法等变法革新活动。在所有的改革中，秦国商鞅的改革最成功，很快使秦国走上了强大的道路。这些改革顺应了历史发展，维护了新兴地主阶级的利益，促进了社会生产的发展，使中央集权制的政治体制和郡县制地方行政管理体制得以确立。

与此同时，科学文化在春秋战国时期也得到了前所未有的发展。生产技术进步，社会生产力水平提高；科学水平提高，科技成就大量涌现；尤其是百家争鸣局面的出现，奠定了我国封建时代的文化基础，对中国文化发展产生了深远的影响。

## 四、秦至清鸦片战争前

### 1. 秦汉时期

经过一系列的兼并战争，公元前221年，秦国灭掉其他诸侯国，最终统一了全国，定都咸阳，建立了我国第一个中央集权制封建王朝——秦朝。秦始皇采取了一系列措施巩固其统治，确立了中央集权制，地方上采用郡县制，统一了货币、文字和度量衡，开运河、修长城。但是，由于沉重的赋税、徭役、兵役和严刑酷法等统治措施，社会矛盾和阶级矛盾激化，公元前209年爆发了陈胜、吴广起义。公元前206年，秦朝被起义军推翻。经过四年的楚汉战争，公元前202年，刘邦打败项羽，建立汉王朝，定都洛阳，后迁都于长安（今陕西省西安），史称西汉。西汉初期，几代皇帝均采取"休养生息"的政策，很快恢复了社会生产，至汉武帝时，西汉国力达到了鼎盛。公元8年，外戚王莽篡夺了西汉政权，改国号为"新"。很快爆发了绿林、赤眉起义。公元25年，刘秀又建立了汉政权，定都洛阳，史称东汉。两汉时期，农业和科学技术有了较大发展，中外交流得到加强。

### 2. 三国、两晋、南北朝时期

公元220年，曹操之子曹丕废掉汉献帝，即帝位，建立了魏政权，定都洛阳。公元221年，刘备建立汉政权，定都成都，史称蜀汉。公元229年，孙权在武昌称帝，建立吴政权，定都建业（今江苏省南京）。三国鼎立时期农业继续得到发展，吴国的造船业发达，吴派卫温率船队到达夷州（今台湾地区）。

公元263年，魏灭蜀汉。公元265年，司马炎废魏帝自立，建立晋朝，定都洛阳，史称西晋。公元280年，晋灭吴，统一全国。公元316年，匈奴军队攻占洛阳，西晋灭亡。公元317年，司马睿南逃至建康（今江苏省南京）立国，史称东晋。西晋灭亡后至北魏统一北方的一百多年间，北方地区先后有由匈奴、鲜卑、羯、氐、羌等民族建立的前凉、后凉、南凉、西凉、北凉、前赵、后赵、前秦、后秦、西秦、前燕、后燕、南燕、北燕、夏、成汉十六个政权，史称"五胡十六国"。

公元420年，刘裕废东晋皇帝自立，建立宋政权，定都建康。公元420—公元589年，南方共经历了宋、齐、梁、陈四朝，史称南朝。公元386年，鲜卑拓跋部建立魏政权，并逐步统一了黄河流域，史称北魏。后北魏分裂为东魏和西魏，分别为北齐和北周所取代。此五朝史称北朝，与南朝合称南北朝。南北朝时期是中国南北方的分裂时期，也是北方民族大融合和江南得到进一步开发的时期。南北朝时期是中国历史发展的转折时期，中国封建社会中期的许多制度与文化都酝酿于这一时期，如土地制度、官制、兵制、宗教、文学艺术、科学技术等，从而迎来了隋唐时期中国封建社会的鼎盛。

**3. 隋唐、五代十国时期**

公元581年，北周外戚杨坚废周自立，建立隋朝，定都长安。公元589年，隋灭江南的陈，统一全国。公元618年，李渊在长安称帝，建立唐朝。公元907年，朱温灭唐建立后梁，此后至公元960年，中原地区先后出现后梁、后唐、后晋、后汉、后周五个政权，史称五代。五代之外先后出现前蜀、后蜀、吴、南唐、吴越、闽、楚、南汉、荆南（南平）和北汉十个割据政权，历史上合称为五代十国。唐代是中国封建社会发展的鼎盛时期，政治、文化、教育、科学技术、中外交流等都取得了前所未有的成就，南方地区经济文化也得到了空前的发展。

**4. 辽、宋、西夏、金、元时期**

公元907年，居住在北方辽河流域的契丹人建立了契丹国（后改国号为"辽"），定都上京（今内蒙古自治区巴林左旗），直至1125年，一直与北宋并立存在着。公元960年，赵匡胤夺取了后周政权，建立了宋朝，定都开封（今河南省开封市），史称北宋。1038年，居住在河套地区的党项人建立了大夏政权，定都兴庆府（今宁夏回族自治区银川），史称西夏，直至1227年为蒙古所灭，一直与辽和北宋并立存在。1115年，居住在东北松花江流域的女真人建立了金政权，并很快灭了辽和北宋政权，先后定都上京（今黑龙江省哈尔滨市阿城区）和中都（今北京），直至1234年为蒙古与南宋联合所灭，一直与南宋对峙，形成我国历史上又一次南北朝的局面。1127年，北宋灭亡后，宋高宗赵构逃到杭州立国，史称南宋。1206年，蒙古族铁木真被推为大汗，建立蒙古政权。成吉思汗及其子孙先后征服了中亚、西亚和东欧国家，建立了横跨欧亚的大帝国。1271年，成吉思汗孙子忽必烈改国号为元，定都大都（今北京）。1279年，元灭南宋。1368年，元大都为朱元璋建立的明政权军队攻占，元顺帝北逃开平，元朝灭亡。辽宋夏金元时期，是中国历史上又一次民族大融合时期，此时的文化、科学技术、商品经济、中外交流等方面都有了很大的发展。

### 5. 明、清（1840年前）时期

1368年，朱元璋在应天府（今江苏省南京）建立明王朝。1421年，明成祖朱棣将首都迁至北京。1644年，李自成率领的起义军攻占了北京，明朝灭亡。同年，居于东北的清军攻入山海关，很快占领了中原地区，确立了中国最后一个封建王朝对全国的统治。1840年，英国侵略者为保护其罪恶的鸦片贸易，依仗其船坚炮利，发动了侵略中国的鸦片战争，从此，中国开始沦为了半殖民地半封建社会。明、清是中国封建社会的最后两个王朝，中国农业发展至明清时期达到了最鼎盛时期，科学技术虽然较之前代有所进步，但与世界进步的脚步相比明显落后。这一时期的思想文化为中国封建思想文化之集大成，在这一时期也出现了启蒙思想和资本主义萌芽，但并没有得到顺利发展。

 知识链接

**中国历代王朝、朝代歌诀**

唐尧虞舜夏商周，春秋战国乱悠悠。

秦汉三国司马晋，群雄割据有十六。

南朝宋齐梁陈出，北朝三魏继齐周。

隋唐五代又十国，宋辽金元明清休。

## 五、近现代时期

1840年，英国借口保护其鸦片贸易，对中国发动了战争。1842年，中国清政府被迫与英国签订了丧权辱国的《中英南京条约》，从此，中国逐步沦为半殖民地半封建社会。1851—1864年爆发了清朝后期最大的农民起义运动——太平天国起义。1860年，第二次鸦片战争爆发，英法联军焚毁了圆明园，逼迫清政府签订了《北京条约》。19世纪60—90年代，在清政府内部兴起一场向外国学习、引进外国先进技术的洋务运动，以发展中国军事、民用、教育等，促进了中国资产阶级的产生与发展。1883—1885年，爆发中法战争，签订了《中法新约》。1894—1895年，爆发中日甲午战争，清政府被迫签订《马关条约》。1898年，以康有为

为代表的改革派依靠光绪皇帝进行的戊戌变法以失败告终。1900年,帝国主义国家为了镇压义和团运动,维护其在中国的利益,发动八国联军侵华战争,1901年《辛丑条约》的签订,标志着中国半殖民地半封建社会的形成。

1911年孙中山领导的资产阶级民主革命——辛亥革命,推翻了清王朝的统治,结束了在中国延续两千多年的封建君主专制制度,建立了资产阶级民主共和国。但革命的果实很快被袁世凯篡夺,引起了"二次革命"和"护国运动"。1919年,五四爱国运动爆发,标志着资产阶级领导的旧民主主义革命的结束和无产阶级领导的新民主主义革命的开始。1921年,中国共产党成立,中国革命的面貌从此焕然一新。1924—1927年,第一次国共合作,进行了北伐战争。1927年7月,国共合作破裂,中国进入了第一次国内革命战争时期。1931年,日本帝国主义发动"九一八"事变,东北三省沦陷。1937年,日本帝国主义发动"七七事变",中华民族全面抗战从此开始。中国人民经过十四年浴血奋战,最终取得了抗战的胜利。抗日战争胜利后,中国共产党领导人民进行了三年多的解放战争,推翻了国民党在中国大陆的统治,取得了新民主主义革命的伟大胜利。1949年10月1日,中华人民共和国成立,从此,中国进入了社会主义革命和建设时期。

## 第二节　帝王称号与皇族、皇戚称谓

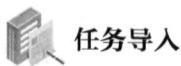

任务导入

中国古代帝王称号有哪些?中国古代皇族都有哪些称谓?

### 一、帝王称号

**1. 年号**

封建帝王即位后为纪年而设置的称号。年号始于汉武帝即位之年的"建元元年"(公元前140年)。新君于即位次年改用新年号,叫"改元",也有的皇帝于即位之年即改年号。有时一个皇帝在位期间因有重大事件发生等也改年号,如汉武帝用了11个年号,武则天用了17个年号。年号一般为两个字,如"贞观"(唐太宗)、"康熙"(清圣祖);也有用四个字的,如"万岁通天"(武则天)、"太平兴国"(宋太宗)。

## 2. 谥号

古代对死去的帝王、诸侯、卿大夫、大臣、贵族按其生平事迹与品德修养，给予评定褒贬的称号。谥号起源于西周，帝王多为一个字，如汉武帝、隋炀帝；其他人谥号多为两个字，如诸葛亮被赐为忠武侯，岳飞被赐为武穆王。帝王的谥号一般由礼官议定，经继位帝王认可后予以宣布，大臣的谥号则由朝廷赐予。谥号分为三类，一类为颂扬的，如文、武、景、烈、昭、穆、英、成、康；一类为贬义的，如炀、厉、灵、幽；一类表示同情，如哀、怀、愍、悼等。

## 3. 庙号

古代帝王死后，立庙或在太庙中立室奉祀时特起的名号，追尊为某"祖"、某"宗"的称号。开国皇帝一般被称为"太祖"或"高祖"，如汉高祖、唐高祖、宋太祖；后面的皇帝一般称为"宗"，如唐太宗、清高宗等。庙号也有褒贬之意，太祖、高祖开国立业，世祖、太宗发扬光大，光宗、熹宗昏庸腐朽。一般认为，庙号起源于商朝。

## 4. 尊号

中国古代尊崇皇帝、皇后的称号。也称徽号。大部分尊号为生前奉上，也有死后追加的。尊号起源于秦代，以后各代亦有遵循者，到唐代形成定制。尊号不只用于皇帝，皇后也可以加尊号，如武则天称制时尊号为"圣母神皇"，晚清慈禧太后垂帘听政上尊号为"慈禧"。尊号字数可以逐年递增，每逢国有喜庆大典，大臣们更要上尊号，以至于字数越增越长，如唐高宗尊号达24字之多。

## 5. 陵号

封建帝王陵墓的名号。始于西汉。如汉武帝陵号为"茂陵"、唐太宗陵号为"昭陵"等。

## 6. 全称

为庙号、尊号、谥号的合称。其顺序是庙号放在最前，其次是尊号，谥号放最后。如清乾隆皇帝的全称是"高宗法天隆运至诚先觉体元立极敷文奋武钦明孝慈神圣纯皇帝"，"高宗"为其庙号，"法天隆运至诚先觉体元立极敷文奋武钦明孝慈神圣"为其尊号，"纯"为其谥号。习惯上，唐朝以前对去世的皇帝一般简称谥号，如汉武帝、隋炀帝，而不称庙号。唐朝以后则改称庙号，如唐太宗、宋太祖等。

## 二、皇族、皇戚称谓

中国古代皇族成员或外戚都有专用的称谓。

太皇太后：皇帝的祖母。

皇太后：皇帝的母亲。
皇后：皇帝的正妻。
嫔妃：皇帝诸妾通称。
皇太子：皇帝诸子中皇位继承人，也称"太子"。
皇太孙：有皇位继承权的皇孙。
大长公主：汉代皇帝的姑母。
长公主：汉代皇帝的姊妹。
公主：皇帝之女。
格格：清代皇室成员亲王、郡王、贝勒等人的女儿。
驸马：皇帝女儿之夫，即女婿，清代称"额驸"。
外戚：指帝王的母族、妻族。

 知识链接

"皇亲"和"国戚"的区别

皇亲国戚一词，泛指皇帝的家庭和亲戚，也比喻极有权势的人。但"皇亲"和"国戚"是有区别的。简单来说，皇亲指皇家的亲属，如皇子、公主。国戚指皇帝的外戚，即皇帝的母族、妻族。

明清历史上，有个出镜率颇高的机构——宗人府。它的设置就是为了加强对"皇亲"的管理。这是皇家的私人家族管理机构，由皇帝任命专人管理，管理者一般由德高望重的家族领袖担任。

和"皇亲"相比，"国戚"的地位就低得多了。"外戚不得干政"也是历朝的隐形惯例。一般来说，"皇亲"是相对稳定的，而"国戚"则随时都有变化的可能。公主出嫁、皇子成亲等都会带来"国戚"的变化。

（摘自"瓯海区博物馆"公众号）

## 第三节　古代官制与官吏选拔制度

 任务导入

丞相是什么官职？我国历史上一直都有这个官职吗？省是什么时候开始有的？古代人当官都得参加科举考试吗？历史上明清时期有多少人"金榜题名"了？

## 一、古代官制

### 1. 中央官制

夏朝时已有辅佐夏王的六卿,司空为六卿之首。商朝辅佐商王的主要大臣为尹,其下有司徒、司空、司寇等官职。西周时设有辅弼周王的三公,即太师、太傅、太保。春秋时各国先后设立了辅佐国君、处理政务的主要执政官(相当于后来的"相"),名称各异,秦国称上卿、亚卿和大庶长,楚国称令尹,齐、晋、鲁、郑诸国称相。战国时,相或丞相,已成为各国普遍设置的官职。

秦汉时期是我国官制发展的重要时期,确立了以三公九卿制为主体的中央官制,对后世影响很大。三公为丞相、御史大夫和太尉,分掌行政、监察和军事。九卿为奉常、郎中令、卫尉、太仆、廷尉、典客、宗正、治粟内史、少府。汉武帝为加强皇权,削弱丞相权力,朝廷政务往往先与尚书、侍中、大将军等近侍内廷"中朝"人员商议,然后告知以丞相为首的"外朝"官员。汉成帝时,三公权力被进一步削弱,尚书权力扩大。尚书令为主管,设五曹。东汉时,尚书机构称台,权力进一步扩大,分割或取代了九卿部分职权。东汉至魏晋,中央政务逐步由三公向三省转移,行政事务渐由九卿向六部过渡。

隋、唐时期建立起以皇帝为中心的三省六部制。三省即为尚书省、中书省、门下省,中书省拟旨,门下省审议,尚书省执行,形成三省分工明确又相互牵制的机制。尚书省是中央行政管理的中枢,下辖六部,即吏部、户部、礼部、兵部、刑部、工部。

宋朝的中央机构在神宗元丰以前,虽仍有三省六部,但形同虚设。以"同中书门下平章事"为正宰相之任,"参知政事"为副相,总摄行政;又设枢密院掌军事,转运使司、铁盐使司、度支使司三司掌财政,这样形成行政、军事、财政三权分立的局面,宰相的权力被大大削弱。六部的权力也被不断增设的机构弱化。

元朝中央行政制度变唐、宋的三省制为一省制——中书省,以中书省为最高政务机关,六部为其所属。明清时实行内阁制。明初废秦汉以来的宰相制,确立咨询顾问并办理日常公务的内阁制。设都察院为监察机构,军事上设五军都督府。六部直接对皇帝负责。内阁逐渐由皇帝顾问秘书班子变为全国行政中枢。

### 2. 地方官制

夏商时期的地方为邦国制,即臣属于中央政权的诸族为夏和商王朝中央政权的"方国"。西周时实行分封制,受分封的诸侯、卿、大夫是周王朝的地方行政长官。春秋中期以后,各诸侯国普遍采取郡县制。

秦在全国实行郡县制。郡设守,守下设丞,为郡守副职;大县置令,小县设长。西汉仍设郡、县两级，在郡之上设州（亦称"部"）为监察区，长官为刺史。东汉时仍沿西汉官制地方设郡、县两级，但州刺史（东汉末年改称"牧"）的权力逐渐加大，到东汉末年逐渐形成州、郡、县三级的地方行政体制。魏晋南北朝时期继承了东汉末年形成的州、郡、县三级地方行政体制。

唐代实行州、县两级，在州之上设监察区"道"。州长官称刺史，县长官称令。辽代地方为道、府（州、军、城）、县三级制。金代地方上设路、府、州、县四级。宋代地方行政分为路、府（州、军、监）、县三级。路设安抚使，府设知府，县设县令。元代地方分为省、路、府、州、县五级。

明代地方分为省、府（直隶州）、县（属州）三级。明代省级长官称布政使（掌一省民政与财政），之外还有掌管军事的都指挥使、掌管司法监察的提刑按察使，形成三司鼎立的格局。明朝中期以后，还经常派总督、提督、巡抚、巡按等到各地巡察，后督、抚官员逐渐成了凌驾于三司之上的地方大员。府长官称知府，县长官称知县。清代地方仍设省、府、县三级，官员设置基本沿用明代模式，总督、巡抚的地位更高。

## 二、古代官吏选拔制度

夏商周时期，各级官吏都由王或诸侯按照血缘关系来分封，官职是家族的、世袭的，即所谓的"世卿世禄制"。春秋时出现在上层子弟中选任官员的情况。战国时出现了从士人中通过自荐、游说和选拔方式任用官员的情况，以秦国商鞅为代表的变法废除了贵族世袭爵禄的特权，所以战国时基本上实行的是军功制和养士制，各级官吏由国君根据军功和士人的才能随时任命。

汉朝时官吏主要是从高官子弟和士人中选拔，通过察举、征辟、太学等途径产生。这些选拔方式，是地方上各级官府，在其所管辖的范围内通过逐级推举进行的。魏晋南北朝时实行九品中正制，由中央委任的中正官根据家世、道德、才能标准对民间人才进行评议，将他们分为九品。评议结果上交司徒府复核批准，然后送吏部作为选官的根据。在以后的发展过程中，才德标准逐渐被忽视，只以家世为重，形成了"上品无寒门，下品无世族"的局面。

隋朝放弃了九品中正制的选官任人制度，改行科举制。到了唐代，科举制得到确立，并加以完善。唐代科举分制科和常科。制科由皇帝下诏举行，以待"非常之才"，随时设科，常见的有贤良方正科、直言极谏科、博学宏辞科等。常科分秀才、明经、进士、明法、明书和明算等科。这种制度辽、宋、金、元时继续沿用，考试的内容和方法也是大同小异。

明清时期继续实行科举取士制度。考试主要是从四书（《大学》《中庸》《论语》《孟子》)和五经(《诗》《书》《礼》《易》《春秋》)中出题,写八股文。所谓八股文,即每篇文章均按一定的格式、字数限制,分为破题、承题、起讲、入手、起股、中股、后股、束股等组成部分。题目主要摘自四书五经,所论内容主要依据宋朝朱熹的《四书章句集注》,不得自由发挥、越雷池一步。八股文只重形式,无实际内容。一篇八股文的字数,清顺治时定为550字,康熙时增为650字,后又改为700字。这种科举取士制度随着时代的发展成为人才选拔的桎梏,清光绪三十一年(1905年)被彻底废除。

明清时期的科举考试分为乡试、会试和殿试三级。要参加科举考试必须先取得"生员"或"监生"的资格。经过童子试,合格者选入府、州、县学学习,称"生员",俗称"秀才"。在国子监学习的称为"贡生"和"监生",合称"贡监生"。贡生包括岁贡、恩贡、拔贡、优贡、副贡、例贡,监生包括恩监、荫监、优监、例监。贡监生修业期满后,可供吏部铨选,也可以参加科举考试。

乡试,每隔三年的八月在京城或各省省城举行,考中者称举人,第一名称解(jiè)元。会试,于乡试的第二年三月在礼部贡院举行,考中者称贡士,第一名称会元。殿试,是皇帝亲自主持的考试,考中者称进士。进士分三甲,分别赐"进士及第"、"进士出身"和"同进士出身"。第一甲进士三名,分别称状元、榜眼、探花。二甲第一名称"金殿传胪",三甲第一名称"玉殿传胪"。

殿试后录取榜因用黄纸书写,故称"金榜",考中者称"金榜题名"。因殿试多由皇帝点定,俗称皇榜。殿试考中称为"甲榜"。按照清朝制度规定,殿试以后还要进行一次考试,叫"朝考"。朝考的第一名叫作"朝元"。殿试的状元、榜眼、探花在考中后按惯例可以立刻被授予翰林院修撰和编修,不再参加朝考。凡殿试二甲第一名的传胪和朝考第一名的朝元,也照例要到翰林院任职。其他人可授予给事、御史等官职或到地方任知州、知县等官职。

知识链接

### 科举

#### 一、中国科考程序概述

科举为我国封建社会的主要选官制度,它起始于隋开皇七年(公元587年),而废止于清光绪三十一年(1905年),前后历时了1300余年。

科举制度包括学校育才、科举选才、铨叙用才三个完整环节,遵循"公平、公开、公正""一切以程文为去留"的原则,具有较强的开放性和竞争性。

明清时期的科举有着一整套完善的制度和程序。它共分四级:第一级为童试;第二级为乡试;第三级为会试;第四级为殿试。并严格规定不可越级考试。

童试，俗称考"秀才"。秀才又称"生员"。其时，尚未取得生员资格的读书人，不论年龄大小，均称为童生。童生想要取得生员的资格，必须通过县试、府试（地、市级）和院试（省级）。院试过关的人，在规定名额内方可录取为生员。生员的第一名称为"案首"。

院试录取的生员，根据其考试成绩的好坏，被分配到县学或府学深造。经过三年的学习考核，名列前茅的才能获得参加乡试的资格。

乡试，每三年一科，每科考三场，每场考三天，共计考九天。时间固定为阴历子（鼠）、卯（兔）、午（马）、酉（鸡）年的八月，由于其时为秋季，所以乡试又称"秋闱"。

乡试的考场一般设在交通便利的省城。主考官由皇帝亲自委派。而监临官则由各省的巡抚担任。考题是：首场试四书、五经；二场试"论""判""诏""诰""表"；三场试"经史""时务""策"。并严格规定首场所考的四书、五经题，均需采用"八股文"体。八股文为明清时期用于科考的一种特殊文体，称为"制义"，又称"时文""八比文"。八股文在使用初期实为一种规范性文体，而到了后期它却成为束缚人们创造性思维的工具。其时乡试考取的人称为"举人"，乡试的第一名称为"解元"。明代江南第一风流才子唐伯虎，就是因为在南京的乡试中考中了第一名，而被称为"南京解元"。

会试，又称"礼闱"，它是由礼部主持的全国性考试。参加会试的人，必须具备举人的资格，但又不是所有的举人都能参加会试，它们还得经过磨勘和复试的考核，唯有名列前三等的方可参加会试。会试的时间定为乡试后一年的阴历三月举行，因其时为春季，所以又称"春闱"。会试的发榜在阴历的四月，此时正值杏花开放，所以也称作"杏榜"。会试杏榜题名的称为"贡士"，会试的第一名称为"会元"。

殿试，为科举最高一级的考试，由皇帝亲自主持。时间一般为阴历的四月。考试内容为"经、史、时务、策"，规定当日交卷。殿试考中的称为"进士"，进士的第一名称"状元"，第二名称"榜眼"，第三名称"探花"。按清代的规定，一甲三名在殿试揭晓后立即授职：状元授翰林院修撰；榜眼、探花授翰林院编修；其他进士，则按复试、殿试、朝考所得等次，分别授予庶吉士、主事、中书、行人、评事、博士、推官、知州、知县。

科举，除了有文科，亦有武科。武科开始于武则天长安二年（公元702年）。武科和文科一样，分童试、乡试、会试和殿试四级进行，考取的人分别授予武生员、武举人、武进士等称号。武科的考试分为内场和外场：内场主要考试《武经七书》；而外场则主要考马、步射、弓、刀、石等膂力武艺。武进士前三名亦有武状元、武榜眼、武探花之称。然而人们对于武举并不十分重视。尤其到了清代晚期，特别是在鸦片战争之后，清王朝对外战争中的屡屡失利，迫使清廷不得不在光绪二十七年（1901年）宣布"所习硬弓、刀、石及马、步射，皆与兵事无涉，施之今日，亦无所用"，下令"永远停止"。

就在武举被废的第四年，慈禧太后迫于中国资产阶级"兴学校废科举"的舆论压力，接受了张之洞、刘坤一等人的建议，于光绪三十一年（1905年）七月宣布："自丙午科开始，所有乡、会试一律停止。"

## 二、科举在中国的影响

科举制度自隋开皇七年（公元587年）创立，至清光绪三十一年（1905年）废止，在中国整整实行了一千三百年之久，从隋唐到宋元到明清，一直紧紧地伴随着中华文明史。科举的直接结果，是选拔出了八百多名状元，十万名以上的进士，百万名以上的举人。这个庞大的群落，当然也会混杂进一些卑劣之人，但就整体而言，却是中国历代官员的基本队伍，其中包括一大批极出色的、有着高度文化素养的政治家、军事家、经济学家和行政管理专家。没有他们，也就没有中国的大唐盛世，两宋的繁华，元明的强盛，清朝的一统。为了选拔这些人才，几乎整个中国社会都被动员起来了，而这种历久不衰以儒学为主要考试内容的科举制度，成为中华民族在群体人格上的一种烙印，如"学而优则仕""鱼跃龙门""金榜题名""青云直上""独占鳌头""望子成龙"等科举思想、科举术语，至今仍然存在于人们心中，存在于社会的各个角落。毋庸置疑，历史上由科举制度而形成的科举文化，已成为中国封建社会的重要文化。

（资源来源于南京中国科举博物馆官网。）

# 第四节 诸子百家、天干地支与八卦

 **任务导入**

同学们，诸子百家的代表人物你们知道都有谁吗？

## 一、诸子百家

春秋时期王室衰微，诸侯争霸，学者们便周游列国，为诸侯出谋划策，到战国时代形成了许多学术思想流派，出现了"百家争鸣"的局面。关于百家，最早的论述源于司马迁的父亲司马谈,他在《论六家要旨》中论述了阴阳、儒、墨、名、法、道六家的政治主张。后来,东汉刘歆在司马谈论述的基础上,增加纵横、杂、农、小说四家,共划分为十家,后被班固因袭。后来,人们去掉小说家,将剩下的九家称为"九流"。后人在"九流"之外又增加兵、医、小说三家,共为十二家。儒、道、法、名等学派产生于春秋战国时期,对中国后世的影响巨大。

### 1. 儒家

儒家是我国古代最有影响力的学派,由春秋时孔子创立。儒家崇尚"礼"和"义",提倡"忠"和"中庸",主张"德治"和"仁政",重视道德伦理教育和人的自身修养。儒家强调教育的功能,主张"有教无类"。儒家代表人物是孔子、孟子、荀子,代表著作是《论语》《孟子》《荀子》。汉武帝时期,董仲舒提出"罢黜百家,独尊儒术",被汉武帝采纳,自此儒家思想被确立为中国封建社会的统治思想。南宋时,理学集大成者朱熹强调"存天理,灭人欲",他的思想对后世元明清影响巨大。

### 2. 道家

道家是我国古代重要的学派之一,又称"道德家",创始人为春秋时期的老子。这一学派以老子关于"道"的学说作为理论基础,以"道"来说明宇宙万物的本质、本源、构成和变化。主张"清净""无为",政治理想是"小国寡民""无为而治"。代表人物是老子、庄子。代表著作分别是《道德经》和《庄子》。

### 3. 法家

法家是主张以法治国,"不别亲疏,不殊贵贱,一断于法"的学派。春秋时期,管仲、子产为法家思想的先驱。战国初期,李悝、商鞅、申不害、慎到等开创了法家学派。法家重视法律,反对儒家的"礼",反对贵族垄断经济和政治利益的世袭特权。至战国末期,韩非综合商鞅的"法"、慎到的"势"和申不害的"术",建立了法家思想体系,著有《韩非子》一书。

### 4. 墨家

墨家,创始人为墨翟,是代表农、工等小生产者利益的学派。这一学派的思想主要体现在《墨子》一书中。墨家提倡"兼相爱,交相利",政治上主张尚贤、尚同和非攻,经济上主张强本节用,思想上提出尊天事鬼。同时,墨家又提出"非命"的主张,强调靠自身的强力从事。

### 5. 兵家

兵家是诸子百家中研究军事活动的学派,主要代表人物有孙武、孙膑、吴起、尉缭、公孙鞅等,主要著作有《孙子兵法》《孙膑兵法》《吴子》《司马法》《六韬》《三略》《尉缭子》等。兵家理论集大成者是孙武,他的《孙子兵法》一直受到古今中外军事界的重视。

#### 6. 阴阳家

因提倡阴阳五行学说并用之解释社会人事而得名。代表人物为邹衍，其著作为《邹子》。阴阳学派利用《周易》经传的阴阳观念，提出了宇宙演化论。提出"大九州"说，认为中国为赤县神州，内有小九州，外则为"大九州"。提出"五德终始说"，"五德"指五行的属性，即土德、木德、金德、水德、火德，用五行生克理论来解释王朝的更替兴衰。政治上赞成儒家仁义学说。

#### 7. 纵横家

战国时以从事政治外交活动为主的学派，与春秋时期鬼谷子的活动与思想有着渊源关系。多策辩之士，主要代表人物是苏秦、张仪等。所谓纵横，或合众弱以攻一强（此为纵），或事一强以攻诸弱（此为横）。苏秦力主燕、赵、韩、魏、齐、楚合纵以拒秦，张仪则力破合纵，连横六国分别事秦。他们的活动对于战国时政治、军事格局的变化有重要的影响。主要著作有《鬼谷子》《战国策》《苏子》《张子》。

#### 8. 名家

名家是以提倡循名责实为学说的流派，因从事论辩名（名称、概念）实（事实、实在）的主要学术活动而被后人称为名家。战国时称"辩者"、"察士"或"刑（形）名家"。代表人物为惠施和公孙龙，代表著作为《公孙龙子》。战国时期，局势动荡、混乱，很多礼法名存实亡。名家由此崛起，强调事物应该"名乎其实"，借以令天下一切事情走上正确的轨道。名家主要是以逻辑原理来分析事物，历史上也被冠以"诡辩"之名。

## 二、天干地支

在中国古代的历法中，甲、乙、丙、丁、戊、己、庚、辛、壬、癸被称为"十天干"，子、丑、寅、卯、辰、巳、午、未、申、酉、戌、亥叫作"十二地支"。两者按固定的顺序互相搭配，组成了干支纪年法，60年一个周期。在商朝，天干地支主要用于纪日。干支纪年萌芽于西汉，始行于王莽，通行于东汉后期，并一直延续到今天。十二地支还用来纪时辰。古人将一天分为十二个时辰，用十二个地支相对应，以晚上11时到次日1时为子时，每两个小时为一个时辰，以此类推。十二地支还用来对应十二生肖，即子鼠、丑牛、寅虎、卯兔、辰龙、巳蛇、午马、未羊、申猴、酉鸡、戌狗、亥猪。

六十甲子表

| 甲子 | 乙丑 | 丙寅 | 丁卯 | 戊辰 | 己巳 | 庚午 | 辛未 | 壬申 | 癸酉 |
| --- | --- | --- | --- | --- | --- | --- | --- | --- | --- |
| 甲戌 | 乙亥 | 丙子 | 丁丑 | 戊寅 | 己卯 | 庚辰 | 辛巳 | 壬午 | 癸未 |
| 甲申 | 乙酉 | 丙戌 | 丁亥 | 戊子 | 己丑 | 庚寅 | 辛卯 | 壬辰 | 癸巳 |
| 甲午 | 乙未 | 丙申 | 丁酉 | 戊戌 | 己亥 | 庚子 | 辛丑 | 壬寅 | 癸卯 |
| 甲辰 | 乙巳 | 丙午 | 丁未 | 戊申 | 己酉 | 庚戌 | 辛亥 | 壬子 | 癸丑 |
| 甲寅 | 乙卯 | 丙辰 | 丁巳 | 戊午 | 己未 | 庚申 | 辛酉 | 壬戌 | 癸亥 |

# 三、八卦

我国古代《易经》中象征八种自然现象的符号，用"—"代表阳，用"--"代表阴，分别被称为"阳爻"和"阴爻"。三个阴阳符号组合形成八卦。八卦名称为：乾、坎、艮、震、巽、离、坤、兑，分别代表天、水、山、雷、风、火、地、沼泽八种自然现象，而宇宙间的万事万物，皆依这八个现象而变化。八卦符号歌诀：乾三连，坤六断，震仰盂，艮覆碗，离中虚，坎中满，兑上缺，巽下断。古人认为：无极生太极，太极生两仪，两仪生四象，四象生八卦，八卦生六十四卦，这是太极化生八卦的基本理论。在先天伏羲八卦中，三爻为一卦，但是后来的演变，将两个卦加在一起，六爻成为一卦。

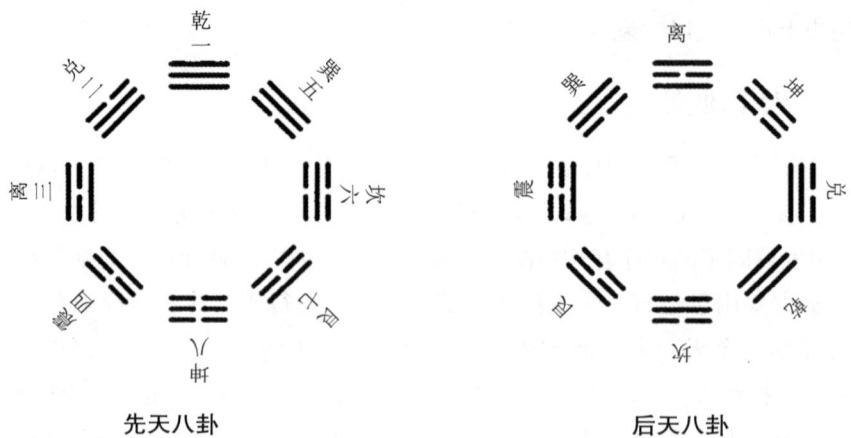

先天八卦　　　　　　　　后天八卦

## 第五节　文学艺术

**任务导入**

同学们，我国古代的文学、戏曲、绘画、书法都有较高的艺术成就，你们知道不同朝代有哪些杰出的文学家或艺术家吗？他们有哪些代表性作品？

## 一、文学

文学是通过语言文字塑造形象反映社会生活的艺术，按地域、内容和体裁等可以有不同的分类方法，诗歌、散文、小说、戏剧并称为四大文学体裁。文学萌芽于原始社会末期，在人类社会历史进程中不断发展和完善。我国文学成就辉煌，成为灿烂文化的重要组成部分。

先秦时期的文学以散文和诗歌为主。散文如《尚书》《春秋》《左传》《国语》《战国策》《老子》《庄子》《孟子》等。诗歌主要是《诗经》和楚辞。《诗经》是我国第一部诗歌总集，共收入自西周初期至春秋中叶约五百年间的诗歌三百零五篇。楚辞是以屈原作品为代表的楚地诗歌体，代表作品是屈原的《离骚》。

秦代和两汉的主要文学成就是赋和乐府诗歌。赋，代表作有司马相如《子虚赋》、班固《两都赋》等，乐府诗歌代表作有《陌上桑》和《孔雀东南飞》等。另外，汉初的政治散文、两汉史传成就也较突出，如司马迁的《史记》。

魏晋南北朝是我国古典文学发展的第一次高峰期，被称为文学"自觉的时代"。这一时期诗歌成就最大，散文、辞赋、骈文、小说等体裁和文学理论，都取得了一定的成绩。以三曹（曹操、曹丕、曹植）和建安七子（孔融、陈琳、王粲、徐干、阮瑀、应场、刘桢）为代表的建安文学兴于汉魏之际。左思是西晋最杰出的诗人，陶渊明是东晋最著名的田园诗人。鲍照为南朝宋文学家，是第一个大量进行七言诗创作的诗人。庾信对唐诗的发展有直接影响，成为南北朝文学之集大成者。魏晋南北朝时期笔记体志怪小说发达，主要有托名西汉东方朔的《神异经》和《十洲记》，托名东汉班固的《汉武帝故事》，西晋张华的《博物志》，东晋干宝的《搜神记》，南朝宋刘义庆的《幽明录》《世说新语》及南朝齐王琰的《冥祥记》等。

唐代文学成就中最突出的是诗歌、散文和传奇（小说）。唐代是我国诗歌史上的黄金时期,创造定型了一种既有程式约束又留有广阔创作空间的新体诗——律诗。著名的诗人有"诗仙"李白、"诗圣"杜甫、白居易、元稹等,还有山水田园诗人王维、孟浩然,边塞诗人高适、岑参等。韩愈和柳宗元是唐代著名的散文家。唐传奇代表作有《南柯太守传》《柳毅传》《虬髯客传》等。

宋代的文学成就主要体现在词、诗歌和散文创作上。词是宋代文学最突出的成就,著名词家有欧阳修、辛弃疾、柳永、苏轼、李清照等。宋代著名诗人有苏轼、杨万里、陆游、黄庭坚等。宋代散文是我国散文史上一个重要的发展阶段,"唐宋八大家"中的欧阳修、苏洵、苏轼、苏辙、王安石、曾巩均为宋人。

元代文学的主要成就是戏曲,包括杂剧和散曲。关汉卿和白朴、马致远、郑光祖被后人称为"元曲四大家"。杂剧以关汉卿的成就最大。元杂剧代表作品有关汉卿的《救风尘》《窦娥冤》《望江亭》等,白朴的《梧桐雨》,马致远的《汉宫秋》,纪君祥的《赵氏孤儿》,王实甫的《西厢记》。散曲今存小令3800多首,套数450多套,马致远《借马》、刘时中《上高监司》、睢景臣《高祖还乡》等作品艺术成就较高。

明清文学的主要成就是小说,尤其是白话长篇小说。罗贯中的《三国演义》、施耐庵的《水浒传》、吴承恩的《西游记》、兰陵笑笑生的《金瓶梅》、吴敬梓的《儒林外史》和曹雪芹的《红楼梦》等作品是白话小说的代表作。明清白话短篇小说的代表作是冯梦龙的《三言》(《喻世明言》《警世通言》《醒世恒言》)和凌濛初的《二拍》(《初刻拍案惊奇》《二刻拍案惊奇》)。文言短篇小说的代表作是蒲松龄的《聊斋志异》。吴敬梓的《儒林外史》为讽刺小说的代表。

## 二、戏曲

中国戏曲起源于原始歌舞。汉代时,在民间出现了具有表演成分的"角抵戏"。到了南北朝时期,民间出现了歌舞与表演相结合的"歌舞戏",表演成分更为浓郁。唐代出现了以滑稽表演为特点的"参军戏"。宋代出现瓦舍和勾栏等市民娱乐场所,出现了由多角色演出的"宋杂剧"。金代,北方在宋杂剧基础上出现了"金院本"。南宋初在南方浙江温州(古称永嘉)一带的民间出现了"南戏"。

元代,北方形成"北杂剧",南方南戏进一步发展成熟,已初具戏曲的基本艺术特征。元代是中国戏曲史上的一个重要时期,杂剧得到空前的发展。明代中期以后,传奇代替杂剧成为戏曲舞台上的主角,表演上则日趋成熟,多用昆曲演唱。以明代四大声腔(浙江海盐腔、浙江余姚腔、江西弋阳腔和江苏昆山腔)为代表的地方声腔崛起。清代中国戏曲出现了转型,地方戏兴起,戏曲民间化和通俗化。

乾隆五十五年（1790年），为庆祝乾隆的八十寿辰，征调徽班进京献艺，此后又有三大徽班进京，带来了与昆曲截然不同的一种地方曲调枣徽调，受到了京城观众的欢迎，从此徽班在京城扎下了根。此后，嘉庆、道光年间，湖北汉调艺人来京，徽、汉两班合作，两调合流，经过一个时期的互相融会吸收，又从昆曲、弋阳腔、秦腔中不断汲取营养，终于在1840年前后，形成一种独具北方特色的剧种——京剧。京剧形成后不久，即同治、光绪年间迎来了它的第一个繁盛期，出现了一批优秀的京剧演员。程长庚为第一代京剧演员杰出代表，谭鑫培是第二代京剧演员杰出代表。20世纪20年代京剧旦行出现了著名的"四大名旦"——梅兰芳、尚小云、程砚秋、荀慧生。京剧是中国的国粹，2006年5月20日，京剧经国务院批准列入第一批国家级非物质文化遗产名录。

京剧中人物行当划分为生、旦、净、丑四大类型。"生"为京剧中扮演的男性人物，分为须生（老生）、红生、小生、武生、娃娃生等。"旦"为京剧中扮演的女性人物，分青衣、花旦、武旦、刀马旦、老旦、贴旦、闺旦等。"净"也称花脸，指脸上画彩图的花脸角色，一般扮演男性人物，分为正净、副净、武净、红净。"丑"，也称"三花脸"，扮演的人物可男可女，又分文丑、武丑。京剧脸谱是一种写意和夸张的艺术，根据人物的性格、性情或类型的不同采用不同色彩。红色的脸谱表示忠勇、义烈，如关羽；黑色的脸谱表示刚烈、正直、勇猛甚至鲁莽，如包拯；黄色的脸谱表示凶狠残暴，如宇文成都；蓝色或绿色的脸谱表示一些粗豪暴躁的人物，如窦尔敦；白色的脸谱一般表示奸臣、坏人，如曹操。

### 三、绘画

石器时代是中国绘画的萌芽时期，仰韶文化半坡遗址中出土的彩陶盆《人面鱼纹盆》可以说是中国绘画艺术的起源。在青海大通出土的马家窑类型的舞蹈纹彩陶盆，描绘了氏族成员欢快起舞的景象，堪称新石器时代绘画艺术的杰作。

春秋战国时期，楚先王庙、公卿祠堂，多画天地、山川之神以及古代圣贤之像。目前保存下来的战国时期帛画有长沙城东子弹库楚墓出土的《人物夔凤帛画》和《人物驭龙帛画》。汉代绘画主要为帛画、宫廷壁画和墓葬壁画，代表作品为长沙马王堆一号墓中出土的侯夫人帛画。

在我国古代绘画史上，第一批有确切历史记载的画家出现在魏晋之际，有东吴的曹不兴、西晋的张墨和卫协。这一批画家的出现标志着绘画艺术发展进入新的阶段。在这一时期中，发展得最为突出的是人物画（包括佛教人物画）和走兽画。曹不兴在东吴享有很高的声誉，其所画佛像气势恢宏，妙相庄严，他被时人誉为"佛画之祖",世传曹不兴绘有《维摩诘图》《释迦牟尼说法图》等。东晋顾恺之以"画绝、才绝、痴绝"而闻名于世,传世作品摹本有《洛神赋图》《女史箴图》《列女仁智图》。比较有影响的作品还有南朝梁萧绎的《职贡图》。

隋代展子虔的《游春图》是山水画的早期代表作,也是现存的最早的卷轴画。唐代阎立本以人物肖像画而著名,传世作品有《历代帝王图卷》和《步辇图》。周昉是唐代宗教画家兼人物画家,代表作品有《执扇仕女图》和《簪花仕女图》。吴道子被奉为"画圣"、民间画工的"祖师",代表作品有《送子天王图卷》。李思训的《江帆楼阁图》和韩干(gàn)的《牧马图》都是唐代的杰出作品。五代时著名画家的作品有西蜀黄筌的《写生珍禽图》、南唐顾闳中的《韩熙载夜宴图》、南唐山水画家董源的《潇湘图》等。

宋徽宗赵佶擅画花鸟画,亦工人物和山水画,作品有《蜡梅山禽图》《芙蓉锦鸡图》《雪江归棹图》等。南宋李唐的人物画作品有《采薇图》《晋文公复国图》《胡笳十八拍图》《雪天运粮图》等。张择端的《清明上河图》是北宋末年的人物风俗画代表作品。

元代绘画以赵孟頫的成就为最高,代表作有《秋郊饮马图》。黄公望、王蒙、吴镇、倪瓒被称为"元四大家",他们都是明清以来山水画家心目中的旗帜,代表作品有黄公望的《富春山居图》、倪瓒的《渔庄秋霁图》和《雨后空林》。

仇英、沈周、文徵明和唐寅被称为"明四家",董其昌为明代后期著名画家。清初最有名的六位画家为王时敏、王鉴、王翚、王原祁、吴历、恽格,简称为"四王、吴、恽"。朱耷和石涛亦为清前期著名画家。汪士慎、金农、黄慎、李鱓、高翔、郑燮(xiè,号板桥)、罗聘、李方膺为清画坛上的"扬州八怪",主要是花鸟画家。华喦(yán)是扬州派以外的对于推进花鸟画艺术的发展做出贡献的一个重要画家。赵之谦对开创近代花鸟画画风较有贡献。任颐(字伯年)、吴俊卿(字昌硕)共同形成了所谓的"海派"。

## 四、书法

中国书法是在汉字发展到成熟阶段时产生的。商、西周的文字已具有用笔、结构和章法等书法艺术所必备的三个方面的要素,书法在这时已初步形成。篆书通常包括商周时期的甲骨文、金文、战国篆书和秦代小篆。宣王时期的《毛公鼎》为西周金文之冠。石鼓文是秦国的石刻文字,是周代金文向秦代小篆过渡的形体。小篆是秦代的官方文字,流传至今的秦代小篆石刻有《泰山刻石》。秦代书法家有李斯、赵高等。

汉代通行的字体主要是篆书、隶书和草书。隶书起源可以上溯到战国时期,在秦代普遍流行于民间，在汉代成为主要字体。楷书是隶书的变体，在汉代已见雏形，目前见到的最早的楷书作品是汉末钟繇的作品。汉代书法碑刻有《华山碑》、"三颂"（甘肃成县天井山的《西狭颂》、陕西汉中的《石门颂》、略阳的《郙阁颂》）、《张迁碑》《曹全碑》等。

魏晋南北朝时期隶书走入末路，楷书趋向成熟，草书发展成今草，行书发展到成熟，涌现出了众多著名书法家，产生了许多重要的书法理论著作，成为中国书法史上光辉灿烂的时代。隶书仍是官方通行的书体，当时的碑刻大都用隶书写成。乾隆皇帝因收藏了东晋书法家王羲之《快雪时晴帖》、王献之《中秋帖》和王珣《伯远帖》三件书法珍品而命名养心殿温室为"三希堂"。王羲之被称为"书圣"，其行楷《兰亭序》最为后人推崇。

唐代是楷书鼎盛时期，书法家辈出，主要有欧阳询（代表作《九成宫醴泉铭》）、虞世南（代表作《孔子庙堂碑》）、褚遂良（代表作《雁塔圣教序》）、张旭（代表作《古诗四帖》）、怀素（代表作《自叙帖》）、颜真卿（代表作《多宝塔碑》）和柳公权（代表作《玄秘塔碑》）等人。

宋代有"宋四书家"苏轼（代表作《前赤壁赋》）、米芾（代表作《苕溪诗帖》）、黄庭坚（代表作《松风阁诗帖》）、蔡襄（代表作《万安桥记》）。元代赵孟頫与鲜于枢有"南赵北鲜"之称。

明代帖学大盛，法帖拓刻十分活跃，书体以行楷居多。出现了一些有造诣的大家，如董其昌、文徵明、祝允明、唐伯虎、王宠、张瑞图、宋克等，但整个朝代在书法方面没有重大的突破和创新。清代突破了宋、元、明以来帖学的樊笼，开创了碑学，书坛活跃，流派纷呈。主要书法家有王铎、傅山、朱耷、郑簠、金农、郑板桥、邓石如、何绍基、吴昌硕、康有为等。

## 本章小结

本章介绍了中国历史发展的基本线索，重点讲解了古代帝王主要称号、科举制度和中国古代思想文化成就。内容涉及朝代演变，帝王、皇族、皇戚称号，历代官制及官吏选拔制度，诸子百家等古代思想和文化成就。

## 思考与练习

1. 概述中国历史发展的基本线索。
2. 中国古代帝王拥有哪些称号？分别有什么含义？
3. 简述中国古代中央官制和地方官制。

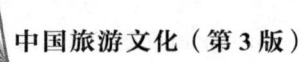  试一试

请将空白处填写完整。

中国古代哲学思想七大学派及其代表人物和主要著作

| 学派代表 | 代表人物 | 主要著作 |
| --- | --- | --- |
| 儒家 | | |
| | 韩非子 | 《韩非子》 |
| 道家 | 老子 | |
| 墨家 | | 《墨子》 |
| 兵家 | | |
| | 邹衍 | 《周易》 |
| 纵横家 | | |

# 第二章
# 中国自然旅游景观

**1. 知识目标**

掌握我国主要名山、名水、著名生物、气候与天象景观方面的知识。

**2. 能力目标**

通过对水体景观成因与景观效果的学习,掌握生物与气候景观资源在旅游活动中的重要意义。

**3. 技能目标**

结合自然景观的特点,掌握相关旅游知识,将之运用到旅游工作中。

**重点难点**

1. 中国主要地质地貌、水体、生物和气候景观类型及分布。
2. 区分不同自然景观的类型,更好地掌握其分布。

智者乐水,仁者乐山。山水之乐,得之心而寓于情也。著名诗人汪国真特别喜欢出发:"怎么能不喜欢出发呢?没见过大山的巍峨,真是遗憾;见了大山的巍峨没见过大海的浩瀚,仍然遗憾;见了大海的浩瀚没见过大漠的广袤,依旧遗憾;见了大漠的广袤没见过森林的神秘,还是遗憾。世界上有不绝的风景,我有不老的心情。"

## 第一节 地质地貌景观

典型地质地貌景观图集

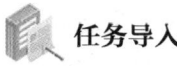

同学们,你去过哪些名山?还有哪些名山没有去过?你能把中国的名山走遍

吗？中国自然地貌景观除了名山之外，还有什么美景胜境？让我们一起出发吧！

地质地貌景观在国家标准分类中称为地文景观，是指存在于地球表面和表层，由固体物质组成的地理圈层，由于长期受地球内营力和外营力作用，所形成的千变万化的地质地貌景观。我国地质地貌旅游资源极其丰富，风景名山分布广泛。按地质构造和成因可将我国地质地貌景观划分为花岗岩名山景观、砂岩地貌景观、岩溶地貌（喀斯特地貌）景观、火山熔岩地貌景观、风沙地貌景观、海岸地貌景观、冰川地貌景观等。

## 一、花岗岩名山景观

花岗岩名山景观的特点是：群峰簇拥，主峰突出；山岩裸露而陡峭险峻；球状风化作用突出，在节理、断裂、裂隙中受到水流作用的侵蚀切割，因而多奇峰、悬崖、深壑、怪石。中国旅游名山大部分都是花岗岩山体，如泰山、黄山、华山、九华山、衡山、普陀山、天台山、崂山、太姥山、鼓浪屿、万石山、普陀山、千山等。

泰山。又称岱宗、泰岳、东岳，位于山东省泰安市境内。最高峰海拔1545米。泰山雄伟壮丽，人文景观众多，素以"五岳独尊"称誉古今。泰山自然景观主要特点为雄、奇、险、秀、幽、奥，主要景点有岱庙、普照寺、王母池、关帝庙、红门宫、斗母宫、经石峪、五松亭、碧霞祠、仙人桥、日观峰、南天门、玉皇顶等。"旭日东升""晚霞夕照""黄河金带""云海玉盘"被誉为"岱顶四大奇观"。泰山有众多名胜古迹，摩崖碑碣，其中刻石达2200多处，泰山因而被誉为"中国摩崖刻石博物馆"。历代帝王在这里举行封禅大典。泰山同时也是我国道教名山。

黄山。位于安徽省黄山市。黄山以自然景观优美奇特著称，奇松、怪石、云海、温泉素称"黄山四绝"。黄山有名峰72座，各有特色，其中天都峰、莲花峰、光明顶是黄山三大主峰。天都峰海拔1830米，是黄山三大主峰中最险峻的一座。莲花峰是黄山的第一座高峰，海拔1864米。莲花峰绝顶处方圆丈余，登临峰顶，可东望天目山、西望庐山、北望九华山和长江。明代旅行家徐霞客两游黄山，留下"五岳归来不看山，黄山归来不看岳"的美誉。

华山。由完整硕大的花岗岩岩体构成，形成于1.2亿年前。它位于今陕西省关中平原东部华阴市南，东临潼关，南接秦岭，其山势险峻峭拔，雄冠五岳之首。

华山是侵入于太古界太华群古老变质岩系中的一个花岗岩体。这个岩体东西长60余里，南北宽20余里，从平面上看，类似一只跃跃欲起、挺身昂首的猛虎。

这就是有名的华山花岗岩,华山则处于这个大岩体的东端。大约距今10亿—6亿年,甚至还要早,这里的地壳发生了隆起,形成东西狭长的陆地。约在1亿3700万年前,这一块狭长带发生强烈隆起,岩石层发生了挤压、褶皱。约8000万年前秦岭和渭河平原交界地带断裂,秦岭断块山地几经抬高,渭河地堑不断陷落降低。位于秦岭北坡的华山由于内部岩层受到特大的横压力,从而形成了陡峭如削的山势。

华山还是道教名山。道教称第四小洞天,名其岳神为金天王。山上有四仙庵,传为谭紫霄、马丹阳、刘海蟾、丘处机修炼处。山上现存72个半悬空洞,道观20余座,其中玉泉院、东道院、镇岳宫被列为全国重点道教宫观。

秦岭典型花岗岩地貌

## 二、砂岩地貌景观

因砂岩发育形成的地貌称为砂岩地貌,因砂岩的矿物成分、硬度和胶结程度的不同,发育的地貌也不相同。中国主要有三大砂岩地貌,即丹霞地貌、砂岩峰林地貌和嶂石岩地貌。

### 1. 丹霞地貌

丹霞地貌是红色沙砾岩在内外营力作用下发育而成的方山、奇峰、陡崖、赤壁、岩洞、巨石等特殊地貌,具有较高的旅游价值。我国丹霞地貌主要分布在江西省、福建省、广东省、湖南省和安徽省,在河北、四川等省也有分布。因这种地貌最早发现于广东仁化丹霞山,故以此山命名。由于受地球内外营力的作用,该地貌形成形态各异的悬壁陡崖、孤峰、峰林以及馒头般的山形、浑圆的峰顶及线条流畅的岩面和岩石,同时也易被溶蚀冲刷形成洞穴。因其形态类似于岩溶峰林,故有假岩溶之说,丹霞地貌景观精巧玲珑,可用"丹山碧水"概括。我国著名的丹霞地貌名山有广东的丹霞山和金鸡岭、福建的武夷山、福建连城的冠豸山和永安的桃源洞、安徽的齐云山、江西的龙虎山、河北承德的磬锤峰等。

丹霞山,位于广东省仁化县,以赤壁丹崖为特色。丹霞山风景区内有大小石峰、石墙、石柱、天生桥680多座,群峰如林,疏密相生。丹霞山面积最大、发育最典型、类型最齐全、形态最丰富、风景最优美,堪称"中国红石公园"。

武夷山,位于福建省西北武夷山市,是我国著名的丹霞地貌名山。武夷山分布着世界同纬度带现存最完整、最典型、面积最大的中亚热带原生性森林生态系统。武夷山以秀水、奇峰、幽谷、险壑等诸多美景著称，至今仍保留有古闽越族的"岩棺葬制"遗物、朱熹讲学的紫阳书院。以"三三秀水清如玉，六六奇峰翠插天"构成武夷山风景区的骨架和精华。著名景观有玉女峰、大王峰、鹰嘴岩、虎啸岩、一线天等。武夷山的茶叶岩茶"大红袍"饮誉中外。

武夷山玉女峰

2010年，贵州省赤水丹霞地貌，湖南省崀山、万佛山，广东省丹霞山，福建省金湖，江西省龙虎山，浙江省江郎山，这些以丹霞地貌著称的风景名胜区组合以"中国丹霞"名称共同申请世界自然遗产并获批。

#### 2. 砂岩峰林地貌

湖南省武陵源景区的张家界是典型的砂岩峰林地貌，又称为张家界地貌。张家界的山多是拔地而起，高低悬殊，奇峰林立，千姿百态，是以侵蚀构造为主导作用，由石英砂岩形成的砂岩峰林地貌，有奇峰、怪石、幽谷、秀水、溶洞"五绝"。武陵源属典型的石英砂岩峰林地貌，具有很强的抗蚀能力，所以能昂然挺立，直插云霄，被称为地球纪念馆。张家界建有我国第一个国家森林公园——张家界国家森林公园。

#### 3. 嶂石岩地貌

嶂石岩地貌为地貌学按岩性分类确立的一种新型的地貌类型，主要由易于风化的薄层砂岩和页岩形成，多形成绵延数千米的岩墙峭壁、三叠崖壁，除顶层为石灰岩外，多由红色石英岩构成。该地貌以我国河北省赞皇县嶂石岩景区命名。嶂石岩景区为山高谷深的中山地貌，最高峰黄庵垴海拔1774米。景观特色是"丹崖、碧岭、奇峰、幽谷"。有嶂岩三叠、一线天、三秀峡、淮泉峪、乳泉洞、大天梯等景点。"Ω"形嶂谷回音弧壁，为世界最大天然回音壁。这里植物多样，被誉为"燕赵植物宝库"。嶂石岩景区是国家重点风景名胜区与国家地质公园。

石家庄赞皇县嶂石岩景区

## 三、岩溶地貌景观

岩溶地貌又称喀斯特地貌，是碳酸盐类岩石（主要是石灰岩）为主的可溶性岩石在以水为主的内外营力相互作用下形成的地貌。石灰岩的风化主要是水的溶蚀，地面上石灰岩的溶蚀形成孤峰、峰岭、峰丛，地下石灰岩的溶蚀形成溶洞、暗河等。

中国几乎各省、自治区都有不同面积的石灰岩的分布，出露地表的总面积有130万平方千米，约占全国总面积的13.5%。中国西南地区石灰岩分布最广，其中尤以广西、贵州和云南分布最广，广东、浙江、江苏以及四川盆地和湖北山区等地都有大面积的石灰岩分布。北方的北京市、辽宁省等也有岩溶地貌分布。中国著名的岩溶地貌景观有桂林山水、阳朔山水、云南石林、贵州织金洞、北京十渡、辽宁本溪、广东七星岩、四川宜宾文兴地质公园等。

桂林山水，是位于广西壮族自治区东北的漓江沿岸，北起兴安南至阳朔，以桂林市为中心的岩溶风景区。著名景点有芦笛岩、七星岩、独秀峰、象鼻山、老人山、猴山、骆驼山、宝塔山等。溶洞幽雅深邃，洞内石笋、石钟乳、石柱、石幔等琳琅满目，五彩缤纷。素以"桂林山水甲天下"闻名于世。

云南石林，位于云南省石林彝族自治县，是我国最著名的岩溶风景区之一。景区内"群峰壁立，千峰叠翠"，远远望去犹如一片莽莽森林，被誉为"天下第一奇观"。景区包括大石林、小石林、外石林、芝云洞、奇风洞、黑松岩、藏湖等处。石林中怪石嶙峋，奇峰兀立，造型千姿百态，"母女偕游""凤凰梳翅""万年灵芝""阿诗玛"等景观都以其酷似的形态和优美的传说而得名，处处引人入胜。

织金洞，原名打鸡洞，位于贵州省织金县官寨乡。它是一个多层次、多类型的溶洞，洞长 6.6 千米，最宽处 175 米，相对高差 150 多米。全洞容积达 500 万立方米，空间宽阔，有上、中、下三层，洞内有 40 多种岩溶堆积物。洞内有 47 个厅堂、150 多个景点，最大的洞厅面积达 3 万多平方米。

2007 年 6 月 27 日，由云南石林、贵州荔波、重庆武隆共同组成第一期的中国南方喀斯特，被评选为世界自然遗产。

桂林象鼻山（岩溶地貌）

云南石林（岩溶地貌）

### 四、海岸地貌景观

海岸地貌是海岸在构造运动、海水动力、生物作用和气候因素等共同作用下所形成的各种地貌的总称。根据海岸地貌的基本特征，可将其分为基岩海岸和平原海岸两大类；还可以细分为侵蚀海岸地貌、堆积海岸地貌、生物海岸地貌和断层海岸地貌四类。

基岩海岸是山地延伸到海边，海岸在波浪、潮流等不断侵蚀下所形成的各种地貌，主要景观有海蚀洞、海蚀崖、海蚀平台、海蚀柱等。在我国，这种海岸主要分布于辽东半岛南端、山东半岛、浙江、福建和广东。这种地貌岸线曲折，湾多水深，港湾相连，岛屿星罗棋布。著名景区有辽宁省大连的金石滩、山东省青岛石老人等。

平原海岸，也称泥沙质海岸，是由于近岸堆积地貌物质在波浪、潮流和风的搬运下沉积形成的各种地貌。在我国，这种海岸主要分布于渤海西岸、江苏沿海以及一些大河三角洲。这类海岸的特点是海岸线比较平直，缺乏良港和岛屿，沿海海水很浅，多沙滩。著名景区有河北省北戴河、辽宁省绥中碣石海岸等。

生物海岸主要包括珊瑚海岸和红树林海岸，是由造礁和礁栖生物（如石灰藻、层孔虫、有孔虫、海绵、贝类等）的骨骼及它们分泌的有机质、黏结碳酸盐碎屑等生物礁堆积形成的海岸。在我国，珊瑚海岸主要分布在海南岛沿岸，南海诸岛、广东省雷州半岛和台湾岛沿岸。红树林是发育在热带和亚热带潮间带的耐盐性和喜盐性植物群落，由红树丛林与沼泽潮滩相伴而组合成的海岸称红树林海岸。海南省东塞港是我国最大的红树林保护区。

断层海岸是一种坚硬岩石构成的海岸带，是地壳构造运动使海岸带的地表岩层发生巨大断裂时形成的。沿大断裂面上升的地块，常常表现为悬崖峭壁，而滑落下去的地块，成为深渊峡谷。在我国主要分布在台湾地区，著名的有台湾花莲海岸等。

## 五、其他地貌景观

除了上述的主要地貌外，还有其他一些地貌景观，如风沙地貌、火山熔岩地貌、流纹岩地貌、冰川地貌等。

（1）风沙地貌

风沙地貌是指由风力对地表物质的侵蚀、搬运和堆积形成的地貌，可分为风蚀和风积地貌两大类，主要分布在我国西北的干旱气候区。主要景观有雅丹、风棱石、石窝、风蚀蘑菇、风蚀柱、沙波纹、新月形沙丘，其中最突出的景观是雅丹。雅丹，维吾尔语"陡壁的险峻小丘"之意。由于气候干旱，加上风力的侵蚀作用，改变了地表形态，形成了类似人建的城堡等建筑，称为雅丹地貌。著名的有新疆克拉玛依的乌尔禾、吐鲁番，甘肃的敦煌、安西等地也有这种地貌分布。

我国是世界上风沙地貌分布广泛的国家之一。它主要发育于西北和内蒙古干旱、半干旱地区，总面积达128万平方千米。宁夏中卫沙坡头、内蒙古达拉特旗银肯沙丘和甘肃敦煌鸣沙山三大响沙地是最为著名的风沙地貌景区。

（2）火山熔岩地貌

火山是多种多样的，根据它们的活动情况可以将它们分为死火山、休眠火山和活火山三大类。中国的火山有600多座，其中绝大部分是死火山。我国著名的火山地貌景区有黑龙江省五大连池、吉林省长白山、内蒙古自治区阿尔山、山西省大同火山群、云南省腾冲火山群、海南省琼北火山、台湾地区大屯火山等。

五大连池位于黑龙江省五大连池市，是国家级风景名胜区和自然保护区，是世界地质公园。五大连池风景区是由不同时期先后爆发过的14座火山组成，素有"天然火山地质博物馆"之誉，是火山地质科学考察和研究基地。主要景观有火山冰洞、温泊云雾、连池山影、桦林沸泉、火山天池、石海奔腾、火烧城堡等。五大连池矿泉水具有治病、防病和健身的功效，与世界著名的法国的维希矿泉、俄罗斯北高加索矿泉并称为"世界三大冷泉"。

### （3）流纹岩地貌

流纹岩地貌为酸性喷出岩冷凝后经风化形成。流纹岩的特征是具有流纹构造。此种地貌在闽浙一带分布较多。浙江的雁荡山是典型的此类地貌景观。

雁荡山位于中国浙江省温州市乐清市，素以山水奇秀闻名，有"海上名山""寰中绝胜"之誉，史称"东南第一山"。因山顶有湖，芦苇茂密，结草为荡，南归秋雁多宿于此，故名雁荡。雁荡风景以峰、洞、岩石、泉、门、嶂称胜。灵峰、灵岩、大龙湫为"雁荡三绝"。

### （4）冰川地貌

冰川冰在重力的作用下，由于温度等条件的变化，会发生移动，这就是冰川运动。冰川运动会改变地貌形态，形成冰川地貌景观。冰川地貌是由冰川的侵蚀和堆积作用形成的地貌，是冰川冰中含有不等量的碎屑岩块，在运动过程中对谷底、谷坡的岩石进行压碎、磨蚀、拔蚀等作用，形成的一系列冰蚀地貌形态。冰川地貌可分为冰川侵蚀地貌和冰川堆积地貌。

中国的第四纪冰川遗迹非常丰富，如庐山、泰山等，都有冰川遗迹发现。中国的现代冰川主要集中在西部雪线以上的高山地带的青藏高原地区及新疆、四川等高海拔地区。主要有七一冰川、海螺沟冰川、玉龙雪山、喜马拉雅山、阿尔泰山、天山等。其中天山是我国最大的冰川区。我国最著名的冰川地貌景区是贡嘎山。它位于四川省甘孜藏族自治州境内，海拔约7500米。贡嘎山，藏语意为"白色冰川"。这儿由于受东南季风影响，形成海洋性冰川。以主峰为中心沿山谷呈放射状的冰川有100条以上。规模最大的海螺沟冰川，从海拔7500多米处一直向下延伸到海拔2800米的地方，甚至还深入森林区，所以海螺沟冰川又是我国海拔最低的冰川。

"冰臼"是冰川的直接产物。距今300万—200万年的第四纪冰川运动时期，年气温均在零下15℃左右，冰川在平坦地形成至少100米厚的冰层，由冰川融水携带大量冰碎屑、岩屑及冰川粉物质，沿冰川裂缝自上而下以滴水穿石式形成滚滚流水钻，对下覆基岩进行强烈的冲蚀，然后再反射而形成坛形石洞。这些洞极像南方舂米的石臼，因此称冰臼。内蒙古自治区克什克腾旗的冰臼地貌较为典型。

知识链接

#### 大冰期与第四纪冰川

冰期是指气候寒冷具有强烈冰川作用的地史时期，又称冰川期。广义冰期称大冰期，狭义冰期是指比大冰期低一层次的冰期。大冰期中气候较寒冷的时期称冰期，较温暖的时期称间冰期。在地球地质史上多次发生大冰期。6亿年以来发生过3次大冰期，周期为将近3亿年发生一次。

第一次发生在大约6亿年前的前寒武纪末期，这次大冰期在世界各大陆产生的时间略有不同，当时地球上的动植物还很贫乏。

第二次发生在大约3亿年前的石炭纪中期至二叠纪初期，这次大冰期主要发生在冈瓦纳古陆，其中在南美洲和非洲发生和消退的时间较早，在印度和澳大利亚发生和消退的时间较晚，冰川退却之后，出现大面积的舌羊齿植物群。

第三次大冰期就是最著名的第四纪大冰期（约从距今200万年开始直到现在），也是对现在影响最大的冰期。

第四纪大冰期盛冰时期，冰川的面积为4714万平方千米，占陆地面积的32%，冰盖曾覆盖北美大陆、欧洲和俄罗斯的亚洲部分，南极冰盖和格陵兰冰盖面积扩大。冰川消退之后，留下了大规模的湖泊群，加拿大和芬兰都成了"千湖之国"。披毛犀是第四纪大冰期的代表物种。

## 第二节　水体景观

 **任务导入**

水体景观都包括哪些类型？我国最长的河流是哪条？我国最著名的峡谷在哪里？我国有多少湖泊？我国最大的瀑布在哪里？"龙井茶叶虎跑水"真的是"西湖双绝"吗？

### 一、水体景观概念

水是自然界最活跃的成分之一，是形成和维持生命的最基本条件，没有水就没有生命。水还是人类社会生产生活的基本条件，是环境的基本要素，也是美化环境、改良气候的基础。水也作为旅游资源的一个重要组成部分，可以满足人们游泳、划船、疗养、品茗等需要，给人们以特殊的自然享受。因此，可以说，水体旅游景观是指由于水体的水形、水声、水态、水色与水质要素，对游客产生吸引力，以水为核心内容所构成吸引的景观水体和水文现象，它包括海洋、江河、湖泊、瀑布、泉水等水体。水体景观具有分布的广泛性、景观构成的相互依托性、景观实体的多样性以及可参与性强等特点，是旅游资源的重要组成部分。如果说，自然界中没有了水，就没有了生命，那么，旅游资源中，没有了水，自然景观就失去了生机与活力。

## 二、风景河段

中国是一个河流众多的国家，流域面积超过1000平方千米的河流有1600多条。大小河流总长度在42万千米以上。这些大大小小的河流，在其所流经的地方，因地貌类型不同，会形成风光不同的水体景观，如峡谷风光、沼泽湿地等。我国著名的风景河段主要有长江三峡、广西桂林漓江、浙江省的富春江和楠溪江、海南省的万泉河、辽宁省的鸭绿江等。

长江三峡位于我国第一大河长江的中游，连接湖北省和重庆市。它西起重庆市奉节县的白帝城，东至湖北宜昌市的南津关，由瞿塘峡、巫峡、西陵峡组成，全长193千米。三峡沿岸有很多人文景观，如黄陵庙、古代悬棺、古栈道、白帝城、屈原故里等。唐代大诗人李白经过这里留下了优美的诗句："朝辞白帝彩云间，千里江陵一日还。两岸猿声啼不住，轻舟已过万重山。"我国最大的水利枢纽三峡水利工程即建于此。

富春江—新安江风景名胜区，是跨我国浙江省富阳、桐庐、建德三县（市）的国家级风景名胜区，李白赞为"江水水清清如许"，位于杭州—黄山的黄金旅游线上。富春江的一段建成富春江水库（著名的千岛湖景区），使水位提高，两岸景色更优美，景点连绵。从新安江市往下游有建德市葫芦瀑、桐庐县小三峡、严子陵钓台、富春江水库大坝、桐君山等景观。

楠溪江位于浙江省永嘉县境内，是以江美、涧曲、瀑多、潭碧、峰奇、岩秀、石怪、洞幽、树珍、村古著称的著名景区，有"千岩竞秀，万壑争流"之说，是集自然景观、人文景观于一体的山水田园名胜区。著名的景区有楠溪江、大箬岩、石桅岩、四海山、陡门、水岩、北坑等。其中楠溪江、大箬岩景区尤负盛名。楠溪江有72湾、36滩，两岸生长着多种珍贵树种。

鸭绿江位于辽宁省东部，与朝鲜民主主义人民共和国隔江相望，是国家级风景名胜区。鸭绿江风景名胜区位于鸭绿江下游，浑江口至大东港之间，全长210千米，由绿江、水丰、太平湾、虎山、大桥、江口六大景区组成，以自然风光旖旎、人文景观荟萃、地理位置独特、环境质量优越而驰名中外，是一览两国风光，凭吊历史遗迹，兼度假休养、科学考察和异国旅游于一体的河川风景名胜区。

### 三、湖泊景观

#### 1. 湖泊的类型

湖泊是陆地上的相对低洼的部分，积水形成湖泊。我国是一个多湖泊的国家，全国面积 1 平方千米以上的湖泊有 2800 多个，总面积达 8 万平方千米。中国这些大大小小的湖泊按地域可以划分成五个分布区域，即东北山地平原湖区、蒙新高原湖区、青藏高原湖区、云贵高原湖区和长江中下游湖区。

湖泊的分类有多种方法，若按成因可将湖泊分为构造湖、火口湖、堰塞湖、冰蚀湖、风蚀湖、海迹湖、河迹湖、溶蚀湖和人工湖 9 种类型。

#### 2. 名湖景观

鄱阳湖，位于江西省北部，面积 3583 平方千米，是我国最大的淡水湖泊。鄱阳湖是国际重要湿地，被称为"白鹤世界""珍禽王国"，是我国著名的鱼米之乡。保护区内鸟类达 300 多种，近百万只，其中珍禽 50 多种，分布有世界上最大的白鹤群。这里曾是周瑜操练水师、朱元璋与陈友谅鄱阳湖水战、李烈钧在湖口发起"二次革命"之地。

洞庭湖，位于湖南省北部，面积 2820 平方千米，是我国第二大淡水湖，号称"八百里洞庭湖"。湖滨风光秀丽，著名景点有岳阳楼、君山、杜甫墓、文庙、龙州书院等名胜古迹。君山是洞庭湖上的一个孤岛，岛上有大小山峰 72 个，有古迹二妃墓、湘妃庙、飞来钟等。君山的竹子很有名，有斑竹、罗汉竹、紫竹、毛竹等。君山盛产君山银针茶。

太湖，位于江苏省南部，面积 2427 平方千米，是我国第三大淡水湖。太湖以美丽的湖光山色和多姿的人文景观闻名中外。太湖风景名胜区位于无锡和苏州境内，是国家级风景名胜区。主要景区有无锡的鼋头渚、蠡园、龙头湾、三国城、马山太湖国家旅游度假区和苏州的东西洞庭山、三山岛等。碧螺春茶即产于太湖地区。

长白山天池，位于吉林省东南部，是中朝两国的界湖。天池略呈椭圆形，为我国著名的火口湖。湖面高度为 2194 米，面积为 9.8 平方千米，湖水平均深度 204 米，最深处达 373 米，是我国最深的湖泊。湖水顺天池池北缺口而下，形成长白瀑布，成为松花江的源头。

镜泊湖，位于黑龙江省东南部牡丹江市的宁安市境内。湖形狭长，南北长 45 千米，东西最宽处 6 千米，面积 95 平方千米，是中国最大的熔岩堰塞湖。已形成以镜泊湖为中心的国家级风景名胜区，主要景点有镜泊湖、吊水楼瀑布、地下森林（火山口森林）、渤海古国遗址等。是我国北方避暑胜地，湖中盛产各种淡水鱼类,各色鱼宴美味可口。

喀纳斯湖,位于新疆维吾尔自治区北部阿勒泰地区布尔津县境内,属典型的冰川湖泊。湖面海拔 1375 米。湖形如弯月,最深处 188.4 米,为我国深水湖之一。湖区风光具北国风光之雄浑,又具江南山水之娇秀,加之这里还有"云海佛光""变色湖""浮木长堤""湖怪"等胜景,从而成为我国西北地区的著名景区。

杭州西湖,因位于杭州城西而得名。旧称武林水、钱塘湖、西子湖,宋代以来称西湖。西湖三面环山,一面濒城,面积 5.2 平方千米。西湖十景形成于南宋时期,包括苏堤春晓、曲院风荷、平湖秋月、断桥残雪、柳浪闻莺、花港观鱼、雷峰夕照、双峰插云、南屏晚钟、三潭印月,代表着古代西湖胜景精华。后经过开发建设又形成了西湖新十景:云栖竹径、满陇桂雨、虎跑梦泉、龙井问茶、九溪烟树、吴山天风、阮墩环碧、黄龙吐翠、玉皇飞云、宝石流霞。

我国湖泊景观众多,著名的还有青海湖、滇池、洱海、日月潭、大明湖、洪湖等。

青海湖

## 四、瀑布景观

### 1. 瀑布及其类型划分

瀑布在地质学上叫跌水,即河水在流经断层、凹陷等地区时垂直地跌落。在河床坡降突变之处,当河水自河床跌坎或悬崖处倾泻而下时,便形成瀑布。瀑布的形成与许多因素有关,构造运动中的差异升降、断裂可以形成瀑布;火山爆发、熔岩流堰塞河道可以形成瀑布;山体崩塌,泥石流滑动堵塞河床,堆石成坝而形成瀑布;河床岩层的岩性差异,长期的流水侵蚀,使河床断裂面发生明显的高差变化也可形成瀑布;泉水从山中涌出越过断崖山洞,飞流直下形成瀑布;等等。

我国著名的瀑布主要有黄果树瀑布、壶口瀑布、吊水楼瀑布、大龙湫瀑布、庐山三叠瀑、黄山百丈瀑、德天瀑布、九寨沟树正瀑布和诺日朗瀑布、长白山瀑布等。

2. 名瀑景观

黄果树瀑布群，位于贵州省镇宁布依族苗族自治县和关岭县之间，是以著名的黄果树瀑布为中心的一个瀑布群，由姿态各异的十几个地面瀑布和地下瀑布组成，被称为"岩溶瀑布博物馆"。是我国最大的瀑布群，主要有黄果树瀑布、螺丝滩瀑布、滴水滩多层瀑布，其中黄果树瀑布高约67米，宽约84米，为我国最大的瀑布。

壶口瀑布，位于晋陕峡谷山西省吉县和陕西省宜川县之间的黄河上。滔滔黄河到此被两岸苍山挟持，束缚在狭窄的石谷中，300余米宽的黄河河面骤然收缩为50余米，倒悬倾注，波浪翻滚，惊涛怒吼，声闻数里。壶口瀑布是黄河第一大瀑布，我国第二大瀑布。

吊水楼瀑布，又称镜泊湖瀑布，它位于黑龙江省西南的宁安市。吊水楼瀑布是在一万年前的火山爆发中因玄武岩流在吊水楼附近形成的。瀑布高约20~25米，宽达43米左右，为我国北方著名瀑布。

德天瀑布，位于广西壮族自治区大新县的中越边境上，是亚洲第一跨国瀑布。瀑布面宽达100米，纵深60米，落差70米，与越南的板约瀑布连为一体，瀑布总宽208米。瀑布周围是群山和开垦的层层梯田，使瀑布更显雄伟壮观。

大龙湫瀑布，是浙江雁荡山著名景观。瀑布落差197米，有"天下第一瀑"之誉。瀑流发源于百岗尖，流经龙湫背，从连云峰凌空泻下，像从银河倒泻下来，十分壮观。大龙湫犹如一股悬空脱缰而下的急流，因落差太大，在山风吹拂下，分成两段，上半段白练飞舞，下半段如烟如雾。

## 五、中国名泉

1. 泉的分类

泉是地下水的天然出露。当从地下渗出的水源源不断地流走，又具有固定的出口，这种出露于地表的水就叫作泉。由于泉水本身的理化性质不同，温度不同，功能不同，观赏效果不同，可以从不同角度对泉进行分类。

一种方法是按泉水的温度分类，此种方法也有多种标准。按泉水的温度可将泉分为冷水泉（<25℃）、微温泉（25℃~33℃）、温泉（34℃~37℃）、热泉（38℃~42℃）、高热泉（43℃~99℃）和沸泉（≥100℃）。还有一种按温度分为三类的分法，即分为低温泉（<40℃）、中温泉（40℃~75℃）和高温泉（>75℃）。泉水从地下孔道喷发而出且喷发达到一定高度的称为喷泉及间歇泉（每隔一定时间喷发的喷泉)。

从旅游角度可以将泉按旅游功能分为矿泉和观赏泉。矿泉是泉水中含有一定量的特殊化学成分,对人体有一定的保健疗养作用,因此,又称为疗养泉。观赏泉则是由于其历史文化内涵丰富、景观独特,具有观赏价值和旅游吸引性。

**2. 名泉景观**

我国以泉水闻名的旅游地很多,著名的历史名泉有天下第一泉江苏省镇江金山寺中泠泉,天下第二泉江苏省无锡惠山泉,天下第三泉杭州虎跑泉,天下第四泉苏州虎丘观音泉,天下第五泉扬州大明寺泉,以及济南趵突泉、北京玉泉、庐山古帘泉、河北邢台百泉等。以疗养泉闻名的有矿泉黑龙江省的五大连池、吉林省长白山温泉、云南腾冲温泉、广东从化温泉、台湾北投温泉、海南七仙岭温泉、辽宁省鞍山汤岗子温泉等。

(1) 观赏名泉

趵突泉,位于山东省济南市。济南是有名的泉城,有名可考的泉水有108处,著名的有趵突泉、珍珠泉、黑龙泉、玉龙潭四大泉群,其中以趵突泉最为有名。趵突泉位居济南"七十二名泉"之首,号称是"天下第一泉"。相传乾隆皇帝下江南,出京时带的是北京玉泉水,到济南品尝了趵突泉泉水后,便立即改带趵突泉水,并封趵突泉为"天下第一泉"。

中泠泉,位于江苏省镇江金山以西的石弹山下,又名中濡泉、南零水。唐代陆羽等将宜茶之水分为七等,称"扬子江南零水第一",说它是大江深处的一股清洌泉水,泉水清香甘甜,涌水沸腾,景色壮观。几经沧桑,直到清代同治年间,随着长江主干道北移,金山才与长江南岸相连,终使中泠泉成为镇江长江南岸的一个景观。

虎跑泉,位于杭州市西南大慈山白鹤峰下慧禅寺(俗称虎跑寺)侧院内。虎跑泉水质甘洌醇厚,与龙井茶叶合称西湖双绝,有"龙井茶叶虎跑水"之美誉。

其他观赏名泉还有河北邢台百泉、山西太原晋祠、平定娘子关泉、浙江绍兴半月泉、云南大理蝴蝶泉、昆明黑龙潭、西安骊山华清池、承德热河泉等。

(2) 疗养矿泉

五大连池矿泉,位于黑龙江省五大连池市五大连池风景区,是由于火山喷发形成的矿泉。五大连池矿泉是世界三大冷泉之一,与世界著名的法国的维希泉、俄罗斯北高加索的阿尔赞泉相媲美。主要有南饮泉、北饮泉、翻花泉、二龙眼泉等。矿泉水中含有多种矿物质和微量元素,口感独特,医疗保健价值显著。

阿尔山温泉,位于内蒙古自治区阿尔山市。在南北长500米的狭长地带,分布着48眼温度、成分不同,作用疗效各异的矿泉。矿泉分为南北两个泉群,南部为冷泉群，北部为冷泉、温泉、热泉、高热泉相间的温泉群。这些泉具有较丰富的微量元素，可以改善人体循环，促进新陈代谢，调整内分泌和神经系统等，从而起到保健、治疗功效。

汤岗子温泉，位于辽宁省鞍山市以南7.5千米处。是中国四大温泉康复中心之一。共有温泉18眼，水温多在57℃~65℃，最高可达70℃左右。有一处长110米、宽约100米的全国最大的天然热矿泥区。温泉泉水无色无味，清澈透明，并含有30余种微量元素，对各种关节炎、伤痛后遗症、老年病，都具有很好的理疗价值。

腾冲温泉，位于云南省西部腾冲市。腾冲的气泉、温泉群共有80余处，其中11个温泉群水温高达90℃。腾冲的泉群不仅数目多而且类型复杂齐全，为国内罕见，有高温沸泉、热泉、温泉、地热蒸气、喷泉、巨泉、低温碳酸泉、毒气泉、冒气地面等，可谓一座"天然地热博物馆"。

从化温泉，位于广州市东北部的从化区。泉水无色无味，含有多种矿物质和微量元素。目前发现有泉眼12处，最低温度36℃，最高温度达71℃。温泉水能对中枢神经系统的兴奋和抑制进行调节；能使血管扩张，促进血压稳定下降；能促进皮肤表皮细胞的新陈代谢，增强人体抵抗力。

此外，著名的矿泉还有台湾北投温泉、海南兴隆温泉、辽宁丹东五龙背温泉、辽宁兴城温泉、北京汤山温泉等。

## 六、海滨旅游资源

### 1. 海滨旅游资源的旅游功能与价值

海滨旅游资源是指临近海洋地域的海岸带和海岛。中国海岸线总长度3.2万千米，其中大陆海岸线1.8万千米，岛屿海岸线1.4万千米。海岸带是海洋与陆地的接触带，处于水陆生物和大气相互作用之中。海洋旅游的空间区位主要在海岸带及其附近。现代旅游中备受游客青睐的"三S"旅游（阳光Sun、海洋Sea、沙滩Sand）即位于海岸带。在海岸带可以开展海滨观光游、休闲度假游、渔家游、海岛游等旅游项目。

### 2. 中国著名海滨旅游景区

中国著名的海滨旅游胜地有河北秦皇岛北戴河、辽宁大连海滨、山东青岛、浙江杭州、福建厦门、广西北海、海南三亚等。

北戴河，位于河北秦皇岛市，海岸线长22.5千米。沙滩松软洁净，堪称北方第一。礁石造型奇特，湾浅水碧，沙软潮平，夏无酷暑，冬无严寒，是理想的海滨休闲度假旅游胜地，也是我国观海上日出的佳地。

大连海滨，位于辽宁省的辽东半岛南端。大连海滨拥有海岸线1906千米，主要景点有金石滩国家级旅游度假区、滨海路旅游带、旅顺口旅游区海滨等。大连海滨气候明显受海洋影响，冬无严寒，夏无酷暑，海滨风光独特，是我国夏季理想的避暑胜地。大连滨海国家地质公园，是国家级风景名胜区。

三亚，位于海南省南端，为海南省第二大城市。三亚地处热带季风气候区域，年平均气温25.5℃，没有明显的冬季，是我国冬季海滨旅游的最佳地点。主要景区景点有南山文化旅游区、蜈支洲岛、亚龙湾、蝴蝶谷、天涯海角等。

钱塘潮，我国杭州湾地区潮汐奇观，是由于月球的引力和杭州湾"喇叭形"的出海口共同的作用而形成的。涨潮时，海水不断内涌而湾口渐窄，迫使潮位逐渐升高。钱江大潮的潮差最高时曾达到8.91米，潮头达到3.5米。钱江潮在农历每月初一至初五、十五至二十的11~14时都能观察到，一年中最佳的观潮时间是农历八月十五至十八。最佳观潮点有海宁盐官镇、八堡和老盐仓。

其他著名海滨旅游地有福建厦门、广西北海、山东青岛和威海、浙江舟山群岛等。

## 第三节　生物景观

### 任务导入

我国是世界上植物种类最多的国家之一，有哪些名花和珍稀植物？牡丹是我国的国花吗？我国有没有国鸟？除了大熊猫以外，我国还有哪些国宝动物？

### 一、生物旅游景观及其旅游功能

生物是自然界中最活跃的因素之一，它们是生态环境中的主体，也是自然景观的重要组成部分。它们不仅为人类提供了各种生活和生产原料，同时也提供了多种多样的休养娱乐环境和观赏游览对象。生物景观，主要是指对游客具有吸引力，能满足旅游者观赏、休闲、娱乐、美食、鉴赏和参与体验等需求，能为旅游业开发利用的生物及其群落的总称。这些生物群落主要包括动物和植物，包括陆生生物和水生生物。

生物景观具有丰富多样性、地域特色性、季节变换性、旅游的多功能性、繁殖再生性和脆弱易变性等特点。生物景观以它的形态、色彩、声音、香味吸引着游客，可以满足人们美化环境、观赏游览、科学研究的需求，还可以陶冶人们的情操，具有净化功能与保健价值。因此，生物景观不但以美感吸引着游客，还可以满足人们更多的旅游需求。

## 二、观赏植物

我国是世界上植物资源种类最丰富的国家之一，仅次于世界植物资源最丰富的马来西亚和巴西，居世界第三位，其中有190属植物为我国所特有，如银杏、水杉、桫椤、金花茶、珙桐、鹅掌楸等都是我国的珍贵特有树种。我国观赏植物种类繁多，各种名花异草也种类繁多。世界上名贵花卉800多种，我国有近600种，如牡丹、菊花、兰花、梅花、茶花、杜鹃、芍药、月季等均为中国名花。植物旅游资源具有多种旅游功能，这里只从游客观赏功能角度进行介绍。从旅游观赏角度，可将观赏植物分为观花植物、观果植物、观叶植物和珍稀植物四大类。

### 1. 观花植物

花是种子植物的有性繁殖器官。根据开花时间可分为春花（3~5月）、夏花（6~8月）、秋花（9~11月）、冬花（12月~次年2月）。根据植物茎的性质分为木本花卉（如梅花、牡丹、杜鹃等）和草本花卉（如郁金香、紫罗兰、芍药等）。依据自然分布可分为热带花卉、温带花卉、寒带花卉、高山花卉、水生花卉、岩生花卉、沙漠花卉等。

观花植物就是以植物的花为观赏对象，形状、颜色、香气各异的花朵刺激游客的视觉、嗅觉，从而令人产生美感和快感，形成心理上的愉悦。各地根据地理环境、气候特点和物种分布习性等建立了许多花卉园，如牡丹园、丁香园、玫瑰园等，成为花卉观赏的专门场所。

不同环境下的花、花的不同状态都会给游客以不同的享受，如争奇斗艳、万紫千红、繁花似锦、含苞欲放、香气袭人、四季飘香、花香四溢、芳香醉人、百花争艳等。因此，崇花、爱花、赏花成为中国人的传统习俗。中国传统十大名花是梅花（花中君子）、牡丹（花中之王）、兰花（天下第一香）、月季（花中皇后）、杜鹃花（花中西施）、山茶花（花中珍品）、荷花（花中仙子）、桂花（九里飘香）、菊花（花中四君子之一）、水仙花（凌波仙子）。牡丹和梅花曾经被提名为我国国花，但至今还没有选定。

人们根据花的特点，还赋予花以不同的精神，形成花的文化，花成了人们表达某种思想感情的象征。如康乃馨象征慈祥、温馨、真挚；红掌象征热情、热心、热血；勿忘我象征友谊万岁、永远思念；白百合象征纯洁；天堂鸟象征自由、幸福、吉祥等。

观花植物以其美丽的花朵吸引游客，这是它的观赏价值。花还以它的用途，如药用、美容等，形成了新的综合吸引点。如菊花能消炎解毒退肿、止咳明目；鸡冠花能解表邪、祛风湿等。

**知识链接**

### 国色天香话牡丹

牡丹原产中国，原为陕西、四川、山东、河南以及西藏、云南等地山区的野生灌木，散生于海拔1500米左右的山坡和林缘。牡丹喜凉恶热，宜燥惧湿，可耐-30℃的低温，在年平均相对湿度45%左右的地区可正常生长。牡丹喜光，亦稍耐阴。要求疏松、肥沃、排水良好的中性壤土或沙壤土，忌在黏重土壤或低温处栽植。花期在4~5月。

**洛阳牡丹**

我国牡丹种植已有2000多年历史。牡丹为多年生落叶小灌木，生长缓慢，株型小，株高多在0.5~2米。花单生于当年枝顶，两性，花大色艳，形美多姿。花的颜色有白、黄、粉、红、紫红、紫、墨紫（黑）、雪青（粉蓝）、绿、复色十大色。有单瓣、复瓣、重瓣和台阁性花。牡丹是中国传统名花，端丽妩媚，雍容华贵，兼有色、香、韵三者之美，让人倾倒。

唐朝人更爱牡丹，曾在牡丹花开季节，举行牡丹盛会，长安人倾城而出，如醉似狂。诗人李正封赞牡丹为"国色""天香"，"国色天香"从此成了牡丹的又一雅号。牡丹以它特有的富丽、华贵和丰茂，在中国传统意识中被视为繁荣昌盛、幸福和平的象征。

牡丹的观赏部位主要是花朵，其花雍容华贵、富丽堂皇，素有"花中之王"的美称。牡丹可在公园和风景区建立专类园；可在古典园林和居民院落中筑花台种植；可在园林绿地中自然式孤植、丛植或片植。也适于布置花境、花坛、花带、盆栽观赏，可通过催延花期，使其四季开花。牡丹应用更是灵活，其根皮可入药，名曰"丹皮"。丹皮性微寒，味苦辛，无毒；入心、肝、肾经；具有清血、活血散瘀的功能。其花瓣可酿酒。

**2. 观果植物**

果实是由开花植物为保护种子及协助种子的传播而发育形成的。一般果实包含了果皮和种子。植物的果实在生长过程中或成熟以后，以其色彩、形态、香气和美吸引着游客。植物果实有的色彩鲜艳，有的形状奇特，有的香气浓郁，有的果形丰硕，有的则兼具多种观赏性能。观果植物常用以点缀园林风景，以花后不断成熟的果实弥补观花植物的不足；也可用来剪取果枝插瓶，供室内观赏。观果植物既具有观赏性，又具有食用性，还可以加工成各种产品。常见的观果植物有椰子、菠萝、荔枝、龙眼、香蕉、榴梿、波罗蜜、猕猴桃、柑橘、梨、桃、大樱桃、苹果、葡萄、草莓、葫芦、南瓜、木瓜、金瓜、石榴等。

3. 观叶植物

自然界中植物的叶子因其种群不同而呈现不同的形状（如圆形、掌形、剑形等），还由于不同的色彩（如红、黄、紫、橙色等）和质地（如多肉类植物仙人掌、龙舌兰等），构成植物特有的美。凡植物的叶形、叶色美丽而具有观赏价值者，可以统称为观叶植物。有些观叶植物也开花，但通常观叶价值胜于观花价值。根据植物性状的不同，观叶植物可分为草本观叶植物、木本观叶植物、藤本观叶植物和多肉类观叶植物等。主要观叶植物有金叶木、彩叶木、龙舌兰、鹅掌藤、龟背竹、观音莲、五彩千年木、彩叶凤梨、棕竹、苏铁、橡皮树、绿萝、常春藤、秋海棠、文竹、虎尾兰等。全世界已被利用的观叶植物种类和品种已达1400多种。

4. 珍稀植物

中国有着丰富的植物资源，有470科、3700余属、约30 000种。由于人为干扰破坏和环境的变化，植物物种灭绝的速度在加快。为保护珍稀植物，我国于1984年公布了第一批《珍贵濒危保护植物名录》，共包括354种植物，一级保护植物8种，二级保护植物143种，三级保护植物203种。一级保护植物有金花茶、银杉、桫椤、珙桐、水杉、人参、望天树、秃杉。水杉为我国珍贵的孑遗树种之一，被世界生物界誉为"活化石"，野生水杉分布于重庆万州、湖北利川、湖南龙山、桑植一带。桫椤，又称"树蕨"，既是观赏植物又是经济树种，在贵州、四川、广东、福建、台湾等地有少量分布。

银杉为我国特有的孑遗树种，素有"植物中的熊猫"之称，世界上只分布在我国广西的龙胜和重庆的金佛山等地。银杉的叶细长，呈线形，叶面为亮绿色，背面有两条银白色的气孔带，因此取名银杉。珙桐为驰名世界的观赏树种，由于其两片白色花苞宛如栖息的鸽子，因此也被称为"中国的鸽子树"。20世纪初，欧洲一些国家从我国引种，如今珙桐已经成为许多国家重要的园林树种。金花茶为我国最珍贵的观赏植物之一，是20世纪60年代初才发现的珍稀观赏植物，主要分布在广西和云南。人参为五加科多年生草本，是极为珍贵的中药材，是我国重点保护植物中的唯一一种草本植物，世界上仅产于我国东北和朝鲜北部。秃杉是我国最有名的建材树种之一，产于云南、贵州等地，稀少罕见。望天树为龙脑香科常绿乔木,树高可达 70 余米,是世界上最好的船舶、车辆用材,独产于我国西双版纳的原始森林中。

### 三、观赏动物

我国约有脊椎动物 6000 多种,其中兽类约 500 种,鸟类约 1258 种,爬行类约 400 种,两栖类近 300 种,鱼类约 3862 种,约占世界脊椎动物种类的 10%。约有 476 种陆栖脊椎动物为我国所特有。大熊猫、金丝猴、白唇鹿、黑颈鹤、褐马鸡、扬子鳄、白鳍豚等均为我国特有的珍稀动物。我国一些地区的动物也别具特色,如青海湖的鸟类,大连鸟站、蛇岛上的各种鸟类、蛇类,峨眉山的猴和弹琴蛙,云南大理的蝴蝶,江苏大丰的麋鹿等。

动物旅游资源具有多种功能,这里只从观赏角度对其进行介绍。观赏动物是指能以体态、色彩、姿态、发声等方面的特征引起人们美感的动物。根据观赏动物的主要美学特征,还可将其进一步分为观形动物、观色动物、观态动物、听声动物和珍稀动物。

**1. 观形动物**

动物的体形千奇百怪、各具特色,蕴藏着不同的气质美。如虎,体形雄伟,被誉为"山中之王";狮子,体形硕大,毛色壮观,被称为"百兽之王";还有长颈鹿、大象、骆驼、麋鹿等,都以其形体之美吸引着游客。

**2. 观色动物**

世界上动物种类繁多,其色彩也是斑斓多样。如北极熊,雪一样的洁白;黑叶猴,乌金闪亮。金钱豹、丹顶鹤、金丝猴、大熊猫、斑马等,都以其鲜明的色彩特征吸引着游客。

**3. 观态动物**

动物的行为特征也能引起人的美感。如猛虎给人以威武之感,游鱼给人以一种自在自乐之感,猿猴攀缘之灵巧,熊猫行走之憨态,孔雀开屏之美丽,常令人赞叹不已。猴、熊、狗和海狮等聪明的动物,经过人们的精心训练,还可进行各种拟人化表演,成为人们娱乐欣赏的对象。

**4. 听声动物**

动物会发出各种声音,用"鸟兽语"传递着它们的信息。有相当多的动物能够发出令人心愉情悦的悦耳之声,激发人们的听觉美,人们也经常用"鸟语花香"来形容这大自然的动听旋律。动物界"歌唱家"有夜莺、黄山八音鸟、鹩鸰、八哥、白玉鸟、鹦鹉、琴蛙等。有些动物的吼声也具有特别的吸引性,如狮吼、虎啸、猿啼、马嘶、羊咩、鸡鸣等。

### 5. 珍稀动物

珍稀动物是指野生动物中具有较高价值、现存数量极为稀少的珍贵稀有动物。《国家重点保护野生动物名录》于1989年1月14日发布施行。名录中列入陆生野生动物330多种，其中，国家一级保护陆生野生动物有大熊猫、金丝猴、长臂猿、丹顶鹤、豹、虎、雪豹、儒艮、白鳍豚、亚洲象、白唇鹿、朱鹮、中华秋沙鸭等90多种；国家二级保护陆生野生动物有小熊猫、穿山甲、黑熊、天鹅、鹦鹉等230多种。其中大熊猫、金丝猴、白鳍豚和白唇鹿被称为我国四大国宝动物。丹顶鹤被推荐为国鸟唯一候选鸟。大熊猫主要分布在四川省和陕西省南部，白鳍豚主要分布在长江中下游地区，金丝猴主要分布在四川、贵州、云南、陕西等省，白唇鹿主要分布在青藏高原，丹顶鹤主要分布在我国东北和长江中下游地区。2021年公布了新调整的《国家重点保护野生动物名录》，其中共列入野生动物980种。

 知识链接

#### 水中大熊猫——白鱀豚

白鱀豚，也叫白鳍豚，俗称白鳍、白夹、江马，属于鲸目喙豚科。其识别特点为吻突狭长，其吻突可长达300毫米。白鱀豚身体呈纺锤形，背部为浅蓝灰色，腹部呈白色。白鱀豚额部圆而隆起；背鳍呈三角形，位于身体的3/5处；头顶的偏左侧有一个能启闭自如的呼吸孔；尾鳍水平向，向缘凹入呈新月形。

白鱀豚属于哺乳动物，生活在淡水中，是中国特有的淡水豚类，也是世界上淡水豚类中数量最少的一种，被人们称为"水中大熊猫"。

白鱀豚是我国特有的珍贵动物，多在有沙洲分布的江段出现。它们常在洲头、洲尾的岔流汇合处活动，数量稀少，被列为世界级的濒危动物。

## 第四节　天象与气候景观

 任务导入

什么是天象与气候景观？气候会对旅游产生哪些影响？我国有哪些著名气候、气象景观？

## 一、天象与气候景观功能与分类

气象、气候同人们的生产、生活密切相关,不同的地区会有不同的气候特征。不同的气候会形成不同的旅游环境、旅游景观和旅游开发效果。有的地方一年四季如春,有的地方冬暖夏凉,非常适宜人类居住,因此便形成了各种宜居休闲疗养地,如海南的三亚、辽宁的大连等地。有的地方气候冬季寒冷,但却形成了冰雪景观,适宜开展冰雪旅游,如黑龙江的哈尔滨,可以开发滑雪、冰球等体育娱乐旅游项目。浩渺的天空自古就不断引起人们无限的遐想,各种天象成为人们观测与观赏的对象,形成了浩繁的天象景观文化。宇宙的运行与变化所呈现出的天象景观,已成为重要的观赏旅游资源。因此,所谓天象与气候景观,是指那些具有观赏、康乐等旅游功能,可以为旅游业开发利用的大气物理现象和过程,以及宇宙星空的总和。它包括日出、日落、月色、彗星等天象景观,云、雾、雨景观,冰、雪和雾凇景观,以及佛光、蜃景景观等。

天象与气候景观具有地域性、季节性、瞬变性、组合性、育景性等特点。根据天象与气候景观功能的不同可以将其划分为观赏型、参与体验型、康体疗养型和娱乐型四类。按照其景观属性可将其分为云、雾、雨、冰雪、雾凇、佛光、蜃景和天象景观等类型。

## 二、云、雾、雨景观

云、雾、雨景观是大气中水汽凝结状况的不同所形成的景观。作为旅游资源,常与山水、植被、古建筑等其他旅游景观相组合,给人以美的享受。

云、雾、雨所构成的气象景观,是大自然赋予的一种朦胧美。透过云、雾、细雨观看风景时,其中景物若隐若现,虚虚实实,令人捉摸不定,于是产生飘若云端般的虚幻、玄妙、神秘之感,给人留下充分遐想的空间。我国著名的云、雾、雨景观有黄山云海、庐山云海、泰山云海、巫山云雨、巴山夜雨、江南烟雨、新安江之雾等。

云海是指在一定的天气条件下形成的云层,并且云顶高度低于山顶高度,当人们在高山之巅俯首云层时,看到的是漫无边际的云,如临大海之滨,波起峰涌,浪花飞溅,惊涛拍岸,故称这一现象为"云海"。我国著名的云海景观地有黄山、泰山、庐山、峨眉山等。黄山"雾气去来无定。下盼诸峰,时出为碧峤,时没为银海",云层弥散回合,荡胸扑面。泰山云海玉盘奇景起伏跌宕,时进时浮,或现莲花,或如积雪,或如龙腾虎跃,或如万马奔腾,使人思绪万千。

巫山云雨,是指巫山十二峰层峦叠嶂中,湿气郁结,云雾聚散无时,云雨不定，时而细雨霏霏，时而云缠雾绕，变幻莫测、有如幻境的美景。宋玉《高唐赋》中说，其云为神女所化，上属于天，下入于渊，茂如松涛，美若娇姬……须臾之间，变化无穷。

江南烟雨，是长江以南的江苏、浙江、安徽等地区每当春末夏初时长时间形成的梅雨。细雨蒙蒙，引人感怀。白居易在其《忆江南》一诗中写道："江南好，风景旧曾谙：日出江花红胜火，春来江水绿如蓝。能不忆江南！"烟雨江南，杨柳依依，暗香浮动，犹如妩媚的少女在春光中含羞回眸，总让人遐想与倾慕。

### 三、冰雪和雾凇景观

冰、雪、雾凇等景观主要在我国北方纬度较高地区的寒冷季节或海拔较高的高山地区才能见到。我国著名的冰雪旅游景观地有哈尔滨、沈阳、长春、乌鲁木齐等地，其中以哈尔滨的冰雪旅游最为著名。哈尔滨的冰雪旅游活动主要有冰雪节、冰灯游园会、滑雪、雪橇、雪地摩托、雪雕、冰灯、冰帆等。中国著名的滑雪场有哈尔滨亚布力滑雪场、哈尔滨二龙山滑雪场、吉林长白山滑雪场、吉林净月潭滑雪场、内蒙古阿尔山滑雪场等。雾凇观赏地主要在冬季的北方，著名观赏地为吉林省的吉林市，泰山、黄山、庐山等名山在冬季也常出现这种景观。

### 四、佛光、蜃景

佛光，又称宝光景，它是一种光学物理现象。当光波在传播过程中遇到一个大小近于或小于波长的物体阻挡，离开原来直线传播的方向绕过这个物体，从这一物体的边缘继续前进，发生衍射现象；如果通过一个大小近于或小于波长的孔，则以孔为中心，形成环波向前传播。这种现象在物理学上称作光波的衍射或绕射作用。佛光是由光线的衍射作用产生的。在水汽丰富的山势高峻地区，半山腰常分布有云海，当人处于云层和阳光之间时，且三者呈45度角直线时，云雾等条件具备，即可看到这种由于光的折射形成的七彩光环、人形等影像。这种自然现象在我国的峨眉山、泰山、黄山、庐山等地都可见到，其中以峨眉山佛光最为著名，峨眉山的佛光与日出、云海、圣灯共同构成峨眉山四大奇观。近年来，在新疆喀纳斯湖、河北嶂石岩等地也常有佛光景观出现。

蜃景即海市蜃楼奇景，是大气中由于光线的折射和全反射作用而形成的。在无风或微风的日子里，大气层较稳定。由于气温在垂直方向上发生剧烈变化，使空气密度的垂直分布随之发生分层变化。远处的光线通过密度不同的空气层，就会发生折射和全反射，即在空中或地面显现出远方景物的影像。这种现象多在夏季出现在沿海或沙漠地带，在山区也时有发生。它有上现蜃景和下现蜃景之分。早上，底层空气密度较大，蜃景影像呈正像，直立于空中，此称"上现蜃景"；中午或下午，上层空气密度较大，蜃景影像呈倒像，倒立于"地面"，此称"下现蜃景"。在我国蓬莱海边，常可看到海市蜃楼景观，已成为我国最著名的海市蜃楼观赏地。

### 五、天象景观

天象景观主要包括日月景观、彗星和流星雨景观等。日月景观是指由太阳、地球和月球三者之间运行关系所形成的景观，主要包括日出、日落、月色与极昼、极夜等与太阳和月亮及地球公转等有关而形成的景观。极光则是由于太阳与地球磁场共同作用形成的特殊景观。

1. 日出、日落、月色

日复一日，太阳东升西落，但日出、日落奇观及由此产生的霞光景观，始终吸引着众多游客。观赏日出，成为许多风景名胜区的重要一景。如在北戴河鹰角亭观日出；在泰山，旭日东升、晚霞夕照均为美景；在黄山观云海日出。观赏日出日落的主要景点有黄山玉屏楼、泰山日观峰、庐山汉阳峰和天池亭、华山东峰、衡山祝融峰、峨眉金顶、九华山的天台、北戴河的鹰角亭等。泰山日出，是泰山最壮观的奇景之一。黎明时分，东方一线晨曦由灰暗变成淡黄，又由淡黄变成橘红，而天空的云朵，红紫交辉，瞬息万变，漫天彩霞与地平线上的茫茫云海融为一体，犹如巨幅油画从天而降。浮光耀金的海面上，日轮掀开了云幕，撩开了霞帐，披着五彩霓裳，像一个飘荡的宫灯，冉冉升起在天际，须臾间，金光四射，群峰尽染，一派壮观而神奇的海上日出景象。

日落景观则是太阳西下、即将落入地平线以下时所形成的特殊景观。我国著名的日落景观有岱顶晚霞夕照、鸡公山晚霞夕照、雷峰夕照、安平夕照、骊山晚照等。

还有一种太阳光与云合作共同形成的景观——霞景。早、晚时分太阳高度较低，阳光通过的大气层距离最长，光波较短的紫、蓝、绿等各色光几乎全被水汽、尘埃等大气微粒散射掉，剩下光波较长的红、橙、黄等色光映照在天空或云层上形成霞。霞景观主要是朝霞和晚霞，多呈红、橙、黄等颜色，而且云量越大，红色越浓。

赏月色是中国传统，中国古代有太多关于月亮的传说与遐想。明月千里寄乡思，月亮成为古代乡思的寄情物。唐朝诗人李商隐在《嫦娥》一诗中写道："云母屏风烛影深，长河渐落晓星沉。嫦娥应悔偷灵药，碧海青天夜夜心。"大诗人李白更是在《月下独酌》中表达了自己邀月对酌的情思："花间一壶酒，独酌无相亲。举杯邀明月，对影成三人。月既不解饮，影徒随我身。暂伴月将影，行乐须及春。我歌月徘徊，我舞影零乱。醒时同交欢，醉后各分散。永结无情游，相期邈云汉。"每年农历八月十五是中国传统的月亮节——中秋节，更是体现了中国人赏月、爱月的情怀。中国著名的月色景观有三潭印月、平湖秋月、象山夜月、三江映双月（宜宾）、三月共赏（网狮园风来亭）、月照松林（庐山牯牛岭石径松路）、二十四桥月夜（扬州二十四桥赏月）、太清水月（崂山太清宫面对大海）、石湖串月（苏州城南石湖上行春桥）、梨花伴月、卢沟晓月等。

### 2. 极昼、极夜、极光

极昼、极夜是出现在地球两极地区的自然现象。所谓极昼，就是太阳永不落，天空总是亮的，这种现象也叫白夜；所谓极夜，就是与极昼相反，太阳总不出来，天空总是黑的。在南极洲的高纬度地区，那里没有"日出而作，日落而息"的生活节律，没有一天24小时的昼夜更替。极昼和极夜是极圈内特有的自然现象。发生在北极圈北纬66°34'以内和南极圈南纬66°34'以内。

极光是在地球南北两极附近地区的高空夜间出现的灿烂美丽光辉。它轻盈地飘荡，同时忽暗忽明，发出红的、蓝的、绿的、紫的等不同颜色的光芒，这种壮丽动人的景象就叫作极光。太阳喷射出带电粒子的太阳风，在地球上空环绕地球流动撞击地球磁场。地球磁场形如漏斗，尖端对着地球的南北两个磁极，因此太阳发出的带电粒子沿着地球磁场这个"漏斗"沉降，进入地球的两极地区。两极的高层大气，受到太阳风的袭击后会发出光芒，从而形成极光。在南极地区形成的叫南极光，在北极地区形成的叫北极光。极光常见于高磁纬地区，一般呈带状、弧状、幕状、放射状，这些形状有时稳定有时做连续性变化。

### 3. 日食和月食

日食和月食是由于太阳与地球、月球之间运行关系所形成的景观。

当月球绕地球转到太阳和地球中间时，太阳、月球、地球三者正好排成或接近一条直线，月球挡住了射到地球上去的太阳光，月球身后的黑影正好落到地球上，这时发生日食现象。月球把太阳全部挡住时发生日全食，遮住一部分时发生日偏食，遮住太阳中央部分发生日环食。

月食是指当月球运行至地球的阴影部分时，太阳、月球、地球三者正好排成或接近一条直线，在月球和地球之间的地区会因为太阳光被地球所遮蔽，从太阳照射到月球的光线，会被地球所掩盖。月食可分为月偏食、月全食及半影月食三种。

日食和月食的发生有一定规律，时间又不固定，已成为进行天文观测和天象观赏的重要对象。

### 4. 彗星和流星雨

彗星和流星雨是在特定的时间才能观测到的星空景观。这些天象的观测已成为科学考察、星空观赏的重要内容,因为它具有瞬间性的特点,平时不易观测,所以更具有吸引性。但观赏地点会因观测最佳地点的不确定而具有不确定性。最著名的如隔76年回归一次的哈雷彗星,另外如苏梅克—利维彗星和百武彗星等,都是近些年用肉眼能观察到的彗星。近几年,狮子座流星雨、英仙座流星雨的爆发吸引了大批天文爱好者。

## 第五节 中国的自然保护区、森林公园、地质公园与国家公园

**任务导入**

中国第一个自然保护区是什么时间设立的?中国已建立了多少个国家森林公园?中国有多少个世界地质公园?我国建立这么多国家公园的意义在哪里?

### 一、自然保护区

关于自然保护区的概念,《自然保护区条例》界定为,是指对有代表性的自然生态系统、珍稀濒危野生动植物物种的天然集中分布区、有特殊意义的自然遗迹等保护对象所在的陆地、陆地水体或者海域,依法划出一定面积予以特殊保护和管理的区域。按照国家标准《自然保护区类型与级别划分原则》,自然保护区根据保护对象,分为三个类别九个类型,即自然生态系统类型(包括森林生态系统类型、草原与草甸生态系统类型、荒漠生态系统类型、内陆湿地和水域生态系统类型、海洋和海岸生态系统类型)、野生生物类型(包括野生植物类型和野生动物类型)和自然遗迹类型(包括地质遗迹类型和古生态遗迹类型)。自然保护区分为国家级、省(自治区、直辖市)级、市(自治州)级和县(自治县、旗、县级市)级四级。

### 二、森林公园

森林公园是以森林自然环境为依托,具有优美的景色和科学教育价值、游览休憩价值的一定规模的地域,经科学保护和适度建设,为人们提供旅游、观光、休闲和科学教育活动的特定场所。建立森林公园的目的是保护其范围内的一切自

然环境和自然资源，并为人们游憩、疗养、避暑、文化娱乐和科学研究提供良好的环境。

## 三、地质公园

地质公园是以具有特殊地质科学意义、自然属性稀有、美学观赏价值较高、具有一定规模和分布范围的地质遗迹景观为主体，并融合其他自然景观与人文景观而构成的一种独特的自然区域。地质公园既为人们提供具有较高科学品位的观光旅游、度假休闲、保健疗养、文化娱乐的场所，又是地质遗迹景观和生态环境的重点保护区，是地质科学研究与普及的基地。

地质遗迹按其形成原因、自然属性等可分为6种类型，即标准地质剖面（如天津蓟州区中、上元古界层型剖面）、著名古生物化石遗址（如云南澄江动物群化石产地）、地质构造形迹（如河南嵩山前寒武纪地层）、典型地质与地貌景观（如武陵源石英砂岩峰林地质景观）、特大型矿床（如广西大厂锡多金属矿田）、地质灾害遗迹（如大连金石滩震旦系—寒武系地层中的地震遗迹）。

## 四、国家公园

国家公园是指由国家批准设立，以保护具有国家代表性的自然生态系统为主要目的，实现自然资源科学保护和合理利用的特定陆域或海域，是我国自然生态系统中最重要、自然景观最独特、自然遗产最精华、生物多样性最富集的部分。世界上最早的"国家公园"为1872年美国建立的"黄石国家公园"。我国国家公园的建设坚持"生态保护第一、国家代表性、全民公益性"三大理念。其设立初心是要保护自然生态系统的原真性和完整性，同时兼具科研、教育、游憩等综合功能。到2035年我国将基本建成全世界最大的国家公园体系。

### 本章小结

本章对中国的自然旅游景观进行了讲解，涉及以下几方面具体内容：中国主要地质地貌景观类型及分布，中国不同类型水体景观构景要素、旅游功能及分布，中国观赏生物景观及分布，中国著名气象、气候景观及主要天象景观，中国的自然保护区、森林公园和地质公园。

### 思考与练习

1. 花岗岩名山有哪些特点？中国有哪些花岗岩名山？
2. 海岸地貌可分为几种类型？简述每种类型在我国的分布范围。

3. 什么是岩溶地貌？在我国的分布情况是什么样的？
4. 我国开发了哪些著名风景河段？

知识链接

### 中国国家公园标识

中国国家公园标识由地球、山、水、人和汉字书法等元素构成，标识中连绵的山川构成汉字"众"，造型特征鲜明，寓意山连山、水连水、众人携手保护自然资源，展现了生态功能和文化价值的有机融合，体现了中国国家公园的全球价值和国家象征。

# 第三章
# 中国古代建筑

学习目标

**1. 知识目标**

了解中国古代建筑（古建筑）的产生与发展过程，掌握古代建筑的相关概念，熟悉代表性建筑。

**2. 能力目标**

结合实际分析中国古代建筑的特点。

**3. 技能目标**

能够结合典型古建筑分析不同类型的古建筑的特点。

**重点难点**

1. 中国古建筑的特点、类型，具有中国代表特点的古建筑。
2. 古建筑屋顶的形式。

## 第一节　中国古代人文建筑景观

任务导入

同学们，为什么北京故宫中的建筑物颜色多以红色和明黄色为主呢？文渊阁的屋顶为什么是黑色的呢？

我国历史悠久，在目前保存下来的文物古迹中，古建筑占有相当大的比重。它们不仅反映了中华民族悠久的历史、灿烂的文化和发达的科学技术水平，而且对今天的建筑起到了重要的借鉴意义。同时，它们也是我们进行旅游观光的重要

旅游资源，吸引着无数的中外旅游者。

知识链接

### "建筑"一词的由来

建筑，在英语中原意是"巨大的工艺"。在中国古汉语中，建筑等同于"营造"或"营建"、"兴建"等。"营造"包括规划、设计和施工的全过程。营者，规划设计；造者，建筑施工也。各朝关于营造的书籍很多，如北宋李诫的《营造法式》、近代姚承祖的《营造法原》、现代梁思成的《清式营造则例》等。可见，"建筑"只是今人的叫法，古代是没有"建筑"一词的。

中国是一个有着几千年悠久历史的文明古国，千百年来朝代和政权的更迭，留下了大量的有着鲜明历史特征的印记。一方面是人文建筑景观，包括古建筑和古园林，这些古代建筑和园林虽然经历千年风雨和沧海桑田的变迁，依然屹立在祖国的大地上，供今人欣赏和凭吊；另一方面是璀璨的民族文化，我国历史悠久民族众多，从古到今世代相袭的古老民俗至今仍散发着其独特的魅力，凝聚着海内外的中华儿女。今天，这些都已经成为重要的旅游资源，每年吸引着大量的国内外游客。如何让游客充分地感受人文建筑景观的美，是每一个导游人员都要面对和思考的问题。

## 一、古代人文建筑景观体现的人文思想

中国的儒家思想和道家思想影响深远，这些思想直接反映在古代的建筑和园林构建当中。

### 1. 礼制的至高无上

（1）敬天、祭祀祖先

儒家文化在中国一直占主流地位，《礼记》中曾说"万物本乎天、人本乎祖"，人活着是上天的施恩，人的生命受之于父母，所以祭天和祖先的意义在于"报本反始"，即得到天的垂青和祖先的保佑。重视祭祀是中国人的特点，所以出现了固定的祭祀场所，如北京的太庙、天坛、地坛、社稷坛，它们是皇帝行典礼的地方。祭天、祭社稷、祭祖是古代最重大的祭祀活动，称"三大祭"。老百姓家里则供有"天地君亲师"牌位，逢年过节还要拜财神、灶神、门神；民间还有菩萨庙、娘娘庙、妈祖庙、土地庙等，川主庙、关帝庙是人们崇拜报答李冰父子、关公恩德的见证。人能被视为神，在于他们造福后代、恩泽众人；塑造神的心理动力无外乎感恩意识。

（2）皇权至上

我国封建社会的统治者都把自己看作"天子"，受命于天，皇权是至高无上、不可抗拒的，就连自称"孤家寡人"都是标榜自己的独一无二。所以，宫殿就是皇权的象征，无论是设计还是装饰都突出了这种思想。例如北京故宫的太和殿，它是故宫最大的宫殿，俗称金銮殿，明代时，它名为奉天殿、皇极殿；到了清代改称为太和殿。它经历过三次火灾和一次兵灾，现有建筑是清朝所建。太和殿面积为2377平方米；从地面到脊吻的起架最高，达35.5米。

太和殿是最高等级的殿宇，其形式为五脊四坡庑殿顶，黄瓦重檐；梁楣彩画用的是金龙"和玺彩画"；就连角檐垂脊上仙人身后的小兽数量也最多，用了十个。殿内顶棚全是金龙图案的井口天花，正中有口衔宝珠的浮雕蟠龙藻井。殿的中央设楠木镂空透雕龙纹的金漆基台，上设九龙金漆宝座，宝座背后有雕龙金漆屏风；宝座两侧又有六根贴金盘龙大柱，东侧三根金柱的龙首向西朝着宝座张望，西侧三根金柱的龙首向东朝着宝座张望，使整个大殿万龙竞舞，从而营造出捍卫宝座的气氛。太和殿面阔十一间，进深五间，共有72根大柱支撑其全部重量，其中顶梁大柱最粗最高，直径为1.06米，高约12米。明代大柱用的是楠木，采自川、广、云、贵等地；清代重建后，大柱用的是松木，采自东北三省的深山之中。

太和殿内地面共铺二尺见方的大金砖4718块。金砖并不是用黄金制成，而是在苏州官窑经特殊工艺烧制的砖，其原名为"京砖"，意为特供皇室之用。其表面淡黑、油润、光亮、不涩不滑。太和殿这样空前绝后的工程，显示了封建时代帝王才有的至高无上的非凡气势。

（3）以中为尊

我国古代崇拜中心方位，认为中心最尊贵、最显赫，"欲近四旁，莫如中央，故王者必居天下之中，礼也"（《荀子·大略》）。在华夏文化与政治形态体系中，"以中为尊"乃是一大特色。自周代起，历代帝王总是以天帝自居，他们把自己的国家视为居天地之正中位置，把国都视为天下中心，把朝廷称为天朝，把自己称为天子，说他是禀受天命而统治天下。这种老大自居、唯我独尊的思想几乎达到了登峰造极的地步，甚至成为一种牢固的民族意识，把四周异族文化一概蔑视为"夷"。

在我国传统文化中，北极星占有一个特殊的位置，溯其原因：首先，它是一个恒星，是巨大的核反应堆，能发出光和热；其次，北极星的位置正在北极的正顶上，所以不会受地球自转的影响，它始终恒定不动，而北斗众星始终围绕着北极星旋转。"斗柄东指，天下皆春；斗柄南指，天下皆夏；斗柄西指，天下皆秋；

斗柄北指，天下皆冬"。这样，北斗星成了一个历法标志，这种周期性有规律的变化遂确定了地球上的全部生命形态的节律，也就是说，它具有育化万物之功。

所以，我国古代崇拜"中"的意识也与原始人对北极星的崇拜有关，他们发现北斗的运转，好像总是围绕着一个点，这个点就是北极星。北极星恒定不动，而满天的星斗都拱卫着它，以它为中心做永无休止的运动，这种自然现象启示着古人，使他们崇信它是神圣而至上的天之中心，是宇宙万事万物的本源与最高准则，这样为人们提供了一个中央神圣的具体模式，由此逐渐产生了以中为尊的天理之道，从而形成了流贯于中国文化中的这一古老原型，把"中央"视为最尊贵、最显赫的方位，所谓"王者必居天下之中，礼也"。"天子中而处"成为礼的重要规范，成为"尊上"的重要表征。所以崇拜"中"的意识原初是带有神秘色彩的天文学概念，以后发展为地理学概念和以天朝为世界之中心的盲目自大的传统意识。

在这种崇尚"中"的意识指导下，我国古建筑亦处处体现着以"中"为尊的思想。首先，在国都选址上，要"择天下之中而立国（国都）"；其次，在都城规划思想上，要"择国之中而立宫"，如北京故宫即位于北京城之中心；最后，在建筑组群规划中体现出对于"中轴线"和轴线核心位置的重视。把建筑群中的主要建筑都建于中轴线上，把次要建筑都建于中轴线的两侧。如北京故宫，其中轴线不仅是故宫的中轴线，而且是整个北京城的中轴线，故宫的主要殿堂前三殿和后三宫均布于中轴线上，故宫的主体建筑——太和殿即处于中轴线的核心部位，皇帝宝座就处在中轴线的中间位置，也就是故宫的中心，整个北京城的中心。

### 2. 阴阳五行和堪舆

在我国古代的世界观中重要的一项就是阴阳五行之说。阴阳是古代人对自然现象的一种概括。五行是指金、木、水、火、土五种物质，古代人认为自然界是由这五种基本物质构成的。到战国后期，齐国人邹衍把阴阳和五行两种学说结合起来，用以说明世界上万事万物的变化，从万物的对立统一和交替流转，抽象出"阴阳"概念来表达事物对立统一又互相转化的关系，并抽象出"金、木、水、火、土"这五种"比相生、间相克"的基本元素。

到汉代，儒家又接受了阴阳五行思想，并将之发展成神学唯心主义，把阴阳五行变成天的属性和体现；随着儒家思想的传播和发展，阴阳五行思想就渗透在社会生活的各个方面。

堪舆也叫看风水或相风水。它是根据宅基或坟地四周风向水流等形势，来推断住家或葬家的福祸吉凶。旧时阴阳家据此附会人世吉凶祸福。古人认为，风水之意在于天人不相离，晋代郭璞的《葬书》曰："葬者乘生气也……经曰，气乘风则散,界水则止……古人聚之使不散,行之使有止,故谓之风水。"据古代风水理论,山脉象征为龙,称作龙脉。又根据山的走势,分为龙头、分龙、起龙、龙尾等,再配以五行之说,分"水木金火土"五山。风水之习俗在民间流传极广,过去大到城郡县衙,小到百姓家宅,墓地选择,都要择请风水先生来策划一番,寻找吉地。

风水是中国古代天人合一、阴阳学说及儒、道、佛诸家学说的综合运用。顺乎天意也就是顺乎自然,风水理论称其法为审阴阳向背之善恶,占顺逆消长之理数。

因为这些原因,古代上至帝王将相、下至普通百姓,在建筑殿宇房屋或陵墓时都要请堪舆师精心查找,力争占尽风水宝地。

3. 崇尚自然

中国古代追求自然和谐、天人合一的朴素自然观。"道"是整个道家学说的核心,抽去了"道",道家就失去了答案。那么"道"究竟是什么呢?归根结底,"道"是宇宙之本,是万物之根,是人类之始,是运动之理。道家还认为"人法地,地法天,天法道,道法自然(《道德经》)"。

道家的这种天人合一、回归自然的人生哲学也恰恰迎合了人们的异化心理。即如宗教一样,把它作为一种精神寄托,借之逃离苦海。所以古代的一些人非常热衷于置身物外、远离尘世的自在感觉,但又无法摆脱仕途乐趣的诱惑,在这种矛盾之中最终找到妥协的办法,虽不能离开繁华都市,但可以仿照自然的形式营造居所供自己消遣娱乐,所以就有了园林。

以上三点就是在古代建筑景观中所体现出的人文思想。

知识链接

### 养心殿

故宫是中国明清两代的皇家宫殿,旧称为紫禁城,有大小宫殿70多座。这70多座宫殿,每一座都有它自己的故事,自己的传奇。但传奇色彩最浓的宫殿,非养心殿莫属了。

养心殿,是历史悠久的汉族宫殿建筑,始建于明代嘉靖年间,位于内廷乾清宫西侧。清代有八位皇帝先后居住在养心殿。为什么要说它的传奇色彩最浓呢?因为雍正皇帝在这里掀起了一场整顿吏治的"风暴",并在这里确定设立了一个重要机构,即军机处。乾隆皇帝在这里惩治贪腐,办理了高恒、王亶望、国泰三件贪腐大案。乾隆皇帝还在这里设立了一座名扬天下的"三希堂"。

三希堂内面积狭小,但陈设幽雅、古朴,弥补了空间的不足:狭长的室内进

深用楠木雕花隔扇分成南北两间小室，里边的一间利用窗台摆设乾隆的御用文房用具。窗台下，设置一铺可坐可卧的高低炕，乾隆御座设在高炕坐东面西的位置上。三希堂面积很小，却大气、肃穆，窗明几净，体现出皇家的气派与高雅。

三希堂的外间西墙上是乾隆时所绘通景画，与地面瓷砖和外间门洞相得益彰，颇具文艺复兴透视画的特征。从乾隆朝起，养心殿内部陈设的西化色彩日益鲜明，如在养心殿后殿华滋堂入口，可见巨大的成对座钟和屋顶的西式电灯。1922至1924年，养心殿东暖阁的布置，不但宝座换为西式，背景所绘画作已带有明显的西方近代风景画特征了。

三希堂里有三件稀世珍宝，即王羲之《快雪时晴帖》、王献之《中秋帖》、王珣《伯远帖》。至乾隆十五年（1750年），"三希堂"共收藏了晋以后历代名家134人的作品，包括墨迹340件以及拓本495种。乾隆皇帝对《快雪时晴帖》极为珍爱，他在帖前写了"天下无双，古今鲜对"八个小字和"神乎其技"四个大字。乾隆在位的六十多年间，先后73次为此帖作过题跋。

不过，据当代书画鉴定家研究，《快雪时晴帖》和《中秋帖》非晋人真迹，《快雪时晴帖》为唐人摹本，《中秋帖》为宋代米芾所临摹，只有王珣《伯远帖》是真迹。如今，《快雪时晴帖》藏于台北"故宫博物院"，《中秋帖》《伯远帖》现存于北京故宫博物院。

## 二、中国古代建筑的特点

中国古建筑在发展的历史长河中，形成了独特的建筑风格，是东方文化的重要组成部分，在世界建筑史上，以其鲜明的特色而自成体系。

### 1. 木构架结构体系

与西方的砖石结构相比，中国古建筑的最大特点是采用木结构体系。用木材做成房屋的构件，由立柱、横梁、顺檩等主要构件建造而成，各个构件之间以榫卯连接，构成富有弹性的框架。中国古代木构架有抬梁、穿斗、井干三种不同的结构方式。抬梁式是在立柱上架梁，梁上又抬梁，所以称为"抬梁式"；宫殿、坛庙、寺院等大型建筑物中常采用这种结构方式。穿斗式是用穿枋把一排排的柱子穿起来成为排架，然后用枋、檩斗连接而成，故称穿斗式；穿斗式多用于民居和较小的建筑物。井干式是用木材交叉堆叠而成的，因其所围成的空间似井而得名；这种结构比较原始简单，现在除少数森林地区外已很少使用。榫卯结构的采用导致了斗拱构件的出现，斗拱交错形成了一种错综复杂、精巧的美感。

木构架结构有很多优点。首先，承重与围护结构分工明确，屋顶重量由木构架来承担，外墙起遮挡阳光、隔热防寒的作用，内墙起分割室内空间的作用。由于墙壁不承重，门、窗的安置在不违背约定俗成的观念的前提下，具有很大的随意性。其次，有防震、抗震的特点。由于木材具有的特性和斗拱与榫卯结构所具有的若干伸缩余地，因此在一定限度内可减少由地震所引起的危害。"墙倒屋不塌"形象地说明了这种结构的特点。

### 2. 院落式组群布局

"间"是中国古建筑的基本单位。古建筑是以"间"为单位构成单座建筑，再以单座建筑组成庭院，进而以庭院为单元，组成各种形式的组群。就单体建筑而言，以长方形平面最为普遍。此外，还有圆形、正方形、十字形等几何形状平面。这些院落能形成住宅、寺庙、坛庙、宫殿等不同类型和不同规模的建筑群体。北京故宫就是中国规模最大、形态最复杂的院落式组群。就整体而言，重要建筑大都采用均衡对称的布局方式，以庭院为单元，沿着纵轴线与横轴线进行设计，借助于建筑群体的有机组合和烘托，使主体建筑显得格外宏伟壮丽。民居及风景园林则采用了"因天时，就地利"的灵活布局方式。

### 3. 优美柔和的轮廓造型

中国古建筑无论是立面、平面，还是屋顶，都特别讲究式样的变化，形成优美的造型。尤以屋顶造型最为突出，不仅形式多样，而且屋顶的样式和屋檐的重数还是重要等级的标志。屋顶类型主要有庑殿顶、歇山顶、悬山顶、硬山顶、攒尖顶、卷棚顶等形式。无论采用哪种屋顶形式，都是大屋顶，显得稳重协调。屋顶中直线和曲线巧妙地组合，形成向上微翘的飞檐，不但扩大了采光面，有利于排泄雨水，而且增添了建筑物灵动轻快的美感。

### 4. 丰富多彩的装饰艺术

中国古建筑的装饰内容十分丰富。古建筑物内部常用雕梁画栋、图案花纹、匾牌楹联、壁画进行装饰，以增加华丽和富贵的气氛。另外，陈列名人字画、文物古玩、工艺美术品也是中国古建筑内部装饰的一大特色。建筑物外部则用假山叠石、屏风、香炉、华表或九龙壁、石狮子做装饰。建筑物顶的垂脊，用烧制成各种动物形象的特制的砖瓦进行装点。

雕饰是中国古建筑艺术的重要组成部分，包括墙壁上的砖雕、台基石栏杆上的石雕、金银铜铁等建筑饰物。雕饰的题材内容十分丰富，有动植物花纹、人物形象、戏剧场面及历史传说故事等。红、黄、绿是我国古建筑的主色调。

中国古建筑的装饰还是显示建筑社会价值的重要手段。无论是装饰的色彩、式样，还是材料质地、题材，都要服从建筑的社会功能。例如宫殿建筑为黄色的琉璃瓦屋顶，宽大的汉白玉台基，红色的柱子、墙和门窗，彩画用的是贴金龙凤，色调强烈、鲜明，殿前摆放的是龟鹤、日晷等建筑小品，以显示帝王的尊贵威严。

**5. 天人合一的环境艺术**

"天人合一"是我国人民一直追求的一种境界。在古建筑方面也充分地体现了这种思想，中国古代的设计师们在进行设计时都十分注意周围的环境，对周围的山川形势、地理特点、气候条件、林木植被等，都要认真调查研究，力求使建筑的布局、形式、色调等跟周围的环境相适应，达到与自然环境的和谐一致。

### 三、中国古代建筑的基本要素

中国的古建筑形式多样，富于变化，但无论等级高低，主要是由下列基本要素构成的。

**1. 台基**

台基也称基座，指高出地面的建筑物底座，用以承托建筑物，并使其防潮、防腐，同时还可弥补中国古建筑单体建筑不甚高大雄伟的欠缺。台基大致有四种类型：

普通台基多用素土或灰土或碎砖三合土夯筑而成，约高一尺，常用于小式建筑。

较高级台基比普通台基高，常在台基上边建汉白玉栏杆，用于大型建筑或宫殿建筑中的次要建筑。

更高级台基，由砖石砌成，下有线脚纹饰，座脚折收，上面建有汉白玉栏杆，又叫须弥座、金刚座。多用于宫殿、寺庙、佛龛。

最高级基座，由多个须弥座叠置而成，有多重折角多重栏杆，从而使建筑物显得更为宏伟高大，常用于最高级建筑，如故宫三大殿和山东曲阜孔庙大成殿，即耸立在最高级台基上。

**2. 开间**

四根木头圆柱围成的空间称为"间"。建筑的迎面间数称为"开间"，或称"面阔"。建筑的纵深间数称"进深"。中国古代以奇数为吉祥数字，所以平面组合中绝大多数的开间为单数；而且开间越多，等级越高。北京故宫太和殿开间为11间。

**3. 斗拱**

斗拱是中国古代建筑独特的构件，在古代建筑中起着传力的作用。方形木块叫斗，弓形短木叫拱，斜置长木叫昂，总称斗拱。一般置于柱头和额枋（又称阑头，俗称看枋，位于两檐柱之间，用于承托斗拱）、屋面之间，用来支撑荷载梁架、挑出屋檐，兼具装饰作用。

### 4. 彩画

原是为木结构防潮、防腐、防蛀之用，后来才突出其装饰性，宋代以后彩画已成为宫殿不可缺少的装饰艺术。彩画可分为三个等级：

和玺彩画是等级最高的彩画。其主要特点是：中间的画面由各种不同的龙或凤的图案组成，其间补以花卉图案；画面两边用双线双曲框"《 》"框住，并且沥粉贴金，金碧辉煌，十分壮丽。

旋子彩画的等级次于和玺彩画。画面用简化形式的涡卷瓣旋花，有时也可画龙凤，两边用双线双曲框"《 》"框起，可以贴金粉，也可以不贴金粉。一般用于次要宫殿或寺庙中。

苏式彩画的等级低于前两种。画面为山水、人物故事、花鸟鱼虫等，两边用图案"《 》"或"( )"框起。"( )"被建筑家们称作"包袱"，苏式彩画，便是从江南的包袱彩画演变而来的。

### 5. 屋顶

中国古建筑的屋顶造型优美，种类多样。主要类型有：

庑殿顶是最高的形制，是由一条正脊、四条斜脊和四面斜坡组成的四面坡顶，屋面稍有弧度，屋角和屋檐均向上翘起，又称四阿顶。重檐庑殿顶是规格最高的屋顶形式，如北京故宫太和殿、太庙前殿的屋顶。

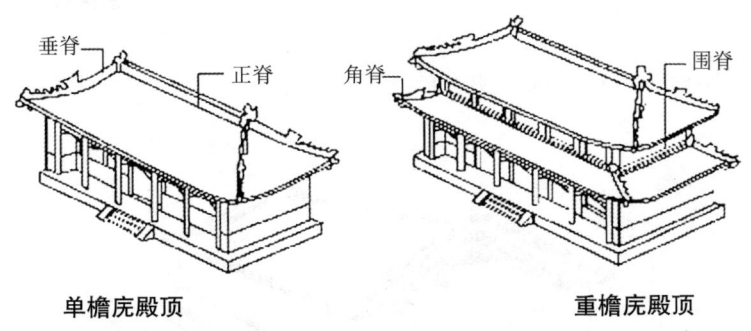

单檐庑殿顶　　　　　　　　　　　重檐庑殿顶

歇山顶是庑殿顶和硬山顶的结合，即四面斜坡的屋面上部转折成垂直的三角形墙面。由一条正脊、四条垂脊、四条依脊组成，所以又称九脊顶。用于规格略低的建筑物，如故宫的保和殿、天安门城楼的屋顶。

悬山顶的屋面为双坡，两侧伸出山墙之外。屋面上有一条正脊和四条垂脊，又称挑山顶。多用于大型古建筑群中次要的配殿或配房，以及一般的民居和寺庙。

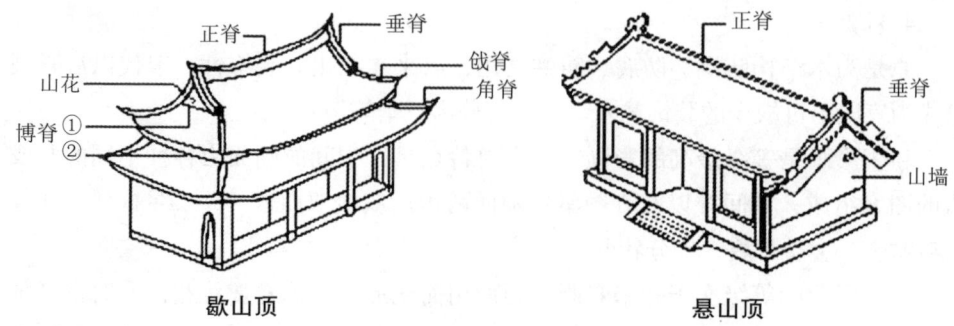

歇山顶　　　　　悬山顶

硬山顶的屋面为双坡，两侧山墙同屋面齐平，或略高于屋面。

攒尖顶平面为圆形或多边形，上为锥形的屋顶，没有正脊，有若干屋脊交于顶端。一般亭、阁、塔常用此种屋顶。

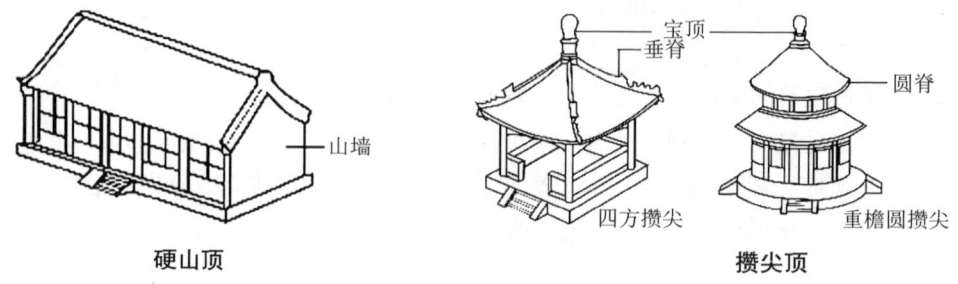

硬山顶　　　　　攒尖顶

卷棚顶屋面为双坡，没有明显的正脊，即前后坡相接处不用脊而砌成弧形曲面。

卷棚顶

### 6. 山墙

山墙即房子两侧上部成山尖形的墙面。常见的山墙还有风火山墙，其特点是两侧山墙高出屋面，随屋顶的斜坡面而呈阶梯形。

7. 藻井

藻井是中国传统建筑中天花板上的一种装饰。名为"藻井",含有五行以水克火、预防火灾之意。一般位于寺庙佛座上方或宫殿的宝座上方。藻井是平顶的凹进部分,有方格形、六角形、八角形或圆形,上有雕刻或彩绘,常见的图案有"双龙戏珠"。

## 四、中国古代建筑的主要类型

中国古建筑经过了几千年的发展,留下了无数珍贵的各式各样的传统古建筑。从类型上看,可以分为古城建筑、宫殿建筑、庙坛建筑、民居建筑、陵墓建筑、长城、水利工程、楼阁建筑、桥梁建筑等。

  试一试

请同学们临摹以下古代建筑屋顶图,小组同学比一比吧!

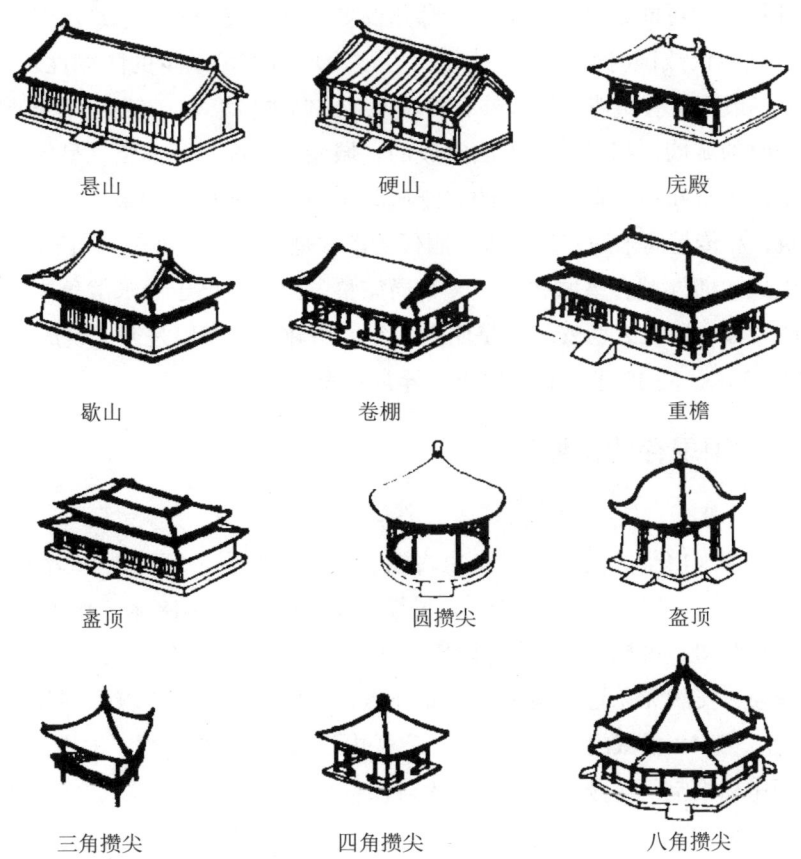

## 第二节 中国古代城市建筑

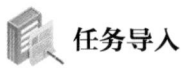
**任务导入**

同学们,你们知道中国古代现存至今的古城都有哪些吗?

### 一、中国古代城市建筑概述

筑墙护城在中国有悠久的历史。古代战争都是使用刀、枪、剑、戟等冷兵器,巍然雄峙的古城墙就成了防御敌人侵犯的工程设施。一旦发生战争,凭城拒敌,进可攻,退可守,居高临下,对保卫城池十分有利。河南登封古城遗址和偃师二里头遗址被认为可能是夏城的遗址。郑州商城遗址和安阳殷墟遗址已经确认是早期城墙。到春秋战国时期,城墙建筑已经成为城市不可缺少的防御性工程设施。中国古城一般都筑有城墙,城墙外有护城河(或叫护城壕),有的还有外城。

商朝时的城墙,都是用夯土法筑成的。城墙上面窄,下面宽,呈梯形的横断面。位于江苏常州市武进区境内的"淹城"是我国目前保留的最古老、最完整的城墙建筑,相传是商末周初的遗迹。唐代的都城是长安(今西安),长安古城由三重城墙组成,即外城、皇城和宫城,布局完整。但该城已于唐末战争中付之一炬了。旅游者如今所见之西安城墙是明洪武年间所建。该城墙是夯土筑成,底宽18米,顶宽15米,高12米,高大厚重,异常坚固。

### 二、中国现存的古城

#### 1. 南京古城

我国现存规模最大的古城是南京古城。城池的四周长旧说是98华里(49千米),实际上是67华里(33.5千米)。城墙高12米,宽10~18米。作为明初京城,南京兴建于明初。古城墙是用特制的巨型城砖筑成,六百多年来,南京古城墙任由风雨侵蚀,安然无恙地保留下来。此外,在京城外还筑有外城,周长120华里(60千米),有18个城门,称"外十八"。内设城门13个,称"内十三"。内城13个城门中以聚宝门(今中华门)最为雄伟。

#### 2. 北京城

北京城是明成祖迁都北京后,在元代大都城的基础上改建的,有外城、内城和皇城。清代的北京城基本上保持了明城的原状。共有20座城门，其中最高大、雄伟，气势磅礴的是北京内城的正阳门（俗称"前门"），正阳门城门楼是所有城门楼中工艺最精湛的一个，高42米，三重飞檐，两层楼阁，具有独特的中国古城楼之美。

### 3. 西安古城

西安古城位于西安市中心区，呈长方形，墙体高12米，底宽18米，顶宽15米，厚度大于高度，建筑稳重坚固。东墙长2590米，西墙长2631.2米，南墙长3441.6米，北墙长3241米，总周长约11.9千米。城墙顶上可以跑车和操练。城墙包括护城河、吊桥、闸楼、箭楼、正楼、角楼、敌楼、女儿墙、垛口等一系列军事设施。有城门四座：东长乐门、西安定门、南永宁门、北安远门，每个城门都由箭楼和城楼组成。现存城墙建于明洪武三年到十一年（1370—1378年），至今已有600多年历史，是我国现存最完整的一座古代城垣建筑。

### 4. 平遥古城

平遥古城位于山西平遥县，已经有2700年的历史，始建于公元前827年—公元前782年间的周宣王时期，为西周大将尹吉甫驻军于此而建。平遥古城扩建于明洪武三年（1370年）。迄今为止，它还较为完好地保留着明清时期县城的基本风貌，堪称中国汉民族地区现存最为完整的古城。城墙周长6.4千米，墙高12米，平均宽3.5米。城墙呈平面方形，形如龟状。城墙上有72个观敌楼，墙顶外侧有垛口3000个，传说它是孔子3000弟子、72贤人的象征。城内街道、市楼、商店等均保留原有形制，是研究我国明代县城建置的实物资料。

### 5. 丽江古城

丽江古城位于云南西北部，是融合纳西民族传统建筑及外来建筑特色的唯一城镇，始建于南宋末年。丽江古城未受中原建城礼制的影响，城中道路网不规则，没有森严的城墙，城内屋宇依地势和流水错落起伏。

## 第三节　中国古代宫殿坛庙与民居建筑

**任务导入**

北京故宫里的"吉祥缸"功能可不一般，它的功能是为了摆放美观、彰显皇家气势吗？

## 一、宫殿建筑

### 1. 宫殿建筑概述

宫殿建筑是古代统治者进行政治活动的中心。皇帝为了巩固自己的统治，突出皇权的威严，满足精神生活和物质生活的享受而建造了规模巨大、气势雄伟的宫殿建筑物。

宫原本指一般的房屋居所，殿指高大的房屋。秦汉以后，宫殿逐渐成为帝王居所的专用名。几千年来，历代皇帝不惜人力、物力和财力，为自己建造宫殿。这些宫殿金碧辉煌、巍峨壮观，充分显示了我国劳动人民的高超智慧和创造才能。

北京故宫又名紫禁城，是明、清两朝皇帝的宫廷，也是中国现存最大、保存最完整的古建筑群。故宫占地面积72万平方米，建筑面积15万平方米，有房屋9000多间，周围的红围墙周长3400多米，城外是护城河。故宫整个建筑群按中轴线对称布局，层次分明，主体突出，可分为"前朝后寝"两个部分：前面部分称"外朝"，主要建筑有"三大殿"，即太和殿、中和殿、保和殿。三大殿两侧是文华殿和武英殿。"外朝"是皇帝举行重大典礼和处理政务的地方。"外朝"后面部分是"内廷"，也叫"后寝"。这一部分的主要建筑有乾清宫、交泰殿、坤宁宫和御花园。内廷的东西两侧是东、西六宫，是皇帝和皇后及嫔妃们居住生活的地方。

沈阳故宫在沈阳老城，是清入关前的宫殿。清朝的开国皇帝努尔哈赤和他的儿子皇太极，都在这里居住过。沈阳故宫占地面积6万多平方米，有70多处建筑物，300多间房子。沈阳故宫整体建筑群保存完好，分为东、中、西三路：东路为努尔哈赤时所建，以大政殿为主体建筑，前面两侧分列十王亭；中路为皇太极时所建，基本上吸收了汉族的中轴线建筑布局和"前朝后寝"制度，主体建筑为崇政殿；西路建于乾隆时期，主体建筑是文溯阁。

### 2. 宫殿建筑的布局与陈设

宫殿建筑在布局方面具有严格的要求，主要包括：

（1）中轴对称

为了表现君权受命于天和以皇权为核心的等级观念，宫殿建筑采取严格的中轴对称的布局方式。中轴线上的建筑高大华丽，轴线两侧的建筑矮小简单。这种明显的反差，体现了皇权的至高无上；中轴线纵长深远，更显示了帝王宫殿的尊严华贵。

北京故宫的中轴对称布局

（2）左祖右社

中国的礼制思想中有两个重要内容：崇敬祖先、提倡孝道；祭祀土地神和农神。"民以食为天"，风调雨顺、国泰民安是古人所奉的信条。左祖右社，正体现了这些观念。"左祖"，是在宫殿左前方设祖庙，祖庙是帝王祭祀祖先的地方，因为是天子的祖庙，故称太庙；"右社"，是在宫殿右前方设社稷坛，社为土地，稷为农业，社稷坛是帝王祭祀土地神、农神的地方。古代以左为上，所以左在前，右在后。

（3）前朝后寝

这是宫室（或称宫殿）自身的布局。大体上有前后两部分，一墙之隔，即"前朝后寝"。"前朝"，为帝王上朝治政、举行大典之处。"后寝"，即帝王与后妃们生活居住的地方。

（4）注重宫殿外陈设

宫殿建筑外常常有众多的陈设，以显示皇权的至高无上，主要的宫殿外陈设包括以下这些：

华表，古代设在宫殿、城垣、桥梁、陵墓前作为标志和装饰用的大柱。一般为石制，柱身通常雕有蟠龙等纹饰，上为方板和蹲兽。华表高高耸立，既体现了皇家的威严，又给人以美的享受。华表常竖立于皇宫或帝王陵园之前，作为皇家建筑的特殊标志。

石狮，宫殿大门前都有一对石狮（铜狮）。石狮（铜狮），有辟邪的作用。又因为狮子是兽中之王，所以又有显示"尊贵"和"威严"的作用。按照中国文化的传统习俗，成对石狮系左雄右雌。

日晷，即日影，它利用太阳的投影和地球自转的原理，借指针所生阴影的位置来显示时间。

日晷

嘉量，我国古时的标准量器。全套量器从大到小依次为：斛、斗、升、合、龠。含有统一度量衡的意义，象征着国家统一和强盛。

吉祥缸，放在宫殿前盛满清水以防火灾的水缸，有的是铜铸的，古代称之为"门海"，以比喻缸中水似海可以扑灭火灾，故又被誉为吉祥缸。如北京故宫中的吉祥缸，古时每年冬天要在缸外套上棉套，覆上缸盖，下边石座内燃上炭火，以防止缸水结冰，直到天气回暖时才撤火。

鼎式香炉，宫殿外重要的陈设，有盖为鼎，无盖为炉；是古代的一种礼器，举行大典时用来燃檀香和松枝。

铜龟、铜鹤，龟和鹤是中国文化中的神灵动物，用来象征长寿，庆贺享受天年。最有名的被称为龙头龟、仙鹤。

## 二、坛庙建筑

坛庙是祭祀性建筑物，在中国古建筑中占有很大的比重，其建筑规模之大，建筑造型之精美，达到了相当高的程度。坛庙建筑在中国古建筑中占有重要的地位，它是一种介于宗教建筑与非宗教建筑之间的、具有一定宣教职能的礼制建筑，主要用于祭祀天地、日月、社稷山川、帝王先贤、祖宗、名人。坛庙建筑的主要类型有：

### 1. 坛

坛是中国古代用于祭祀天、地、社稷等活动的台型建筑，为古代社会最高统治者专用的祭祀建筑。

在科学不发达的封建社会时期，人们相信天是至高无上的，主宰着一切。同时也相信日、月、星辰、风云雷雨、山川河流都有各自的神明，支配着农作物的丰歉与人间祸福。自古以来，上自封建帝王下至平民百姓，都要祭祀天地神仙，因此形成了一套与之相适应的建筑和礼仪制度。帝王的祭祀建筑最为宏伟、规模庞大。北京城内的清代祭祀坛有天坛（圜丘坛）、地坛（方泽坛）、日坛（朝日坛）、月坛（夕月坛）、祈谷坛（祈年殿）、社稷坛、先农坛、天农坛、地祇坛、太岁坛、先蚕坛等。

天坛是明清皇帝祭天和祈祷丰年的地方，是保存下来的封建帝王祭祀建筑中最完整、最重要的一组建筑，也是现存艺术水平最高、最具特色的优秀古建筑群之一。天坛位于北京城南端。天坛东西长约1700米，南北约1600米，总面积约270万平方米。天坛北墙呈圆形，南墙为方形，象征古代"天圆地方"之说。中轴线上的主要建筑是圜丘坛和祈年殿，它们各有自己的附属建筑，两者之间以360米长、30米宽的砖砌甬路"丹陛桥"连接。天坛内遍植柏树，尤其在南北轴线和建筑群附近，更是树冠相接，把祭坛烘托得十分肃穆。

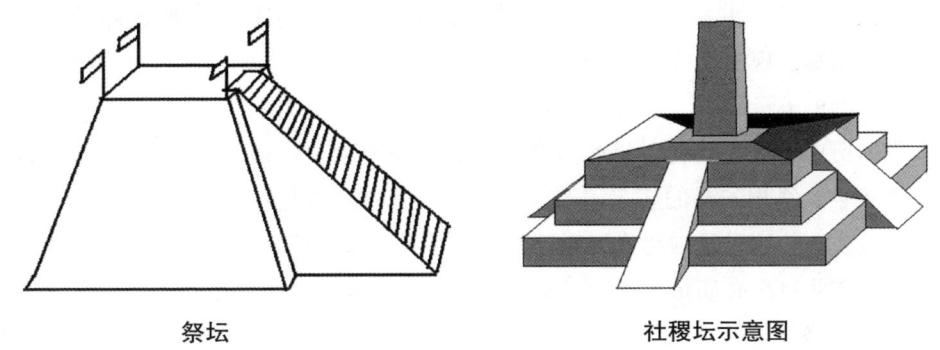

祭坛　　　　　　　　　　社稷坛示意图

 知识链接

**古人为什么认为九是阳数的极限？**

古代中国人认为天属阳，地属阴，引申开来，则奇数属阳，偶数属阴。而"九"就代表最大、无限，中国过去将皇帝称为"九五之尊"，中国古诗词中也有"九霄""九天""九重天"等称呼，其中的"九"都是这个意思。

### 2. 庙

庙是中国古代的又一类祭祀性建筑，其形制要求严格整齐。中国的庙类建筑大致可以分为三类：

（1）祭祀祖先的宗庙

中国古代帝王供祀祖宗的祭祀性建筑称为太庙，是封建社会皇权世袭的重要标志，为历代王朝所重视。按照传统礼制，太庙位于皇宫的东南侧（古代面南以东为左，以西为右），即古代都城布局"左祖右社"中的"祖"；每逢元旦、清明、中元（农历七月十五）、除夕、万寿节（皇帝的生日），都要在这里举行祭祖大典。

北京的太庙是历史上唯一保存下来的太庙建筑。古代中国人认为灵魂不死，所以祭祀祖先的太庙，其建筑形式完全按照帝王生前的住宅形式布置，即"前堂后寝"：前为正殿，供祭祀礼拜；后为寝殿，供奉祖先神主。北京太庙的正殿采用了封建皇家建筑的最高等级,它坐落在三层台基上,十一开间重檐庑殿顶,琉璃瓦屋面,与故宫太和殿等级相同,只是尺度稍逊。殿前预留了广阔的庭院与宽大的月台,以供举行仪式之用;殿内设龙椅,祭祀时把皇帝祖先牌位放置其上,代表其人,平日牌位都存放于正殿后的寝宫。寝宫再往北用墙垣分隔出一个区域,用来存放与在位皇帝关系较远的祖先的牌位,称为"祧庙"。

贵族、显臣、世家大族奉祀祖先的建筑称为家庙或宗祠,仿照太庙的方位,设于宅第东侧,规模不一。

(2)奉祀圣贤的庙

我国历史悠久,历代贤臣名人辈出,后人为纪念、祭祀这些先贤圣人而修建了各类庙宇。祭祀先贤的庙宇遍布全国各地,其中以祭祀孔子的文庙和祭祀关羽的武庙最多。孔庙是我国历代封建王朝祭祀春秋时期思想家、教育家孔子的庙宇,其中山东省曲阜市孔庙最大。曲阜孔庙初建于公元前478年,以孔子的故居为庙,以皇宫的规格修建,是我国三大古建筑群之一。现在孔庙的规模是明、清两代完成的。

祭祀武圣关羽的武庙以山西解县的最大。此外,北京的武庙规模也较大,安徽亳州市关帝庙的花戏楼和砖坊雕刻艺术堪称一绝。

(3)祭祀山川神灵的庙

古代人认为雄伟挺拔的山脉是天帝神仙居住的地方,因此很早就对山岳产生敬畏和崇拜之情。历代帝王都将祭祀山神和封禅大典当成重要的政治活动,希望通过祭祀活动,求得统治地位的稳固,因此,各地的名山成了帝王祭祀的对象。到汉武帝时,按照五行说逐渐把祭祀对象集中在五岳上。东有泰山岱庙,西有华阴的西岳庙,南有衡山的南岳庙,北有曲阳的北岳庙,中有登封的中岳庙,其中以泰山的岱庙最为著名。

岱庙,又称东岳庙、泰岳庙。位于泰安市区北,泰山南麓,是历代帝王举行封禅大典和祭祀泰山神的地方。岱庙创建于汉代,至唐时已殿阁辉煌。在宋真宗大举封禅时,又大加拓建,修建天贶(音 kuàng,"赏赐"之意)殿等,更见规模。其建筑格局采用帝王宫城的式样。天贶殿是岱庙的主体建筑,为东岳大帝的神宫,与故宫的太和殿、曲阜孔庙的大成殿并称为中国的三大殿。岱庙规模宏大,庙内文物古迹众多,是泰山重要的人文景观。

## 三、民居建筑

由于我国地域辽阔,民族众多,在漫长的历史发展过程中为适应不同的环境,形成了丰富多彩的民居建筑。民居建筑的选址与结构、建筑的形象与装饰,都具有鲜明的地域特色和民族特色。如北京的四合院、闽南客家人的土楼、傣家的竹楼、土家族的吊脚楼、陕北的窑洞、藏族的碉房、蒙古族的蒙古包等，都包含着丰富的地方特色和民族文化，是中国古建筑中的珍贵财富。

北方民居以四合院为代表，四合院主要分布在华北、东北地区。为什么叫"四合院"呢？因为这种民居有正房（北房）、倒座房（南座）、东厢房和西厢房四座房屋在四面围合，形成一个"口"字形，里面是一个中心庭院，所以这种院落式民居被称为四合院。四合院在中国有相当悠久的历史，根据现有的文物资料分析，早在两千多年前就有四合院形式的建筑出现。

北京四合院的形制规整，具有典型性。首先，北京四合院的中心庭院从平面上看基本为一个正方形，其他地区的民居有些则不同，譬如山西、陕西一带的四合院民居，院落是一个南北长而东西窄的纵长方形，而四川等地的四合院，庭院又多为东西长而南北窄的横长方形。其次，北京四合院的东、西、南、北四个方向的房屋各自独立，东西厢房与正房、倒座房的建筑本身并不连接，而且正房、厢房、倒座房等所有房屋都为一层，没有楼房，连接这些房屋的只是转角处的游廊。这样，北京四合院从空中鸟瞰，就像是四座小盒子围合成一个院落。

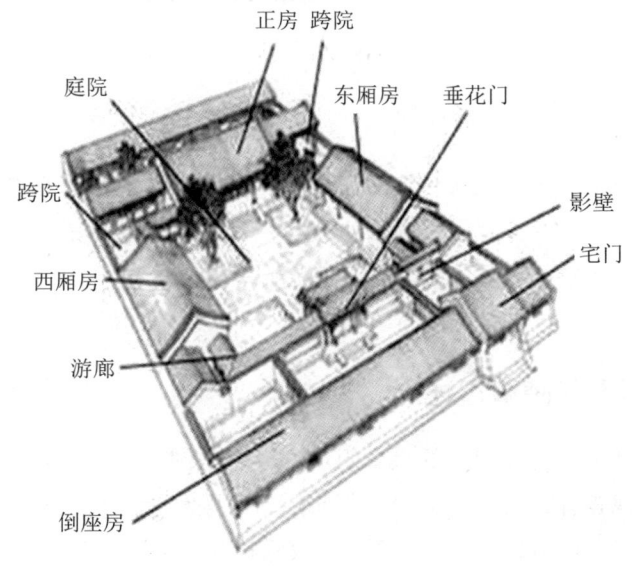

**北京四合院格局**

客家土楼，是以土作墙而建造起来的集体建筑，其最大的特点在于其体量大，无论是在远处还是走到近前，土楼都以其庞大的单体式建筑令人震惊，其体积之大，堪称民居之最。土楼中最普通的是圆楼，其直径大小不等，大型圆楼直径可达七八十米，高五六层，内有四五百间住房，可住七八百人。土楼这种民居建筑方式体现了客家人聚族而居的民俗风情。

福建客家土楼

## 第四节　中国古代陵墓

 **任务导入**

秦始皇陵是中国历史上第一座帝王陵园，是我国劳动人民勤奋和聪明才智的结晶，是一座历史文化宝库，在所有古代帝王陵墓中以规模宏大、埋藏丰富而著称于世。你知道这座陵墓有什么与众不同之处吗？

### 一、中国古代陵墓概述

陵墓建筑是中国古代建筑的重要组成部分，中国古人基于人死而灵魂不灭的观念，普遍重视丧葬，因此，无论任何阶层，对陵墓皆是精心构筑。帝王的坟墓称为陵寝、陵墓。战国时，人们将高大的坟丘称为"陵"。所谓"寝"，是指皇陵上的宫殿建筑，它是由前朝后寝的宫殿建筑布局形式发展而来的。

在漫长的历史进程中，中国陵墓建筑得到了长足的发展，陵墓建筑是中国古建筑中最宏伟、最庞大的建筑群之一。在历史演变过程中，陵墓建筑逐步与绘画、书法、雕刻等诸艺术门派融为一体，成为反映多种艺术成就的综合体。典型的陵墓建筑，一般都是利用自然地形，靠山而建，也有少数建造在平原上。中国陵园的布局大都是四周筑墙，四面开门，四角建造角楼。陵墓前建有神道，神道两侧有石人、石兽雕像，陵园内松柏苍翠、树木森森，给人以肃穆、宁静之感。

## 二、中国古代陵寝制度

### 1. 陵墓形制

形制即封土形式，封土就是指墓上堆筑的土丘。在春秋战国以前，墓葬是没有坟丘的。春秋晚期才出现墓上封土为坟的形制，目的是便于识别，坟成为墓的标志。中国帝王陵墓的封土形式，主要有以下三种：

（1）覆斗方上式

方上，是早期的陵墓封土形式，是在地宫之上用黄土层层夯筑而成，成为一个上小下大的锥体。因其上部好像是被截去顶部的方形平顶，故名"方上"。方上，在秦汉时期最为盛行。陕西的秦始皇陵和汉代的帝王陵墓均属此类。

（2）以山为陵

即利用山峰作为陵墓坟头，这样能体现帝王的浩大气魄，又可以防止盗挖和水土流失。在唐代最为盛行。唐乾陵、昭陵，就是这种封土方法。

（3）宝城宝顶式

这是明清时期所采用的一种封土形式。在地宫砌筑高大的砖城，在砖城内填土，使之高出城墙成一个圆顶。城墙上设垛口和女儿墙，犹如一座城，称为"宝城"；高出的圆顶，称为"宝顶"。宝城上建有明楼，明楼上刻有皇帝的庙号、谥号，是陵墓的标志。明十三陵、清东陵和清西陵是这种封土形式的典型代表。

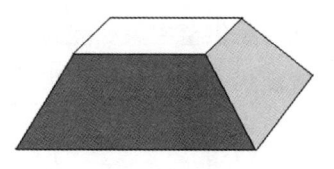
覆斗方上式

以山为陵

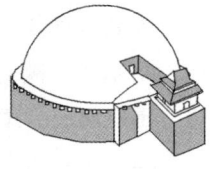
宝城宝顶式

**帝王陵墓形制**

### 2. 墓室结构

墓室的结构形式随时代的不同发生着变化，使用的材料也逐步由木向砖、石发展。墓室结构主要有三种：

（1）木椁墓室

早期为井干式结构，即用大木纵横交搭构成。从殷代开始一直到西汉时期，往往都采用此种结构。

（2）砖筑墓室

砖筑墓室是墓室结构的重要形式，分为空心砖砌筑和型砖砌筑两类。空心砖墓室始于战国末期，型砖墓室约始于西汉中期，南北朝和隋唐时期应用渐广。

（3）石筑墓室

多采用拱券结构，五代时期的前蜀王建墓的墓室是由多道半圆形拱券组成。宋陵墓室虽然是由石料构成，但顶部是由木梁承重，为木石混合结构。明清陵墓墓室全部是用高级石料砌筑的拱券，与无梁殿相似。数室相互贯通，形成一组华丽的地下宫殿。

### 3. 陵园建筑

帝王陵墓前往往有规模宏大、富丽豪华的建筑物，主要是用于祭祀、装饰、保护陵墓，大致包括：

（1）祭祀建筑区

主要建筑是祭殿，又称为享殿、献殿，是供帝王祭祀之用。两旁是配殿、廊庑等。

（2）神道

神道又称为"御路""甬路"，是通向祭祀区和墓区的大道。道前竖立华表，道两旁有石人（翁仲）、石兽（石像生）等，是地位和仪卫的象征。最早出现于汉霍去病墓，唐乾陵形成定制。墓前的石刻是陵墓文物的重要组成部分，具有极高的艺术价值、历史文化价值。

（3）墓阙

为高台建筑，用于登高远眺。墓前建阙始于西汉中期，是供墓主灵魂登高之地，由基座、阙身、阙顶组成。汉以后墓阙废止，但帝陵前仍有高台阙楼，唐乾陵三重双阙成为陵园三重城垣的标志。

（4）护陵监

专门保护和管理陵园的机构。监外有城墙保护，内有衙署、市衙、住宅等机构，好像一座小城。

## 三、中国古代著名陵墓

在数千年的历史发展中，历代帝王均选择"风水宝地"作为陵墓址，形成了众多的古代帝王陵园。中国古代帝王陵墓主要分布在今天陕西西安及渭河以北地区、河南的洛阳邙山和巩义市、北京、河北遵化和易县等地。东周、东汉和北魏帝王陵墓主要分布于洛阳邙山，西汉帝陵主要分布在陕西渭河北岸（以汉武帝茂陵最著名），唐陵主要分布在陕西渭北山地区域，北宋帝陵主要分布在河南巩义市，南宋帝陵主要在浙江绍兴，明帝陵主要在北京十三陵（朱元璋陵墓孝陵在江苏南京），清帝陵分为关外三陵（沈阳的福陵、昭陵和新宾的永陵）、清东陵（河北遵化）和清西陵（河北易县）。除了这些帝王陵墓外，还有众多大臣遗族陵墓，分布在全国各地，如长沙马王堆汉墓、湖北随县曾侯乙墓、河北满城区汉中山靖王墓等。

**1. 秦始皇陵**

秦始皇陵位于陕西西安骊山脚下。秦始皇陵是古代帝王陵墓中规模最大、保存最好的陵园之一。公元前246年，秦始皇即位后就开工修建陵墓，前后历时38年，动用徭役、刑徒72万余人，挖成又大又深的地宫，宫内奇珍异宝不计其数，并做了防盗的机弩，以水银为江河大海，上具天文，下具地理。秦始皇陵按照"事死如事生"的原则，仿秦朝都城咸阳的布局建造，是封建王权至高无上的象征。秦始皇陵封土夯筑而成，形成三级阶梯，呈覆斗状，底部近似方形，面积达25万平方米，高度115米。经过2000多年的风雨侵蚀和人为破坏，现存封土底部面积为12万平方米，高度为87米，陵区总面积为56.25平方千米。秦始皇陵周围陪葬坑众多，内涵丰富，规模空前，除闻名遐迩的兵马俑陪葬坑、铜车马之外，又发现了大型石质铠甲坑、百戏俑坑、陪葬墓等600余处。

**2. 唐昭陵和唐乾陵**

唐昭陵位于陕西省礼泉县城东北，是唐朝第二代皇帝李世民的陵墓，是陕西关中"唐十八陵"中规模最大的一座。唐昭陵气势恢宏，文物珍宝举世瞩目，人称"天下第一陵"，是世界上最大的皇家陵园。昭陵陵园周长60多千米，总面积200余平方千米，陪葬墓198座，以皇帝陵寝为中心，呈扇形分布，规模宏大，举世罕见。著名的有昭陵六骏雕刻。

乾陵是唐高宗李治与女皇武则天的合葬陵园。这是中国唯一的两个皇帝合葬陵。因其位居长安西北，即八卦的乾方，故称乾陵。乾陵是一座和山体浑然相融的陵园。乾陵巧妙地利用梁山北峰和南面两个山峰作为布局的骨架。北峰海拔1047.6米，呈圆锥形，即墓室所在地；南面两峰浑圆，东西对峙，筑有双阙，构成天然门户。乾陵分内城、宫城和外城。南北主轴线长4.9千米，陵园周长约40千米。

**3. 明十三陵**

明十三陵位于北京西北。在方圆约40平方千米的小盆地里，错落有致地分布着明代13个皇帝的陵墓，后人称为明十三陵。长陵规模最大、最宏伟。长陵建成于明永乐十一年（1413年），是明朝第三个皇帝朱棣的陵墓，也是十三陵中修建最早、规模最大的一座。定陵是万历皇帝朱翊钧和他的两个皇后的陵墓。1956年，经国务院批准,对定陵进行了考古发掘;1959年,建立了定陵博物馆。

**4. 清东陵和清西陵**

清陵共分三处:辽宁省的"关外三陵"(永陵、福陵、昭陵)、河北省遵化市马兰峪的清东陵、河北易县境内的清西陵。其中清东陵是我国现存陵寝建筑中规模最宏大、建筑体系最完整的皇家陵寝建筑。东陵以顺治陵墓——孝陵为中心,其他陵墓依次分列两旁;埋葬着顺治、康熙、乾隆、咸丰、同治五位皇帝。清西陵位于易县永宁山下,有雍正、嘉庆、道光、光绪四位皇帝的陵墓。

## 第五节 中国古代重大工程与楼阁、桥梁建筑

都江堰是全世界迄今为止年代最久、唯一留存且一直在使用,以无坝引水为特征的宏大水利工程,这项水利工程是谁修建的呢?

### 一、长城

长城是我国最大的古代防御工程,修建的时间之长、规模之大、体系之全以及保存之好,世界罕见。我国古长城早在春秋战国时代就开始修筑,大规模的修建主要是在战国、秦、西汉和明代。秦始皇统一中国后,为了巩固边防,于公元前221年开始修筑长城,把战国时代燕、赵、秦等国修筑的长城连接起来,并加以扩充,使长城西起临洮,东至辽东鸭绿江以南。秦代以后,西汉、东汉、北魏、北齐、北周、金、明各代,都对长城进行过大规模的修筑和增建。汉长城东起辽东鸭绿江边,西至罗布泊以西库尔勒,是我国古代修筑的最长的长城。明代修筑长城前后用了一百多年的时间,工程巨大。明长城东起辽东虎山,西至甘肃嘉峪关,大部分保留完好。著名的长城景观区段有嘉峪关、平型关、雁门关、八达岭、居庸关、黄崖关、古北口长城、山海关、九门口长城等。

### 二、水利工程

古代的水利工程集中地反映了一个国家、地区或民族的建筑水平、科技水平,展示了人类的聪明才智,同时许多工程设计巧妙、造型优美、风格独特,具有很高的美学价值和艺术欣赏价值,成为重要的旅游景观。

我国古代水利工程中最著名的是都江堰水利工程。都江堰水利工程是战国末期（公元前256年）秦国蜀郡守李冰为治理岷江水患，率众凿离堆、穿二江修建的大型水利工程，是鱼嘴（自动分水）、飞沙堰（泄洪、排沙）、宝瓶口（引水口）三大主体相辅相成的系统水利工程。都江堰是迄今世界上唯一留存、年代最久远、不断发挥作用的生态型无坝引水工程，景观非常奇特。该工程使用至今，附近还形成了二王庙、伏龙观、安澜桥等名胜和建筑。

此外，灵渠、京杭大运河、坎儿井等，也是我国古代著名的水利工程。

### 三、楼阁建筑

楼阁是指两层以上的屋宇建筑。楼与阁在早期是有区别的，楼指重屋，阁指下部架空、底层高悬的建筑。宋朝以后楼与阁已经无严格区别。按照功能，楼可分为观景楼、藏经楼、钟楼、鼓楼、箭楼、城楼、敌楼、戏楼、茶楼、酒楼、过街楼等。其中以建筑艺术高超的观景楼阁旅游价值最高。我国现存较为著名的楼阁有江南三大名楼黄鹤楼、滕王阁、岳阳楼。此外，山东蓬莱的蓬莱阁、天津市蓟州区独乐寺的观音阁也非常有特色。

黄鹤楼位于武汉市武昌蛇山之巅，原址在湖北武昌蛇山黄鹤矶头。始建于三国时期。历代名士都先后到这里游乐，吟诗作赋。崔颢的诗《黄鹤楼》"昔人已乘黄鹤去，此地空余黄鹤楼。黄鹤一去不复返，白云千载空悠悠。晴川历历汉阳树，芳草萋萋鹦鹉洲。日暮乡关何处是，烟波江上使人愁"最为著名。黄鹤楼历代屡毁屡建，现在我们看到的黄鹤楼是以清代黄鹤楼为蓝本重建的，重建于1985年。

岳阳楼位于湖南省岳阳市，自古有"洞庭天下水，岳阳天下楼"之誉。传为三国东吴大将鲁肃训练水军之地。现在的岳阳楼为1984年重修，沿袭了清朝光绪六年（1880年）所建时的形制。岳阳楼主楼3层，楼高15米。其楼顶的形状酷似一顶将军头盔，既雄伟又不同于一般。

滕王阁位于江西南昌市，素有"西江第一楼"之称。滕王阁因滕王李元婴始建而得名。李元婴，唐高祖李渊的第22子，唐太宗李世民之弟，贞观十三年（公元639年）六月受封为滕王，后迁到洪州（南昌）任都督。后滕王阁因诗人王勃《滕王阁序》的歌咏而名声大振。滕王阁自唐初创建以来，废兴更迭达28次之多，第29次兴建奠基于1983年，竣工于1989年重阳节。阁高57.5米，明三层暗七层，加上两层底座一共九层。

### 四、桥梁

桥梁是重要的古代交通工程。我国造桥的历史悠久，古桥梁种类繁多，有索桥、拱桥、梁桥、廊桥、亭桥、栈桥等。其中许多桥梁具有高超的建筑技术和艺术水平。目前，我国现存的古代桥梁数量众多，除了实用价值外，还有很高的科学技术价值、艺术鉴赏价值。

赵州桥原名安济桥，俗称大石桥，建于隋大业年间（公元605—公元618年），至今已有1400余年的历史。桥长50.82米，跨径37.02米，是当今世界上跨径最大、建造最早的单孔敞肩型石拱桥。其设计者是隋朝匠师李春。赵州桥是正常的交通运输桥，它的桥身弧线优美，远眺犹如苍龙飞架，又似长虹饮涧。整座大桥堪称一件精美的艺术珍品。

石家庄赵州桥

我国的廊桥主要分布在浙江泰顺、景宁以及福建的寿宁，其中以泰顺最为集中，泰顺有"廊桥之乡"的美称。"廊桥"顾名思义，就是有屋檐的桥。据最新统计，泰顺现存各式古桥梁500多座。号称"最美的廊桥"的溪东桥就位于泰顺的泗溪镇。其他比较著名的廊桥有：泗溪镇的北涧桥；三魁镇的薛家桥、永庆桥、刘宅桥；洲岭的毓文桥、三条桥；筱村镇的文远桥等。泰顺之所以被誉为"廊桥之乡"，不仅因为这里的廊桥数量多，而且因为廊桥样式丰富多彩，木拱桥、石拱桥、木平桥、双层桥、单面桥、歪拱桥等应有尽有。其实，廊桥并不仅仅是一座过河的工具，它还兼有休息亭、驿站、拜神祈福、社交、交通运转、物资贸易等大量民俗、文化、经济、社会方面的功能。它是明清时期浙南山区政治、经济、文化、民俗等诸多内容的重要载体。

广西程阳桥又叫永济桥、程阳风雨桥，位于广西三江县城古宜镇。程阳桥始建于1912年，历时12年建成。整座桥长77.6米，宽3.75米，高20米，共有19间桥廊。桥的两旁镶着栏杆，桥中有五座塔阁式桥亭。桥亭飞檐高翘，羽翼舒展。

整座桥梁不用一钉一铆,大小条木,凿木相吻,以榫衔接。桥上两旁还设有长凳供人休息。程阳桥是侗寨风雨桥的代表作,是目前保存最好、规模最大的风雨桥,也是中国木建筑中的艺术珍品。

我国遗存的古桥众多,不胜枚举。其中,北京卢沟桥、广东潮州韩江的广济桥、福建泉州洛阳桥和河北赵州桥并称为中国四大古桥。

**本章小结**

本章内容包括以下几个方面:介绍了中国古代建筑的发展历史过程,阐述了中国古代建筑的特点及中国古代建筑的基本构成要素;讲解了中国著名古城、宫殿坛庙建筑和民居建筑;阐述了中国古代陵墓的建置并介绍了著名的陵墓建筑;介绍了中国古代的重大工程以及楼阁建筑和桥梁建筑。

**思考与练习**

1. 中国古建筑主要有哪些形式?
2. 中国古建筑是如何表现封建等级制度的?请举例说明。
3. 宫殿建筑的布局有哪些要求?
4. 在我国为什么会形成丰富多彩的民居建筑?
5. 中国古代陵墓的封土形式有哪几种?

**试一试**

请同学们分别指出下列屋顶的形式。

 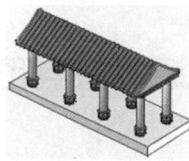   

# 第四章 中国古典园林

 **学习目标**

**1. 知识目标**

了解中国园林的发展过程,熟悉中国园林的特点和中国园林的构成要素。掌握不同依据下园林的分类、特点以及常用的园林构景手段。

**2. 能力目标**

区分不同类型的古典园林特点,掌握其各自产生的历史与文化背景。

**3. 技能目标**

对不同类型的古典园林特点及艺术风格进行分析。

**重点难点**

1. 中国古典园林的分类与特点。
2. 中国园林的常用构景手法。

## 第一节 中国古典园林的起源、特点和分类

 **任务导入**

中国是世界上园林最丰富的国家之一,请同学们结合自己所了解的中国园林艺术,谈一谈印象中的园林。

### 一、中国园林的起源与发展

根据文献记载,早在商周时期我们的先人就已经开始利用自然的山泽、水泉、

树木、鸟兽进行初期的造园活动。园林最初的形式为囿。囿是指在圈定的范围内让草木和鸟兽滋生繁育，还挖池筑台，供帝王和贵族们狩猎和享乐。公元前11世纪，周文王曾建"灵囿"。

春秋战国时期的园林中已经有了成组的风景，既有土山又有池沼或台。这一时期不仅自然山水园林已经萌芽，而且开始在园林中构亭营桥、种植花木。园林的组成要素都已具备，不再是简单的囿了。

秦汉时期出现了以宫室建筑为主的宫苑，秦始皇建上林苑，引渭水作长池，并在池中筑蓬莱山以象征神山仙境。

魏晋南北朝时期是中国园林发展史上的转折点。佛教的传入及老庄思想的流行，使园林转向崇尚自然，形成了以自然山水为主的园林。这一时期私家园林逐渐增多。

唐宋时期园林达到成熟阶段，官僚及文人墨客自建园林或参与造园工作，将诗与画融入园林的布局与造景中，反映了当时社会上层地主阶级的诗意化生活要求。另外，唐宋时期写意山水园林在体现自然美的技巧上取得了很大的成就，如叠石、堆山、理水等技巧成熟。

明清时期，园林艺术进入精深发展阶段，无论是江南的私家园林，还是北方的皇家园林，在设计和建造上，都达到了高峰。现代保存下来的园林大多属于明清时代所建，这些园林充分展现了中国古典园林的独特风格和高超的造园艺术。

## 二、中国古典园林的特点

中国古典园林是造园师与大自然共筑的乐章，是建筑与思想艺术的天成。中国古典园林最大的特色就是"师法自然"，追求生境、意境和画境三境的完美结合，形成"虽由人作，宛自天开"的艺术效果。

1. 造园艺术，"师法自然"

"师法自然"，在造园艺术上包含两层内容：一是总体布局、组合要合乎自然。园林中叠山理水所形成的山与水的关系以及假山中峰、涧、坡、洞等各景观因素的组合，高低错落，泉涌涧流，峰显洞藏等，都要符合自然界山水生成的客观规律。二是每个山水景象要素的形象组合要合乎自然规律。如叠山造峰，虽由土叠石堆，叠砌时要如天然山峰和岩石的纹脉，尽量减少人工拼叠的痕迹。水池常作自然曲折、高下起伏状。

2. 分隔空间，融于自然

中国古典园林用种种办法来分隔空间，其中主要是用建筑来围蔽和分隔空间。分隔空间力求从视角上突破园林实体的有限空间的局限性，使之融于自然，表现自然。要处理好形与神、景与情、意与境、虚与实、动与静、因与借、真与假、有限与无限、有法与无法等种种关系。如此，则把园内空间与自然空间融合和扩展开来。比如漏窗的运用，使空间流通、视觉流畅，隔而不绝，在空间上起互相渗透的作用。

### 3. 园林建筑，顺应自然

中国古典园林中，有山有水，有堂、廊、亭、榭、楼、台、阁、馆、斋、舫、墙等建筑。人工的山，石纹、石洞、石阶、石峰等都显示自然的美色。人工的水，水岸曲折自如，水中波纹层层递进，也都显示自然的风光。所有建筑，其形与神都与天空及周围自然环境吻合，同时又使园内各部分自然相接，以使园林体现自然、淡泊、恬静、含蓄的艺术特色，并收到移步换景、渐入佳境、小中见大等观赏效果。

### 4. 树木花卉，表现自然

中国古典园林对树木花卉的处理与安设，讲究表现自然。花木布置应是疏密相间，形态天然。乔灌木也错杂相间，追求天然野趣。其形与神，意与境，都十分重在表现自然。

师法自然，融于自然，顺应自然，表现自然——这是中国古典园林"天人合一"民族文化观念的体现，是其独立于世界之林的最大特色，也是其永具艺术生命力的根本原因。

## 三、中国古典园林的分类

### 1. 按建园者的身份划分

中国古典园林按建园者的身份划分，可分为皇家园林和私家园林。

（1）皇家园林

皇家园林是专供帝王休息享乐的园林。皇家可以动用国家的财力、物力和人力来修造其园林，可以搜尽天下美材胜景，"移天缩地"于宫苑中。由此形成了规模宏大、真山真水较多、园中建筑色彩富丽堂皇、建筑体形高大的特点。现存著名皇家园林有北京的颐和园和北海公园、河北承德的避暑山庄。

颐和园是我国现存保存最完整、最为典型的大型皇家园林，位于北京市海淀区。金贞元元年（1153 年）完颜亮设为行宫。明朝由皇室改为好山园。清乾隆十五年（1750 年）改为清漪园。清咸丰十年（1860 年）为英法联军所毁。清光绪十四年（1888 年），慈禧太后挪用海军经费重建，始改名为颐和园。颐和园占地共 290 万平方米，分为政治活动区、帝后生活区、风景游览区三部分。风景游览区以万寿山为中心，分前山和后山两大景区。以仁寿殿为主的政治活动区和由玉澜堂、宜芸馆、乐寿堂、德和园共同组成的帝后生活区位于园林的东北部。园内建筑景观大多集中于万寿山南麓，佛香阁成为全园景色的构图中心。正中主轴线主建筑即为大报恩延寿寺。位于昆明湖中的南湖岛与南面另两个小岛，又构成蓬莱三岛的传统模式。后山后湖景区最有趣味的是沿河两边的苏州街。从苏州街往东，有霁青轩和谐趣园（仿无锡寄畅园而建）。长廊和清宴舫亦园中著名景观。

避暑山庄位于河北省承德市。原为清代皇帝避暑和从事各种政治活动的场所。始建于清康熙四十二年（1703 年），乾隆五十五年（1790 年）完成，总面积 569 万平方米，周围石砌宫墙长达 10 千米，古建筑 100 余处。避暑山庄是我国现存最大的皇家园林，山庄分宫殿区和苑景区两部分。宫殿区在山庄南部，包括正宫、松鹤斋、万壑松风、东宫（现已无存）四组建筑。宫殿全为青砖素瓦，与北京故宫的庄严豪华迥然不同。苑景区包括湖区、平原区、山区三部分。湖区是山庄风景的中心，展现一派江南风光。湖区以北为"万树园"，是当年的赛马场。山区约占全区面积的 4/5，分布在山庄西北部。登上山巅，外八庙历历在目。

北海公园位于北京西城区，在故宫的西北，始建于辽代，是我国现存历史悠久而规模宏大的皇家花园，已有 800 余年的历史。其主要景点有琼华岛、白塔、五龙亭、太液池、濠濮间、静心斋、九龙壁等，其中尤以白塔、九龙壁最为著名。

（2）私家园林

私家园林是由古代贵族官吏、富商大贾等修建的，专供其游乐休闲的场所。由于不能拥有皇家的财力、物力和人力，也不能有超过皇家的气派与地位，因此，私家园林表现出规模较小、常用假山假水、建筑小巧玲珑、色彩淡雅素净等特点。现存的私家园林主要有北京的恭王府，苏州的拙政园、留园、沧浪亭、网师园，上海的豫园等。

**2. 按园林所处地理位置划分**

按园林所处地理位置可将其划分为北方园林、江南园林和岭南园林三类。

（1）北方园林

北方园林，分布地域广，范围大；又因近政治中心而形成众多中心性城市，所以建筑富丽堂皇。因自然气象条件所局限，河川湖泊、园石和常绿树木都较少。北方园林的代表大多集中于北京、西安、洛阳、开封，其中尤以北京为代表。皇家园林是北方园林的代表。

（2）江南园林

江南地区为水乡泽国，人口较密集，所以园林地域范围小；又因河湖、园石、常绿树较多，所以园林景致较细腻精美。江南园林主要集中在苏州、杭州、扬州、南京、上海、无锡等地，其中尤以苏州园林为代表。

苏州园林甲天下，不出城郭而获山水之怡，身居闹市而得林泉之趣，这是苏州市旅游的最大特色。据《苏州府志》记载，苏州园林在明代共217处，清代有30多处。现存苏州名园大都是明清时始建。苏州园林是中国风景园林集艺术、自然、构思之美而营造出和美宁静意境的杰作，1998年苏州四个古典园林（拙政园、留园、网师园、环秀山庄）被列入《世界遗产名录》，2000年扩展了艺圃、藕园、沧浪亭、狮子林和退思园五座园林。苏州四大历史名园是沧浪亭（宋朝）、狮子林（元朝）、拙政园（明朝）、留园（清朝）。

拙政园位于苏州市娄门内，是江南园林的代表，也是苏州园林中面积最大的古典山水园林。此地原为唐代诗人陆龟蒙的住宅，元朝时为大弘（宏）寺。明正德四年（1509年），明代弘治进士、明嘉靖年间御史王献臣仕途失意，归隐苏州后将其买下，聘著名画家、吴门画派的代表人物文徵明参与设计蓝图，历时16年建成。拙政园的布局疏密自然，其特点是以水为主。园中现有建筑大多是清咸丰十年（1860年）拙政园成为太平天国忠王府花园时重建，至清末形成东、中、西三个相对独立的小园。拙政园住宅是典型的苏州民居，现辟为园林博物馆展厅。

留园位于苏州城东北门外，是苏州四大名园之一。原是明嘉靖时徐泰时的东园。清嘉庆时刘恕改建成寒碧庄，也称刘园。同治年间被盛旭人购得，重加扩建，改名为留园。留园占地20 000平方米，集住宅、祠堂、家庵、园林于一身。园内布局分东、西、中、北四部，四景区间以曲廊相连，廊长700余米，堪称我国造园艺术佳作。冠云峰、楠木殿、鱼化石为留园三绝。

个园位于江苏省扬州市，原为清代画家石涛故居寿芝园旧址，清嘉庆、道光年间大盐商黄应泰将其修建为住宅花园。个园叠石艺术采用分峰用石的手法，运用不同石料堆叠成"春、夏、秋、冬"四景，表达了"春山宜游，夏山宜看，秋山宜登，冬山宜居"的诗情画意。

寄畅园位于无锡市西郊惠山东麓，此园元代时为僧舍，明代万历年间改称寄畅园。出典于王羲之所作诗句："三春启群品，寄畅在所因。"寄畅园以巧妙的借景、高超的叠石、精美的理水、洗练的建筑，在江南园林中别具一格。

豫园位于上海市，是明代四川布政使潘允端解职回乡，在原有园子基础上扩建而成的，据其《豫园记》所说，为"豫（愉）悦老亲"而建。全园可分四部分：西部的主厅三穗堂、仰山堂与南山为主景区；北部有万花楼、鱼乐榭、"会心不远"亭组成的庭院景区；东部是点春堂、煦堂；南部是玉华堂、得月楼、九狮轩。黄石假山、砖雕、圆雕、龙墙为豫园特色。花石纲遗物，江南三大名石之一——著名的太湖石"玉玲珑"，也是园内一大景观。

### （3）岭南园林

因为地处热带，植物终年常绿，又多河川，所以岭南园林的造园条件比北方、江南都好。其明显的特点是具有热带风光，建筑物都较高而宽敞。现存岭南类型园林以岭南四大园林最为著名，分别是东莞的可园、佛山的梁园、顺德的清晖园、番禺的余荫山房。

清晖园位于广东省佛山市顺德区。故址原为明末状元黄士俊所建的黄氏花园，现存建筑主要建于清嘉庆年间。园取名"清晖"，意为和煦普照之日光，喻父母之恩德。园内空间主次分明，结构清晰。整个园林以尽显岭南庭院雅致古朴的风格而著称，园中有园，景外有景，步移景换，并且兼备岭南建筑与江南园林的特色。园内种植了许多珍贵的花木，包括玉堂春、百年紫藤、龙眼、银杏等。

可园位于广东东莞，始建于清代。可园占地面积甚小，但园中建筑、山池、花木等景物却十分丰富。造园时，由于运用了"咫尺山林"的手法，故能在有限的空间里再现大自然的景色。全园以双清室、可楼为构图中心，尚有绿绮楼、擘红小榭等景色。全园设计精巧，布局新奇，颇具岭南园林特色。

知识链接

#### 囿和苑

囿是中国古代供帝王贵族进行狩猎、游乐的园林形式。通常选定地域后划出范围，或筑界垣。囿中草木鸟兽自然滋生繁育。《诗经·大雅》中记述了最早的周文王灵囿。《周礼·囿人》曰："古谓之囿，汉家谓之苑。"秦汉以后，囿都建于宫苑中。

苑是中国秦汉以后在囿的基础上发展起来的、建有宫室的园林，又称宫苑。大的苑广袤百里，有天然植被、野生或圈养的飞禽走兽，并建有居住、游乐、宴饮用的宫室建筑群。小的苑筑在宫中。此外，还有建在郊外或其他地方的离宫别苑。著名的宫苑有：汉代上林苑、建章宫，南北朝华林苑、龙腾苑，隋代西苑，唐代兴庆宫、大明宫和九成宫，北宋艮岳，明代西苑（今北海、中南海），清代圆明园、清漪园（后扩建为颐和园）和避暑山庄。

## 第二节　中国古典园林的组成要素

**任务导入**

在中国传统的自然山水园林中，水和山同样重要，以各种不同的水形，配合山石、花木和园林建筑来组景，是中国造园的传统手法。常见的理水之法有哪几种呢？

### 一、筑山

为表现自然，筑山是造园的最主要的因素之一。秦汉的上林苑，用太液池所挖土堆成岛，象征东海神山，开创了人为造山的先例。

东汉梁冀模仿伊洛二峡，在园中累土构石为山，这种开拓性构建方法使对神仙世界的向往，转向对自然山水的模仿，标志着造园艺术以现实生活作为创作起点。

魏晋南北朝的文人雅士们，采用概括、提炼手法，将所造山的真实尺度大大缩小，力求体现自然山峦的形态和神韵。这种写意式的叠山，比自然主义模仿大大前进一步。

唐宋以后，由于山水诗、山水画的发展，以及玩赏艺术的发展，叠山艺术更为讲究。最典型的例子便是爱石成癖的宋徽宗，他所筑的艮岳是历史上规模最大、结构最奇巧、以石为主的假山。

明代造山艺术更为成熟和普及。计成在《园冶》的"掇山"一节中，列举了园山、厅山、楼山、阁山、书房山、池山、内室山、峭壁山、山石池、金鱼缸、峰、峦、岩、洞、涧、曲水、瀑布17种形式，总结了明代的造山技术。清代造山技术更为发展和普及。清代的造园家，创造了穹形洞壑的叠砌方法，用大小石钩带砌成拱形，顶壁一气，酷似天然峭壁，比明代以条石封合收顶的叠法合理得多、高明得多。现存的苏州拙政园、常熟的燕园、上海的豫园，都体现了明清时代园林造山的艺术。

### 二、理水

为表现自然，理水也是造园最主要的方法之一。不论哪一种类型的园林，水是最富有生气的因素，无水不活。自然式园林以表现静态的水景为主，以表现水面平静如镜或烟波浩渺的寂静深远的境界取胜。人们或观赏山水景物在水中的倒影，或观赏水中怡然自得的游鱼，或观赏水中芙蕖睡莲，或观赏水中皎洁的明月……自然式园林也表现水的动态美，但不是喷泉和规则式的台阶瀑布，而是自然式的瀑布。池中有自然的矶头、矶口，以表现经人工美化的自然。正因为如此，园林一定要理池引水。古代园林理水之法，一般有三种：

（1）掩。以建筑和绿化，将曲折的池岸加以遮掩。临水建筑，除主要厅堂前的平台，为突出建筑的地位，不论亭、廊、阁、榭，皆前部架空挑出水上，水犹似自其下流出，用以打破岸边的视线局限；或临水布蒲苇岸或使杂木迷离，造成池水无边的视觉印象。

（2）隔。或筑堤横断于水面，或隔水净廊可渡，或架曲折的石板小桥，或涉水点以步石，正如计成在《园冶》中所说，"疏水若为无尽，断处通桥"。如此则可增加景深和空间层次，使水面有幽深之感。

（3）破。水面很小时，如曲溪绝涧、清泉小池，可用乱石为岸，怪石纵横、犬牙交错，并配以细竹野藤、朱鱼翠藻，那么虽是一洼水池，也给人以深邃的山野风致美感。

### 三、植物

植物是叠山理水不可缺少的因素。花木犹如山峦之发，水景如果离开花木也缺乏美感。自然式园林着意表现自然美，对花木的选择标准较多：一讲姿美，树冠的形态、树枝的疏密曲直、树皮的质感、树叶的形状，都追求自然优美；二讲色美，树叶、树干、花都要求有各种自然的色彩美，如红色的枫叶，青翠的竹叶、白皮松，白色的广玉兰，紫色的紫薇等；三讲味香，要求香味自然淡雅和清幽，如蜡梅最为淡雅、兰花最为清幽。另外，最好四季常有绿，月月有花香。花木对园林山石景观起衬托作用，又往往和园主追求的精神境界有关。如竹子象征人品清逸和气节高尚，松柏象征坚强和长寿，莲花象征洁净无瑕，兰花象征幽居隐士，玉兰、牡丹、桂花象征荣华富贵，石榴象征多子多孙，紫薇象征高官厚禄等。

古树名木对创造园林气氛非常重要。古木繁花，可形成古朴幽深的意境。所以如果建筑物与古树矛盾时，宁可挪动建筑以保住大树。计成在《园冶》中说："多年树木，碍筑檐垣，让一步可以立根，斫数桠不妨封顶。"构建房屋容易，百年成树艰难。

除花木外，或平坦或起伏或曲折的草坪，也令人陶醉于向往中的自然。

## 四、动物

中国古典园林重视饲养动物。最早的苑囿中，以动物作为观赏、娱乐对象。魏晋南北朝园林中有众多鸟禽，使之成为园林山水景观的天然点缀。唐代王维在辋川别业中养鹿放鹤，以寄托"一生几许伤心事，不向空门何处销"的解脱情趣。宋徽宗所建艮岳，集天下珍禽异兽数以万计，经过训练的鸟兽在徽宗驾到时，能驯服地排立在仪仗队里。明清时园中有白鹤、鸳鸯、金鱼，还有天然鸣蝉等。园中动物可以观赏娱乐，可以隐喻长寿，也可以借以扩大和装点自然境界，令人通过视觉、听觉产生联想。

## 五、建筑

园林中建筑有十分重要的作用。它可满足人们生活享受和观赏风景的愿望。中国自然式园林，其建筑一方面要可行、可观、可居、可游，另一方面起着点景、隔景的作用，使园林移步换景、渐入佳境，以小见大，又使园林显得自然、淡泊、恬静、含蓄。这是与西方园林建筑很不相同之处。中国自然式园林中的建筑形式多样，有堂、厅、楼、阁、馆、轩、斋、榭、舫、亭、廊、桥、墙等。

### 1. 厅堂

厅堂是待客与聚会活动的场所，也是园林中的主体建筑。"凡园圃立基，定厅堂为主。"厅堂的位置确定后，全园的景色布局才依次衍生变化，造成各种各样的园林景致。厅堂建筑的体量较大，空间环境相对也开阔，在景区中，通常建于水面开阔处，临水一面多构筑平台，如北京园林大多临水筑台、台后建堂。这成为明清时代构园的传统手法，如拙政园的远香堂、留园的涵碧山房、狮子林的荷花厅、怡园的鸳鸯厅等，都采用此法布置厅堂。

### 2. 楼阁

楼阁是园林中的重要建筑，属较高层的建筑。楼和阁体量处理要适宜，避免造成空间尺度的不和谐而影响全园景观之美。阁，四周开窗，每层设围廊，有挑出支座，以便眺望观景。

### 3. 书房馆斋

馆可供宴客之用，其体量有大有小，与厅堂稍有区别。大型的馆，如留园的五峰仙馆、林泉香石馆实际上是主厅堂。斋供读书用，环境当隐蔽清幽，尽可能避开园林中的主要游览路线；建筑式样较简朴，常附以小院，种植树木花卉，以创造一种清静、淡泊的情趣。

### 4. 榭

榭建于水边或花畔，借以成景。平面常为长方形，一般多开敞或设窗扇，以供人们游憩、眺望。水榭则要三面临水。

### 5. 轩

轩是小巧玲珑、开敞精致的建筑物，室内简洁雅致，室外或可临水观鱼，或可品评花木，或可极目远眺。

### 6. 舫

舫是仿造舟船造型修建的建筑，常建于水际或池中。南方园林和岭南园林建造时常在园中造舫，如南京煦园不系舟，是太平天国天王府的遗物，苏州拙政园的香洲是舫中佼佼者。大多将船的造型建筑化，便于与周围环境和谐一致，也便于内部建筑空间的使用。

### 7. 亭

亭是一种开敞的小型建筑物。汉代许慎的《说文解字》中言："亭，停也，人所停集也。"主要供人休憩观景。亭，可供眺望，可供观赏，可供休息，可供娱乐。亭在造园艺术中的广泛应用，标志着园林建筑在空间上的突破，或立山巅，或枕清流，或临涧壑，或傍岩壁，或处平野，或藏幽林，空间上独立自在，布局上灵活多变。按平面形状分，常见的有三角亭、方亭、短形亭、六角亭、八角亭、圆亭、扇面亭、梅花亭、套方亭。按屋顶形式分，有单檐亭、重檐亭、攒尖亭、盖顶亭、歇山亭，攒尖高耸，檐宇如飞，形象十分生动空灵。按所处位置分，有桥亭、路亭、井亭、廊亭。凡有佳景处都可建亭，画龙点睛，为景色增添色彩和气质。即使无佳景，也可从平淡之中见精神，使园林更富有生气和活力。苏州沧浪亭中的沧浪亭，拙政园中的松风亭、嘉实亭，都是著名的亭。

### 8. 路与廊

路和廊在园林中不仅有交通的功能，更重要的是有观赏的作用，是中国园林中最富有可塑性与灵活性的建筑。廊往往蜿蜒曲折、高低起伏，如游龙曲回，如长虹高下有致，是一种生动活泼、颇具特色的民族建筑。它既可在交通上连通自如，将园林串通一气；又可让游人移步换景，仔细品味周围景色。它既可使游人于烈日之下免受曝晒之苦，又可使游人于风雨之中不遭吹淋之罪，在酷暑风雨之时，仍然可以观赏不同季节和气象下的园林美。廊，又有单廊与复廊之分。单廊曲折幽深，若在庭中，可观赏两边景物；若在庭边，可观赏一边景物，另一边通常有碑石，可以欣赏书法字画，领略历史文化。复廊是两条单廊的复合，于中间分隔墙上开设众多花窗，两边可对视成景，既移步换形增添景色，又扩大了园林的空间。苏州沧浪亭的复廊最负盛名。

#### 9. 桥

园林中的桥，一般采用拱桥、平桥、廊桥、曲桥等类型，有石制的，有竹制的，有木制的，十分富有民族特色。桥不但有增添景色的作用，而且用以隔景，在视觉上产生扩大空间的作用。过了一桥又一桥，能让人游兴颇增。江南园林和岭南园林，由于多湖泊河川，桥也较多。

#### 10. 园墙

园墙是围合空间的构件。中国的园林都有围墙，且具民族特色。园中的建筑群又都采用院落式布局，园墙更是不可缺少的组成部分，可将园林分割成若干院落，南北园林通常在园墙上设漏窗、洞门、空窗等，形成虚实对比和明暗对比的效果，使墙面丰富多彩。漏窗的形式有方、横长、圆、六角形等。窗上的花纹图案灵活多样，有几何形和自然形两种。园林中的院墙和走廊、亭榭等建筑物的墙上往往有不装门扇的门孔和不装窗扇的窗孔，分别称洞门和空窗。洞门除供人出入，空窗除采光通风外，在园林艺术上它们又常作为取景的画框，使人在游览过程中不断获得生动的画面。

#### 11. 匾额、楹联与刻石

每个园林建成后，园主总要邀集一些文人，根据园主的立意和园林的景象，给园林和建筑物命名，并配以匾额题词、楹联诗文及刻石。匾额是指悬置于门上方的题字牌，楹联是指门两侧柱上的竖牌，刻石指山石上的题诗刻字。园林中的匾额、楹联及刻石的内容，多数是直接引用前人已有的现成诗句，或略作变通。这些匾额楹联和刻石，不仅能够陶冶情操，抒发胸臆，也能够起到点景的作用，为园中景点增加诗意、拓宽意境。

知识链接

##### 廊——园林中的脉络

廊以其变幻多姿之美，在众多类型的园林建筑中争得了一席之地。古代诗词对廊也多有描述，白居易《池畔二首》诗中，开篇即有"结构池西廊，疏理池东树"，在宋代张公庠所写《宫词》中亦有"人闲相约寻芳去，春困不禁千步廊"的诗句，这些诗词描述展现了廊这种精妙的构筑形式在古代环境塑造中的独特地位。

园林游廊为园林中的脉络，在园林建筑中处极重要地位。今日苏州园林中常见者为复廊，系两面游廊中隔以粉墙，间以漏窗，使墙内外皆可行走。此种廊大都用于不封闭的园林，如沧浪亭的沿河；或一园中须加以间隔，欲使空间扩大，并使入门有所过渡，如怡园的复廊，便是一例，此廊显然仿自沧浪亭。

造廊忌平直生硬，但过分求曲，亦觉生硬勉强，因此要追求"景到随机"，因

地制宜，还要对现有环境进行修饰与提升。园林中各类建筑的布置讲究"花间隐榭，水际安亭"以及"房廊蜿蜒、楼阁崔巍"。对于长廊其适应性更是优于其他园林建筑。

长廊这一适应性离不开其自身狭长的形态，使之更易与地形相配，宜曲宜直，有效地修饰、突出了地形，同时呈现出多变的自身形态。

爬山游廊，在苏州园林中的狮子林、留园、拙政园，仅点缀一二，大都用于园林边墙部分。设计此种廊时，应注意到坡度与山的高度问题，运用不当，顿显头重脚轻，上下不协调。在地形狭宽不同的情况下，可运用一面坡，或一面坡与两面坡并用，如留园西部爬山廊。

中国古典园林讲求廊宜曲不宜直，这自然是由于曲线较直线更拥有长度的优势，无形中延长了游览线路和时间，这也使廊即使在平面上也有了丰富的动态。曲廊的曲处是留虚的好办法，随便点缀一些竹石、芭蕉，都是极妙的，它的营建不仅限于空间宽裕的条件，即使受地界所限，比如紧邻直墙，也能人为造出曲折之势，设计十分精妙。

在中国古典园林中，长廊位置的安排有着营造空间的作用。就划分空间而言，长廊从园中穿过，大空间被细分为数个小空间，院院相连，层层过渡，长廊两侧空间可以借此营造出不同的空间品质。

中国园林是含蓄的，在园中障景、抑景手法使用颇多，长廊在空间中可以起到相近的作用，长廊两侧空间有分隔也有连通，游赏者透过长廊观看，长廊另一侧的景致朦胧呈现，十分美妙，同时在视觉上增加了景观层次，无形中扩大了空间进深感。

长廊延伸空间的作用也体现在园林边界处往往以长廊收头，长廊在视觉上缓和了墙体边界的生硬感，再加上沿墙设置复墙、窄院，或是在墙上开设朝向园林外侧的洞口，从而在视觉上营造出空间无限、无边界的视觉感受。

廊的作用除在于联系园中各个空间外，主要在于游赏。可以说廊决定了人的主要游览线路，中国古典园林在廊的安排布置中讲究步移景异，这一特征大抵是通过长廊的流线选择、形制选择、曲折走向决定的。

廊的流线选择非常精妙，所穿行的区域一般都是园中精华所在，只消在廊中行走就可欣赏到园中主景，同时长廊也为游人规划出了最佳的行进路线。

长廊的曲折走向也为游赏者提供了丰富的视觉体验。沿着曲廊而行，游赏者的行走方向不断转换，一个不经意的转折，眼前出现了不同的景致。

以廊为景，其建筑自身具有一定美学价值——带有花纹的檐口滴水、富有韵律的柱间比例、雕刻精致的栏杆、额枋下小巧通透的倒挂楣子，再加上各式彩绘的装点，呈现出丰富的长廊形象，无不给观赏者留下深刻印象，如再加上水中倒影，虚实相印，就更加美妙了。

廊自身也影响了观赏者观景时的构图。框景是中国古典园林造景中的重要手法之一，指利用门窗洞口等元素限制观赏者的视线，引导观赏者观看特定角度的美景。当游赏者站在廊中向外观看，柱子、额枋、栏杆恰恰组成了框景所需的"景框"，一幅风景画跃然眼前，当游赏者在廊中移动时，所看到的恰似一幅幅连续的画卷依次展开。

纵观廊的营造手法，是在中国园林"虽由人作，宛自天开"的品评标准上的升华，其中既运用了障景、抑景、框景的传统造景手法，又巧妙地将廊与地理环境、廊与人、人与景进行合理安排，最终创造出独特的廊之风景，这也正是今天之造景构园所应学习的经验。

（转自苏州园林官方微博。）

## 第三节　中国古典园林的常见构景手法

 **任务导入**

中国园林特色独具，但建造依然有法可依，如在园林入口建造假山，或将视线两侧大且没有遮挡的空旷之处用建筑物或树木花卉做屏障遮掩起来，这样的设计属于园林设计中的什么构景手法呢？

中国早在春秋战国时代，就在造园构景中运用多种手段来表现自然，以求得渐入佳境、小中见大、步移景异的理想环境，获得自然、淡泊、恬静、含蓄的艺术效果。古典园林在构景方面要注意很多内容，比如讲究造园目的、园林的起名、园林的立意、园林的布局、园林中的微观处理等。在微观处理中，通常有以下几种造景手法。

### 一、抑景

中国传统艺术历来讲究含蓄，所以园林造景也绝不会让人一走进门就看到最好的景色，最好的景色往往藏在后面，这叫作"先藏后露""欲扬先抑""山重水复疑无路，柳暗花明又一村"。采取抑景的办法，能使园林更有艺术魅力。如园林入口处常迎门挡以假山，这种处理手法叫作山抑。

## 二、添景

当两个景观之间空场较大,且中间缺乏景观时,就会显得虚空而没有层次。如果在两个景观之间种植树木、花卉作为过渡景,则景色显得有层次美,这中间的树木和花卉,便叫作添景。添景往往是在中间种植乔木,在近处种植花卉。如当人们站在北京颐和园昆明湖南岸的垂柳下观赏万寿山远景时,万寿山因为有倒挂的柳丝作为装饰而生动起来。

## 三、夹景

远方景观,或自然的山,或人文的建筑(如塔、桥等),它们本身具有审美价值,但如果视线的两侧空荡没有遮挡,景观就显得单调乏味;如果两侧用建筑物或树木花卉遮挡起来,则风景点更显得有诗情画意,这种构景手法即为夹景。如在颐和园后山的苏州河中划船,远方的苏州桥主景,为两岸起伏的土山和美丽的林带所夹峙,构成了明媚动人的景致。

## 四、对景

在园林中,登上亭、台、楼、阁、榭,可观赏堂、山、桥、树木……或在堂、桥、廊等处,可观赏亭、台、楼、阁、榭,这种以园中两种景观互为观赏点进行设计的造园手法(或构景方法)就叫对景。

## 五、框景

园林中建筑的门、窗、洞,或乔木树枝抱合成的景框,往往把远处的山水美景或人文景观框在其中,形成门、窗、洞等框远景的艺术效果,这便是框景。

## 六、漏景

园林的围墙上,或走廊(单廊或复廊)一侧或两侧的墙上,常常设以漏窗,或雕以带有民族特色的各种几何图形,或雕以民间喜闻乐见的葡萄、石榴、梅枝、修竹等植物,或雕以鹿、鹤、兔等动物,透过漏窗的窗隙,可见园外或院外、墙外的美景,这叫作漏景。

## 七、借景

大至皇家园林,小至私家园林,空间都是有限的。在横向或纵向上让游人扩展视觉和联想,才可以小见大,最重要的办法便是借景。所以计成在《园冶》中指出，"园林巧于因借"。借景有远借、邻借、仰借、俯借、应时而借之分。借远方的山，叫远借；借邻近的大树叫邻借；借空中的飞鸟，叫仰借；借池塘中的鱼，叫俯借；借四季的花或其他自然景象，叫应时而借。

 知识链接

### "欲语还休"的障景艺术

无锡蠡园的四方亭的亭柱上，挂着一副对联："为有石栏探看水，竟无粉壁怕遮山。"上联说桥，下联说这亭子没墙壁，是怕遮掉假山。亭不遮山，山却挡景，这假山把里面的美景给藏了起来。这里所采用的正是造景手法中的障景。

障景又称"抑景"，是一种抑制视线、引导空间的造景手法，主要为营造"曲径通幽""庭院深深"的园林意境。障景按布置的位置分入口障景、端头障景和曲障。

入口障景位于景园入口处，为了达到欲扬先抑、增加层次、障丑显美等作用而设置；端头障景位于景观序列的结尾处，希望游人有所回味，起到令人流连忘返的作用；曲障运用建筑题材，通常用在宅园，往往要经过转折的廊院才来到园中。

中国古典园林艺术的创作讲究层次美，常常利用障景营造"路转溪头忽现"的景观效果来激发游人的审美情趣。这种手法的运用可以避免一入园，便对整个园景一览无余，而采用欲露先藏、欲扬先抑的艺术手法，以达山重水复、曲径通幽的意境。

广义地说，照壁、隔墙、屏风、帘子，以至盆栽、山石、幕布、水池、界牌等皆有障的作用。其中常见的几种应用有影壁障、假山障、土丘障、树丛障、绿篱障等。

影壁障：中国古代院落大门的对面或大门内对着门外的一种屏障，也称照壁。其建筑材料有砖、木、石和琉璃等类型。如故宫内东西六宫，每组宫殿院落几乎都有一座影壁，以及故宫、北海精美的九龙壁等。

假山障、土丘障：山石作为造景元素最初来源于人对自然的崇拜，后来山石障成为园林造景手法之一。如北京恭王府花园的土山障、拙政园入口内的黄石假山、颐和园仁寿殿后的土石山等，均是古典园林常用的以小见大的手法。

树丛障、绿篱障：以植物材料作为屏障阻挡人们的视线，其景观效果是最丰富的。使用茂密的植物形成不通透的"绿墙"，能够"障丑显美"；使用不同程度的通透植物，可起到漏景的效果；而中间通透两边屏障的植物设计，会形成框景或夹景作用。

中国人的审美观建立在传统的文化心态与文化熏陶的基础之上，呈现东方文化的特色及审美意识。中国人的传统审美讲究含蓄、朦胧、模糊、虚、空、静、深。而园林景观中的障景犹如"犹抱琵琶半遮面""欲语还休"，激发审美者的好奇心和想象力，令其欲拨开景观的层层面纱一探究竟。

（资料来源于苏州园林博物馆官网。）

 **本章小结**

本章介绍了中国古典园林的产生和发展过程，讲述了中国古典园林的特色与分类，介绍了中国古典园林的组成要素和构景手法，并详细说明了山、水、动植物和建筑等构园要素以及抑景、添景、夹景、对景、借景、漏景、框景等园林构景手法。

 **思考与练习**

1. 比较皇家园林与私家园林的特色。
2. 简述我国各主要历史时期园林的造园特色。
3. 中国古典园林追求天然之趣主要表现在哪些方面？
4. 中国古典园林是如何分类的？举例说明各类园林具有什么特点。
5. 我国园林在建造过程中，常用的构景手段有哪些？请举例说明。

**试一试**

请说出下图运用了哪种构景手法。

# 第五章
# 传统饮食与特产

**1. 知识目标**

了解烹饪流派；掌握茶叶的分类及代表名茶；了解各类酒的特点及生产工艺；熟悉中国陶瓷器和丝绸刺绣的主要产地。

**2. 能力目标**

能够熟悉并掌握具有代表性的茶叶、酒品及丝绸刺绣等特色物产的特点。

**3. 技能目标**

结合旅游工作实际，将茶叶鉴赏、酒品特点等知识运用到旅游接待工作中。

**重点难点**

1. 茶叶的特点，酒的特点和生产工艺。
2. 饮食风味流派的特点及各地的特产特色。

## 第一节 烹饪

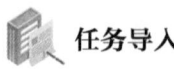

中国烹饪文化源远流长，你知道中国烹饪有哪些风味流派吗？其中常见的一些风味流派的特点是什么？

### 一、中国烹饪与文化

中国人的传统饮食习俗是以植物性食料为主。主食是五谷，辅食是蔬菜，外加少量肉食。形成这一习俗的主要原因是中原地区以农业生产为主要的经济生产方式。但在不同阶层中，食物的配置比例不尽相同。因此古代有称在位者为"肉食者"。

以热食、熟食为主，也是中国人饮食习俗的一大特点。这和中国文明开化较早和烹调技术发达有关。中国古人认为："水居者腥，肉玃者臊，草食即膻。"热食、熟食可以"灭腥去臊除膻"（《吕氏春秋·本味》）。中国人的饮食历来以食谱广泛、烹调技术精致而闻名于世。史书载，南北朝时，梁武帝萧衍的厨师，用一个瓜能变出十种式样，用一种菜能做出几十种味道，烹调技术的高超，令人惊叹。

在饮食方式上，中国人也有自己的特点，这就是聚食制。聚食制的起源很早，从许多地下文化遗存的发掘中可见，古代炊间和聚食的地方是统一的，炊间在住宅的中央，上有天窗出烟，下有篝火，在火上做炊，就食者围火聚食。这种聚食古俗，一直传至后世。聚食制的长期流传，是中国重视血缘亲属关系和家族家庭观念在饮食方式上的反映。到今天，中国人的团圆之意也是这种观念的反映。

在食具方面，中国人的饮食习俗的一大特点是使用筷子。筷子，古代叫箸，在中国有悠久的历史。《礼记》中曾说："饭黍毋以箸。"可见至少在殷商时代，人们已经使用筷子进食。筷子一般以竹制成，一双在手，运用自如，既简单经济，又很方便。许多欧美人看到东方人使用筷子，叹为观止，赞为一种艺术创造。实际上，东方各国使用筷子其源多出自中国。中国人的祖先发明筷子，确实是对人类文明的一大贡献。

中国的饮食烹饪讲究色、香、味、养，包含着丰富的饮食文化在其中。饮食既可满足身体健康营养的需求，又是一种文化活动过程。色、香、味既能刺激人的食欲，提高进食量，又能使人得到艺术和心理上的满足。同时，饮食又是一个养生、延年益寿的过程。在数千年的发展中，不但形成了各具地方特色的流派，还形成了具有中国特色的烹饪技法。流传到今天的主要烹饪技法有炒、爆、熘、炸、烹、煎、贴、烧、焖、炖、蒸、汆、煮、烩、炝、腌、拌、烤、卤、冻、拔丝、蜜汁、熏、酱等。烹饪大师们会根据食物的特点、饮食的需求等，采取不同的烹饪技法，实现不同的饮食效果。

### 知识链接

北京是一座历史悠久的文化名城，传统特产也非常丰富，其种类丰富、用料讲究、制作精细，其中以"北京果脯"最具代表性。北京果脯采用宫廷传统秘方，由鲜果加工精制而成，口味酸甜适中，爽口滑润，甜而不腻，果味浓郁，主要有杏脯、梨脯、秋海棠等上千个品种。北京果脯来源于皇宫御膳房。为了保证皇帝一年四季都能吃上新鲜果品，厨师们就将各季节所产的水果，分类泡在蜂蜜里，好让皇帝随时食用。后来，这种制作方法从皇宫里传出来，北京就有了专门生产果脯的作坊。果脯蜜饯中含糖量最高可达35%，而转化糖的含量可占总糖量的10%左右，从营养角度来看，它容易被人体吸收利用。另外，果脯蜜饯中还含有果酸、矿物质和维生素C。由此可见，果脯蜜饯是营养价值很高的食品。

## 二、地方菜系

地方菜是中国菜的主体，地方菜大都以地区和省份划分。旧有"四大菜系"之说，即鲁、川、粤、苏四个流派。亦有"八大菜系"之说，即鲁、川、粤、苏、闽、浙、湘、皖菜。还有"十大菜系"之说，即鲁、川、粤、苏、闽、浙、湘、皖、京、沪菜。

### 1. 山东菜

山东菜又称鲁菜。南北朝时山东风味已初具规模，明清时已稳定形成流派。山东风味影响所及有黄河中下游地区、华北东部以及东北地区。山东菜，是由济南菜、胶东菜两大部分组成的。此外，鲁西菜也很有特色，孔府菜也自成体系。山东菜对宫廷菜、京菜的形成有重要影响。山东菜总体特征是注重以当地特产为条件选料，精于制汤和以汤调味，烹调法以爆、炒、扒、熘最为突出，味型以咸鲜为主而善于用葱香调味。此外山东菜的不同构成部分有各自不同的特色。

山东菜的菜肴名品有糖醋大鲤鱼、清炖整鸡、扒肘子、八宝布袋鸡、红烧大肠、奶汤全家福、红烧海参、清蒸加吉鱼、烧蛎黄、油爆海螺、盐爆乌鱼花、清炒虾仁、糖醋黄河鲤鱼、爆双脆、炒腰花、熘肝尖、老虎鸡子等。

### 2. 粤菜

粤菜即广东地方风味菜。主要由广州、潮州、东江三种风味组成，以广州风味为代表。粤菜具有独特的南国风味，并以选料广博（鸟兽蛇虫均可入馔）、菜肴新颖奇异而著称于世。粤菜的口味以清、脆、鲜、嫩为主，讲究清而不淡，鲜而不俗，脆嫩不生，油而不腻，并有"五滋"（香、松、软、肥、浓）"六味"（酸、甜、苦、辣、咸、鲜）之说，还特别重视口味的时令季节变化，夏秋力求清淡，冬春偏重浓郁。调料在粤菜的独特风味形成中起到了举足轻重的作用。粤菜在长期的发展演变过程中，形成了一些独特的烹调技术，如煲、焗、泡、软炒、烤、炙等。它还善于吸收和借鉴外来技法，并能根据本地口味和原料特点加以改进、发展、提高。

粤菜著名的菜肴有烤乳猪、龙虎斗、太爷鸡、东江盐焗鸡、潮州烧鹰鹅、猴脑汤、沙茶涮牛肉、明炉烧螺、糖醋咕噜肉、东江酿豆腐、蚝油牛肉、大良炒鲜奶、白云猪手、佛山柱侯鸡、竹仔鸡褒翅等。

### 3. 苏菜

苏菜是江苏风味菜的简称。江苏菜系有丰富精美的食馔以及精湛奇巧的烹饪技艺，是中国著名的地方菜系之一。苏菜的主要特点是口味适中，四季分明，善用鱼虾。在烹调技术上擅长炖、焖、烩、焐、蒸、烧、炒、泥煨、叉烧等方法。注重调汤，其汤清则要求见底，浓则色泽乳白。菜肴力求保持原汁，注重本味，并具有一物呈一味，一菜呈一味，浓而不腻，淡而不薄，滑爽脆嫩不失其味，酥烂脱骨不失其形的特点。

苏菜著名菜肴有金陵三叉（叉烧乳猪、叉烧鸭、叉烧鳜鱼）、盐水鸭、香料烧鸭、五柳青鱼、美味肝、凤尾虾、扬州三头（清炖蟹粉狮子头、拆烩鲢鱼头、扒烧猪头）、三套鸭、鸡汁煮干丝、松鼠鳜鱼、碧螺虾仁、虾仁锅巴、荷叶鸡、叫花鸡、冬瓜盅等。

### 4. 川菜

川菜是四川地方风味菜。川菜不仅在国内烹饪领域中享有盛誉，在国际上也是为人瞩目的一种中国菜。四川气候温湿，江河纵横，沃野千里，六畜兴旺，菜圃常青。得天独厚的自然条件和丰富的物产资源，为川菜的形成与发展提供了极为重要而有利的条件。烹调方法丰富多样，是川菜的一大特点。早在清代乾隆年间川菜的烹调方法已经有38种之多，尤其擅长小煎、小炒和干煸、干烧。川菜的最大特点是调味变化的多样性，以口味多、广、厚著称，还具有重肥美、讲实惠、朴实无华的特点，所以享有"一菜一格、百菜百味"的美誉。

川菜的代表菜肴有粉熏肉、咸烧白、甜烧白、东坡肉、扣鸡、扣肉、扣鸭等"三蒸九扣"，还有宫保鸡丁、鱼香肉丝、麻婆豆腐、毛肚火锅、回锅肉、蒜泥白肉、干煸鳝鱼等。传统的民间小吃则风格独具，如赖汤圆、夫妻肺片、灯影牛肉、棒棒鸡、小笼牛肉、虾须牛棒、五香豆腐干以及抄手、担担面等，都是脍炙人口的肴馔。

### 5. 闽菜

闽菜是福建地方风味菜的简称，由福州、泉州、厦门三方风味汇合而成，以福州菜为其代表。闽菜以烹制海鲜见长。其菜肴特点是清爽、淡雅、鲜嫩，口味偏于酸甜，注重调汤，荤香不腻，有"百汤百味"之誉。闽菜善于用红糟为佐料，以防腐去腥，增香生色。闽南菜具有鲜醇、香嫩、清淡的特点，并以讲究调料、擅用香辣著称，在使用沙茶酱、芥末酱、橘汁、辣椒酱等方面有独到之处；闽西菜具有鲜润、浓香、醇厚的特点，并以烹制山珍野味闻名于世，口味偏咸辣，尤其擅长使用香辣调料，富有浓郁的山乡气息。

闽菜的代表佳肴有佛跳墙、炒西施舌、清蒸加力鱼、龙身凤尾虾、白炒鲜竹蛏、生炒黄螺片、醉糟鸡、芥末鸡丝、白炒竹蛏、沙茶鸡块、煎糟鳗鱼、爆糟排骨、炝糟五花肉等。

### 6. 浙菜

浙菜是浙江菜的简称。浙菜具有悠久的历史和丰富的品种，菜式小巧玲珑，菜品鲜美滑嫩、脆软清爽。浙菜的特点是选料讲究（恪守"细、特、鲜、嫩"四原则）、烹饪技法多样（最擅长的是炒、炸、烩、熘、蒸、烧）、注重本味（突出主料，注重配料）、制作精细。

浙菜的代表菜肴有龙井虾仁、西湖醋鱼、赛蟹羹、生爆鳝片、东坡肉、西湖莼菜汤、薄片火腿、砂锅鱼头豆腐、八宝豆腐、杭三鲜、干炸响铃、荷叶粉蒸肉、糟鸡、糟熘虾仁、干菜焖肉、清汤鱼圆、绍虾球、雪菜大汤黄鱼、冰糖甲鱼等。

### 7. 徽菜

徽菜又名"皖菜"。徽菜起源于黄山之麓的徽州，具有浓郁的地方风味特色。它以烹制山珍野味、河鲜鱼鳖及讲究食补见长。徽菜有以下几个方面的特点：选料严谨，就地取材，注重食补；用火巧妙，功夫独到，不仅能根据各种原料的特点，充分运用大、中、小火，而且还能运用几种不同的火候烹制同一种原料，并使之达到最为鲜美的境界；烹调技法多样，尤擅烧炖。

徽菜的著名菜肴有清炖马蹄鳖、黄山炖鸽、毛峰熏鲥鱼、无为熏鸭、清香砂焐鸡、生熏仔鸡、砂锅清炖八宝鸭、火烘鱼、符离集烧鸡、糯果鸭条、香炸琵琶虾等。

### 8. 湘菜

湘菜是湖南风味菜的简称。湘菜的主要特点是：刀工精妙，形味兼备；口味独特，偏重酸辣；烹调技法多样，尤擅煨靠。

湘菜的著名菜肴有祖庵鱼翅、红煨鱼翅、走油豆豉扣肉、油辣冬笋尖、红烧寒菌、清炖牛肉、腊味合蒸、酱汁肘子、红烧甲鱼、冬笋野鸭、冰糖湘莲、荷叶软蒸鱼、腊肉焖鳝片等。

## 第二节　中国名酒

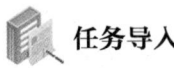
**任务导入**

酒作为一种特殊的文化载体，在人类交往中占有独特的地位，请同学们列举出白酒的五种类型。

酒是用高粱、麦、米、葡萄或其他水果等原料经糖化、发酵制成的含有食用酒精等成分的饮料。中国是世界上最早酿酒的国家之一，早在5000年前就已开始酿酒。南北朝时期贾思勰的《齐民要术》记录了9种酒曲的制作方法、39种酒的酿造方法和2种酒的配制法。宋朝出现了较全面的酿酒专著——朱翼中的《北山酒经》，详细记述了制曲酿酒的方法。酒根据酿制方法分为蒸馏酒、发酵酒、配制酒；根据酒中的酒精含量可分为高度酒（一般在40°以上）、中度酒（20°~40°）、低度酒（在20°以下）；根据商业习惯可分为白酒、黄酒、葡萄酒、啤酒、果酒、露酒、药酒等。

## 一、白酒

### 1. 白酒的类型

1979年，第三届全国评酒会确定，将白酒划分为五种香型，亦称五种风格。

（1）酱香型。具有酱香、细腻、醇厚、回味长久等特点，代表名酒有贵州茅台酒、四川郎酒等。

（2）清香型。具有清香、醇甜、柔和等特点，是中国北方的传统产品。以山西汾酒为代表。

（3）浓香型。具有芳香、绵甜、香味谐调等特点，在白酒中所占比例最大。以四川泸州老窖特曲酒为代表。

（4）米香型。口感风味具有蜜香、清雅、绵柔等特点，以广西桂林三花酒为代表。

（5）其他香型。具有各自独特的生产工艺和口感风味，其主体香及香型尚未确定，如贵州董酒、陕西西凤酒等。

### 2. 中国国家名酒

1952年到1988年，国家共进行了五次评酒会，共发现国家名品白酒17种：

山西汾阳、杏花村：汾酒，清香型；

四川泸州：泸州老窖特曲，浓香型；

陕西凤翔：西凤酒，其他香型；

四川宜宾：五粮液酒，浓香型；

安徽亳州：古井贡酒，浓香型；

四川成都：全兴大曲酒，浓香型；

贵州遵义：董酒，其他香型；

四川绵竹：剑南春酒，浓香型；

江苏泗阳、洋河：洋河大曲，浓香型；

江苏泗洪、双沟：双沟大曲，浓香型；
湖北武汉：特制黄鹤楼酒，清香型；
贵州仁怀、茅台：茅台酒，酱香型；
四川古蔺：郎酒，酱香型；
河南宝丰：宝丰酒，清香型；
湖南常德：武陵酒，酱香型；
河南鹿邑：宋河粮液，浓香型；
四川射洪：沱牌曲酒，浓香型。

## 二、黄酒

黄酒是中国最古老的饮料酒，也是中国特有的酿造酒。黄酒多以糯米为原料，也可用粳米、籼米、黍米和玉米为原料，蒸熟后加入专门的酒曲和酒药，经糖化、发酵后压榨而成。酒度一般为 16º~18º，含糖、氨基酸等多种成分，具有相当高的热量，是营养价值很高的低度饮料。黄酒主要产于中国长江下游一带，以浙江绍兴的产品最为著名。其中代表类型有浙江绍兴加饭酒、福建龙岩沉缸酒。

### 1. 浙江绍兴加饭酒

绍兴黄酒在历史上久负盛名，远销世界各国。绍兴酒酿酒总公司所生产的黄酒品种很多，现代国家标准中的黄酒分类方法，基本上都是以绍兴酒的品种及质量指标为依据制定的。其中绍兴加饭酒在历届名酒评选中都榜上有名。加饭酒，顾名思义，是在酿酒过程中，增加酿酒用米饭的数量，相对来说，用水量较少。加饭酒是一种半干酒，酒度 15% 左右，糖分为 0.5%~3%，酒质醇厚、气郁芳香。除加饭酒外，元红酒、善酿酒、香雪酒等酒都具有很高的品质，远销国外 30 多个国家和地区。

### 2. 福建龙岩沉缸酒

龙岩沉缸酒历史悠久。这是一种特甜型酒。酒度在 14%~16%，总糖分可达 22.5%~25%。该酒在 1963 年、1979 年、1983 年三次荣获国家名酒称号。龙岩酒有不加糖而甜、不着色而艳红、不调香而芬芳三大特点。龙岩酒酒质呈琥珀光泽，甘甜醇厚，风格独特。

## 三、葡萄酒

中国近代葡萄酒酿造业始于 1892 年，华侨张弼士于这一年创建了山东烟台张裕葡萄酒厂。该酒厂所生产的红葡萄酒、味美思、雷司令和金奖白兰地在 1915 年美国旧金山（圣弗朗西斯科）举行的巴拿马万国博览会上一举拿到四块金质奖章。

葡萄酒有以下三种分类方法：按加工方法分为酿造葡萄酒（又称原汁葡萄酒或静止葡萄酒）、加香葡萄酒、起泡葡萄酒、蒸馏葡萄酒；按糖分含量分为干型葡萄酒（糖分小于4克/升，口感无甜味）、半干型葡萄酒（糖分为4~12克/升，有极微弱甜味）、半甜型葡萄酒（糖分为12~45克/升，口感较甜）、甜型葡萄酒（糖分大于45克/升，口感很甜）；按色泽分为红葡萄酒、桃红葡萄酒、白葡萄酒。

### 四、啤酒

啤酒是人类最古老的酒精饮料之一，它口味清爽，具有麦芽的浓香，酒精浓度又不是很强，因此深受人们的喜爱，成为消耗量世界排名第三的饮料，仅次于水和茶。啤酒原本起源于欧洲，于20世纪初传入中国，根据英语Beer译成中文"啤"，称其为"啤酒"，沿用至今。中国第一家啤酒厂是1900年由俄国人在哈尔滨开办的，名为乌卢布列夫斯基啤酒厂，也就是哈尔滨啤酒厂前身。这是中国啤酒厂工业的起点，当时它生产的啤酒只供应俄国侨民。

根据啤酒色泽，可将啤酒分为：淡色啤酒（淡黄色啤酒、金黄色啤酒和棕黄色啤酒），浓色啤酒（棕色啤酒、红棕色啤酒、红褐色啤酒），黑色啤酒。

根据原麦汁浓度分类，可将啤酒分为：低浓度啤酒，原麦汁浓度为2.5~8.0°P，酒精度0.8%~2.5%；中浓度啤酒，原麦汁浓度为8.1~12.0°P，酒精度2.5%~4.1%；高浓度啤酒，原麦汁浓度为12.1~22.0°P，酒精度4.1%~5.5%。

根据是否杀菌分类，可将啤酒分为：生啤酒（俗称"纯生"）、鲜啤酒、熟啤酒。

根据生产方式分类，可将啤酒分为：干啤酒、冰啤酒、低醇啤酒、无醇啤酒、小麦啤酒、白啤酒、全麦芽啤酒、头道麦汁啤酒、黑啤酒、果蔬类啤酒。

（资料来源：聂聪.精酿啤酒酿造技术［M］.北京：中国轻工业出版社，2020.）

### 五、配制酒

用白酒、葡萄酒或黄酒为酒基，再配以中药材、芳香原料和糖料等制成。其中，用中药材配制的酒称为药酒。1963—1984年三届全国评酒会评出的配制酒类国家名酒有山西竹叶青、湖北园林青。

# 第三节 中国名茶

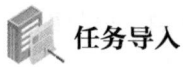
**任务导入**

按茶叶初加工的方法,茶叶可以分为几类呢?

茶、咖啡和可可被称为世界三大饮料,而茶为其首。中国是茶的原产地,在世界上最早开始茶的采制、饮用和种植,积累了最为丰富的茶文化内容。

茶叶是以茶树新梢上的芽叶嫩梢(称鲜叶)为原料加工制成的。唐代茶圣陆羽的《茶经》,是世界上第一部茶叶科学专著,它记述了茶的起源、品质、种植方法、产地、采制、烹饮及器具等。

## 一、茶文化

中国的茶文化源远流长,博大精深。中国是茶树的原产地,中国茶业最初兴于巴蜀,其后向东部和南部逐渐传播开来,以至遍及全国。到了唐代,又传至日本和朝鲜,16世纪后被西方引进。中国在茶业上对人类的贡献,主要在于最早发现并利用茶这种植物,并把它发展成为我国和东方乃至整个世界的一种灿烂独特的茶文化。

茶饮具有清新、雅逸的天然特性,能静心养神,有助于陶冶情操、去除杂念、修炼身心,这与提倡"清静、恬淡"的东方哲学思想很合拍,也符合佛道儒"内省修行"的思想,因此我国历代社会名流、文人骚客、商贾官吏、佛道人士都以崇茶为荣,特别喜好在品茗中吟诗议事、调琴歌唱、弈棋作画,以追求高雅的享受。

中国人饮茶,注重一个"品"字。"品茶"不但是鉴别茶的优劣,也带有神思遐想和领略饮茶情趣之意。品茶的环境一般由建筑物、园林、摆设、茶具等因素组成。饮茶环境要求安静、清雅、舒适、干净。中国园林世界闻名,山水风景更是不可胜数,故多利用园林或自然山水,搭设茶室,让人们小憩,意趣盎然。

茶文化之核心为茶道,中国器物文化能上升到道的层次的唯有茶文化。茶道是一种由物质到精神的升华。对茶道的阐释有助于我们深入地理解茶文化,更有利于我们把握和弘扬底蕴深厚的中华传统文化。

## 二、茶叶的分类

按茶叶初加工方法可将其分为绿茶、红茶、乌龙茶（青茶）、黑茶、黄茶、白茶六大类毛茶。此外，还有以上述六大基本茶类茶叶为原料进行加工的再加工茶。

### 1. 绿茶

绿茶是我国最古老的茶类品种。绿茶是不发酵的茶，初制时采用高温杀青，以保持鲜叶原有的嫩绿。绿茶绿叶绿汤，色泽光润，汤色澄碧，清香芬芳，味爽鲜醇。我国著名绿茶有西湖龙井、太湖碧螺春、黄山毛峰、信阳毛尖、太平猴魁、庐山云雾、六安瓜片、四川蒙顶甘露等。

知识链接

**西湖龙井茶**

西湖龙井茶是我国的第一名茶，产于浙江杭州西湖的狮峰、龙井、五云山、虎跑一带，历史上曾分为"狮、龙、云、虎"四个品类，其中多认为以产于狮峰的品质为最佳。龙井素以"色绿、香郁、味醇、形美"四绝著称于世。龙井叶形光滑扁平挺直，色翠略黄似糙米色，滋味甘鲜醇和，香气幽雅清高，汤色碧绿黄莹，叶底细嫩成朵。

龙井的鉴别方法：产于浙江杭州西湖区的龙井茶叶为扁形，叶细嫩，条形整齐，宽度一致，为绿黄色，称为"糙米色"，手感光滑，一芽一叶或二叶；芽长于叶，一般长3厘米以下，芽叶均匀成朵，不带夹蒂、碎片。龙井茶香味特征为炒豆香，假冒龙井茶则多是青草味，夹蒂较多，手感不光滑。

### 2. 红茶

红茶出现于清朝，为全发酵茶。红茶制作的关键是渥红（发酵）以促进酶活性，使多酚类充分氧化。红茶红叶红汤，香甜味醇，具有水果香气和醇厚的滋味，还具有耐泡的特点。红茶多以产地命名，安徽祁红、云南滇红和福建闽红最为著名。

### 3. 乌龙茶

乌龙茶也称青茶，属不完全发酵茶，介于红茶与绿茶之间。乌龙茶始出现于清朝。其制作采用独特的"做青"工序，使鲜叶不充分氧化，由于做青工艺形成了"绿叶红镶边"的效果。乌龙茶的特点是叶色青绿，汤色金黄，香气芬芳浓醇，既具有红茶的醇厚，又具有绿茶的清香。乌龙茶的产地主要集中在福建、广东、台湾地区一带，名品有福建的武夷岩茶和安溪铁观音、广东的凤凰单丛、台湾地

区的乌龙等。

#### 4. 黄茶

黄茶的加工过程中采用杀青、闷黄等方法，使鲜叶进行非酶性氧化。黄茶为黄叶黄汤，香气清悦醇和。黄茶按芽叶嫩度分为黄芽茶、黄小茶和黄大茶三类。代表品种有君山银针、蒙顶黄芽、霍山黄芽、平阳黄汤、广东大叶青等。

#### 5. 白茶

白茶白色茸毛多，色白如银，汤色浅淡、素雅，初泡无色，滋味鲜醇，毫香明显。白茶是在加工制茶时仅经过萎凋便将鲜叶直接干燥的茶，不揉捻、不发酵。白茶主要产于福建的政和、福鼎等地，名品有白毫银针、白牡丹等。

#### 6. 黑茶

黑茶属于后发酵茶，是我国特有的茶类。黑茶主要供边区少数民族饮用，所以又称边销茶。由于黑茶的原料比较粗老，制作过程中往往要堆积发酵较长时间，所以叶片大多呈现暗褐色，因此被人们称为"黑茶"。按照产区的不同和工艺上的差别，黑茶可以分为湖南黑茶、湖北老青茶、四川边茶和滇桂黑茶。黑茶主要品种有湖南黑茶、湖北青砖茶、四川边茶（雅安藏茶）、广西六堡茶、云南普洱熟茶等。

#### 7. 再加工茶

再加工茶是以绿茶、红茶、乌龙茶、白茶、黄茶、黑茶基本茶类为原料经再加工而制成的茶叶。它包括花茶、紧压茶、萃取茶、果味茶和药用保健茶等，分别具有不同的风味和功效。花茶由茶叶和香花拼和窨制，利用茶叶的吸附性，使茶叶吸收花香而成，一般为经绿茶加入茉莉花、珠兰花、玫瑰花、桂花等制成各种花茶，代表茶为福建茉莉花茶。紧压茶在古代是用茶树鲜叶经蒸青、磨碎，用模子压制成型烘干而成的。现代的紧压茶以制成的白茶、红茶或黑茶的毛茶为原料，蒸压成圆饼形、正方形、砖块形、圆柱形等形状，其中以用黑茶制成的紧压茶为大宗。一般都是销往边疆地区。

### 知识链接

#### 斗茶与斗茶令

在古代，斗茶可谓风靡一时，其文化内涵也十分丰富。斗茶，即比赛茶的优劣，又名斗茗、茗战，始于唐，盛于宋，是古代有钱闲人的一种雅玩。

宋代是一个极讲究茶道的时代，宋徽宗赵佶撰《大观茶论》，蔡襄撰《茶录》，黄儒撰《品茶要录》，可见宋代斗茶之风极盛。每年清明节期间，新茶初出，最适合参斗。斗茶的场所，多选在有规模的茶叶店，茶叶店多前后二进，前厅阔大，为店面；后厅狭小，兼有厨房，便于煮茶。有些人家，有比较雅洁的内室，或有花木扶疏的庭院，或临水，或清幽，都是斗茶的好场所。

古之斗茶者，大都为一些名流雅士。斗茶围观者众多，就像今天看一场球赛一样热闹。斗茶者各取所藏好茶，轮流烹煮，相互品评，以分高下。斗茶，或多人共斗，或两人捉对"厮杀"，三斗两胜。斗茶内容包括：斗茶品、斗茶令和茶百戏。斗茶品以茶"新"为贵，斗茶用水以"活"为上。一斗汤色，二斗水痕。首先看茶汤的色泽是否鲜白，纯白者为胜，青白、灰白、黄白为负。汤色能反映茶的采制技艺，茶汤纯白，表明采茶肥嫩，制作恰到好处；色偏青，说明蒸茶火候不足；色泛灰，说明蒸茶火候已过；色泛黄，说明采制不及时；色泛红，则说明烘焙过了火候。其次看汤花持续时间长短。宋代主要饮用团饼茶，调制时先将茶饼烤炙碾细，然后烧水煎煮，饮用时连茶粉带茶水一起喝下。如果研碾细腻，点茶、点汤、击拂都恰到好处，汤花就匀细，可以"紧咬"盏沿，久聚不散，这种最佳效果，名曰"咬盏"。点汤的同时，用茶筅旋转击打和拂动茶盏中的茶汤，使之泛起汤花，称为击拂。反之，若汤花不能咬盏，而是很快散开，汤与盏相接的地方立即露出"水痕"，这就输定了。水痕出现的早晚，是判定茶汤优劣的依据。有时茶质虽略次于对方，但用水得当，也能取胜。所以斗茶需要了解茶性、水质及煎后效果，不能盲目而行。

斗茶令，即古人在斗茶时的行茶令。行茶令所举故事及吟诗作赋，皆与茶有关。茶令如同酒令，用以助兴增趣。

茶百戏，又称汤戏或分茶，是宋代流行的一种茶道，即将煮好的茶注入茶碗中的技巧。在宋代，茶百戏可不是寻常的品茗喝茶，有人把茶百戏与琴、棋、书并列，是士大夫喜爱与崇尚的一种文化活动。宋人杨万里咏茶百戏曰："分茶何似煎茶好，煎茶不似分茶巧……"茶百戏能使茶汤的汤花瞬间显示瑰丽多变的景象。若山水云雾，状花鸟鱼虫，如一幅幅水墨图画，这需要较高的沏茶技艺。宋代，茶大都是用来招待贵客的，喝茶是一件奢侈的事情，难度较大的茶百戏，流行的范围比较窄，一般只流传于宫廷和士大夫阶层，生活在底层的百姓掌握这种技艺的少之又少。

其实，宋人斗茶之风的兴起，与宋代的贡茶制度密不可分。民间向宫廷贡茶之前，即以斗茶的方式，评定茶叶的品级等次，胜者作为上品进贡。斗茶，分割出来作为一项游戏，当时只局限于文人雅士之间。元代以后，斗茶渐渐推向民间，至晚清复归消歇。

古人斗茶的一些技法如今已难觅踪影，可在我国大部分的产茶区，仍能看到古代斗茶的遗风。有的"斗茶"大会上，还会奏起古乐。心随弦动，古乐空灵，茶香袅袅。这种"斗茶"与古代已经有根本的不同，但却反映出中国茶文化的精深与历史的源远流长。

（资料来源：卜庆萍.斗茶与斗茶令［J］.当代老年，2015［001］：64.）

## 第四节　织绣与陶瓷、雕塑工艺品

**任务导入**

同学们，你们知道陶器与瓷器的区别吗？请带着任务来学习吧！

### 一、丝织刺绣品

考古发掘的资料证明，中国的丝织物始于新石器时代，东南地区的良渚文化中已出现丝织物的身影。此后，经过殷商的发展，春秋战国时期的织绣工艺，已具有较高的水平。在以后的历史发展中，我国的丝织品技术不断提高，并以类型多样、质量上乘的丝织品闻名中外。主要丝织品种有锦、绫、绮、罗、纱、绢、缟、纨等。各种民间刺绣艺术也在发展过程中不断提高，逐渐形成了具有地方特色的刺绣工艺品。

1. 丝织工艺

"锦"是指经纬丝无捻或加弱捻，采用先染后织工艺制成的具有多种色彩花纹的丝织物。锦外观瑰丽多彩，织工精细，纹饰高雅。我国名锦产地众多，各具地方特色，其中云锦、蜀锦、宋锦和壮锦最为著名，合称"四大名锦"。

（1）云锦是南京传统提花丝织物的总称。云锦以其华贵、多彩灿烂、变幻如云霞而得名。云锦在明清时期非常流行，专为宫廷织造，主要用作"御用贡品"。其特点是图案的布局严谨庄重，简练概括，题材广泛，层次分明，色彩美丽。

（2）蜀锦是产于四川成都的织锦。蜀锦始生产于汉代。其图案繁复，织纹精细，质地坚韧而丰满，纹样风格秀丽，配色典雅不俗。

（3）宋锦起源于隋唐，因兴盛于宋代而得名，主要产于苏州。相传在宋高宗南渡后，为了满足当时宫廷服装和书画装帧的需要，宋锦开始生产，特别是装帧裱画业的崛起，使其形成了特殊用途与独特的艺术风格。宋锦造型生动而流畅，构图朴实大方，秀丽多彩，结构严谨古朴。宋锦图案精美，质地柔软，色泽光亮，配色典雅和谐。现代宋锦主要产于杭州、湖州、苏州等地。

（4）壮锦是广西壮族自治区传统的著名丝织物，产生于宋代。在宋代，壮族称为僮族，故壮锦又称僮锦。壮锦色彩对比强烈，纹样多为菱形几何图案，结构严谨而富于变化，具有浓艳粗犷的艺术风格。

除了以上四种著名的织锦外，其他地方也有织锦生产，如傣族的"傣锦"，苗族的"苗锦"，广西瑶族的"瑶锦"，湘西和鄂西土家族的"土家锦"，海南黎族的"黎锦"等。

**2. 刺绣工艺**

刺绣又名"针绣"，俗称"绣花"。刺绣是以绣针引彩线（丝、绒、线），按设计的花样，在织物（丝绸、布帛）上刺缀运针，以绣迹构成纹样或文字，是我国优秀的民族传统工艺之一。刺绣起源很早，先秦时期我国的刺绣工艺就已经很发达。明清时封建王朝的宫廷绣工规模很大，民间刺绣也得到进一步发展，先后产生了苏绣、粤绣、湘绣、蜀绣，号称"四大名绣"。

（1）苏绣历史悠久，在宋代已具相当规模，在苏州就出现有绣衣坊、绣花弄、滚绣坊、绣线巷等生产集中的坊巷。明代苏绣已逐步形成自己独特的风格，影响较广。苏绣的艺术特点是：多用留水路的分色表现方法，所绣物象变化较大，富于装饰效果；又由于它用色和谐，因而秀丽典雅，具有诗意的美。双面绣《金鱼》《小猫》是苏绣的代表作。

（2）粤绣亦称"广绣"，泛指广东清代以来的刺绣品。粤绣的艺术特点是色彩强烈明艳，又因喜用金线，故有富丽堂皇的效果。配色选用反差强烈的色线，常用红绿相间，耀人眼目，宜于渲染欢乐热闹之气氛。1982年粤绣以《晨曦》《百鸟朝凤》等作品，荣获全国工艺美术品百花奖金杯奖。

（3）蜀绣亦称"川绣"，指以成都地区刺绣为代表的四川刺绣。其厚重工整，取材多数是花鸟虫鱼、民间吉语和传统纹饰等，具喜庆和浓厚的民间色彩。代表作为《芙蓉鲤鱼》《熊猫》。

（4）湘绣是以湖南长沙为中心的刺绣品的总称。湘绣是在湖南民间刺绣的基础上，吸取苏绣和粤绣的优点而发展起来的。湘绣擅长表现狮虎等动物，形象刻画真实生动，有富于写实的艺术效果。代表作为《鬅毛虎》《鬅毛狮》。"双面异色绣"在国际上被誉为"魔术般的艺术"。

此外，北京的京绣、山东的鲁绣、河南的汴绣、浙江的瓯绣、贵州的苗绣等，也都是著名产品，具有各自的艺术特色。

## 二、陶瓷器

陶瓷是由黏土或以黏土、长石、石英等为主的混合物，经成型、干燥、烧制而成的制品的总称。陶瓷艺术即指陶瓷日用品、陈设品的烧制工艺及其造型、釉色和装饰等所呈现的艺术特点。远在新石器时代,就已有风格粗犷、朴实的灰陶、红陶、白陶、彩陶和黑陶等。商代已出现釉陶和初具瓷器性质的硬釉陶。

彩陶便是我国最古老的工艺美术品。而真正的瓷器创制于东汉时期。唐代陶瓷的制作技术和艺术创造已经高度成熟。宋代制瓷业蓬勃发展,名窑涌现。明清时期陶瓷从制坯、装饰、施釉到烧成,技术上又都超过前代。

### 1. 陶器

陶器的起源可追溯到新石器时代早期。陶器的发明,是人类历史上最早通过火的作用,改变一种物质的物理性质的创造性发明。陶器的发明和制陶业的兴起,不仅加速了生产力的发展,而且使人类烹煮熟食、改善生活更加方便,提高了人类生活质量,是我国古代文明的重要组成部分。陶器是以陶土为原料,经过配料、成型、干燥、烧制而成的器物的总称。陶器一般有质地不纯、不透明、吸水性较高及烧成温度

陶器

较低的特征。陶器多数不上釉,但也有施釉(主要为含铅量较高的低温釉)的陶器。由于黏土所含杂质及成分的不同以及烧成温度、烧制方法的差异,陶胎坯体呈红、灰、黑、青、白、褐、棕等颜色。我国陶器至今仍兴盛不衰,质高形美,釉色、饰纹、造型均具高度的艺术价值,宜兴的紫砂壶,石湾的陶塑,界首的三彩釉陶,淄博的绛色陶,铜官的绿釉陶,崇宁的雕镂釉陶等,均闻名于世。

### 2. 瓷器

瓷器是指以高岭土、长石和石英为原料,经混合、制坯、加工成型,经过1200℃以上高温烧制而成的一种制品。瓷器可上釉或不上釉,具有坯体洁白,质地坚硬细密,表面光洁,较薄者呈半透明状,敲击时音响清澈等特点。瓷器可分为硬瓷和软瓷两大类。硬瓷指胎釉中高岭土

瓷器

含量较多,长石及其熔剂含量较少,高温黏度大,产品不易变形、吸水率低,瓷及釉面硬度高的一类瓷器。传统的中国瓷器即属此类。软瓷则指由于胎中含熔块成分多,烧成温度较低,产品极易变粗,硬度和强度都较差的一类瓷器。软瓷是16—17世纪在欧洲发展起来的。

我国是世界上最早发明瓷器的国家。商代就已出现原始瓷器。其间经过西周、

春秋、战国和秦代，至东汉时期即已烧制出成熟的青瓷和黑瓷。以后经过各个历史时期的不断发展，我国的制瓷技术不断提高，瓷器产量和品种日趋增多，产区不断扩大，生产瓷器的名窑遍及全国各地。宋代的"定、汝、官、哥、钧"五大名窑，元代的德化窑，明清时期的景德镇窑等，都曾经是历史上著名的瓷器产地。

我国瓷器种类繁多，主要有青瓷、白瓷、彩瓷等。江西景德镇、福建德化和湖南醴陵并称为"中国三大瓷都"。

3. 陶器与瓷器的区别

人们总是把瓷与陶相提并论而称它们为"陶瓷"，这种提法说明陶和瓷都是火与土的艺术。由于陶器发明在前，瓷器发明在后，所以瓷器的发明，很多方面受到了陶器生产的影响。如人们对火的性能的掌握和对黏土特点的充分认识等。但陶与瓷无论是就物理性能还是就化学成分而言，都有本质的不同。

陶器和瓷器的主要区别表现在：

（1）陶器的胎料是普通的黏土，瓷器的胎料则是瓷土，即高岭土（因最早发现于江西景德镇东乡高岭村而得名）；

（2）陶胎含铁量一般在3%以上，瓷胎含铁量一般在3%以下；

（3）陶器的烧成温度一般在900℃左右，瓷器则需要1200℃以上的高温才能烧成；

（4）陶器多不施釉或施低温釉，瓷器则多施釉；

（5）陶器胎质粗疏，断面吸水率高。瓷器经过高温焙烧，胎质坚固致密，断面基本不吸水，敲击时会发出铿锵的金属声响。

除以上所举，陶与瓷的不同之处还表现在：陶器并不是某一个国家或某一个地区的先民的专门发明，它为人类所共有。只要具备了足够的条件，任何一个农业部落、人群都有可能制作出陶器。而瓷器则不同，它是我国独特的创造发明，之后通过海路和陆路大量输出到海外，才使制瓷技术在世界范围内得到普及。因此，瓷器是我国对世界文明的伟大贡献之一。

## 三、玉雕

玉雕，亦称玉器，是我国的特种工艺品之一。中国玉器历史源远流长，7000年前南方河姆渡地区的先民们，在选石制器过程中，有意识地把捡到的美石制成装饰品，打扮自己，美化生活，揭开了中国玉文化的序幕。到新石器时代晚期，玉器的制作可能已发展为独立的手工业部门。在河姆渡文化、大汶口文化、良渚文化、红山文化、龙山文化的遗址中，均有精美玉器出土。中国玉器经过无数能工巧匠的精雕细琢，经过历代统治者和鉴赏家的使用赏玩，经过礼学家的诠释美化，最后成为一种具有超自然力的物品，玉成了人生不可缺少的精神寄托。玉已深深地融入中国传统文化与礼俗之中，充当着特殊的角色，发挥着其他工艺美术品不能替代的作用，并被打上了政治的、宗教的、道德的、价值的烙印。中国玉主要产于新疆和田、河南南阳的独山和辽宁的岫岩等地。和田玉又称昆山玉，简称昆玉，其中以称为羊脂玉的白玉为最佳。

玉雕分为件活和零碎活两类。件活包括炉、瓶、茶具、人物、花卉等。零碎活包括别针、戒指、印章、烟嘴等。中国玉雕主要产于北京、江苏、上海、广东、河南、新疆、辽宁、甘肃等地。北京玉雕集南北技艺之长形成独特的风格。扬州玉雕总体以"南方之秀"为主，兼"北方之雄"，形式独特。苏州玉雕以"苏帮"著称，充分体现出江南的雅致、水乡的空灵。

## 四、石雕

### 1. 寿山石

产于福建省福州市寿山，因而得名。名贵石有"田黄石"，素有"一两田黄一两金"之誉。雕刻技法有圆雕、浮雕、薄雕、镂雕、印纽五大类。

### 2. 青田石

产于浙江青田县，青田石系叶蜡石，脆软相宜，宜手工精雕细镂，因而常被用于篆刻图章，也称图章石。冻石为青田石中最为名贵的品种。

### 3. 昌化鸡血石

产于浙江昌化县，因其颜色如鸡血而得名。鸡血石属叶蜡石，该石硬度不高，纹彩艳丽，光泽晶莹，内质湿润极易制作成印章，最受收藏家与篆刻家珍爱。

其他著名石雕还有湖南浏阳菊花石雕，河北曲阳汉白玉石雕，云南大理的大理石雕，内蒙古赤峰的巴林石雕，等等。

## 五、木雕

浙江东阳木雕和乐清黄杨木雕、福建龙眼木雕、江苏苏州红木雕、广东潮州金漆木雕、山东曲阜楷木雕等木雕都较为著名。

东阳木雕，产于浙江省东阳市，其制作历史大约始于北宋。东阳木雕是我国古老的民间木雕工艺品之一，它以浮雕见长，平面镂空和多层镂空的技法独具特色。木雕的内容多取材于群众喜闻乐见的神话故事、民间传说和戏曲故事。东阳有"木雕之乡"的美誉。东阳木雕与乐清黄杨木雕和青田石雕被誉为"浙江三雕"。

## 第五节 其他特产

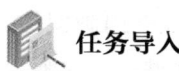 **任务导入**

出游在外的人们，返程时都希望可以选购一些特色旅游产品带给亲戚和朋友，请同学们结合本节课所学知识，向到访你所在城市的游客介绍一款特色产品。

### 一、漆器

天然漆自古盛产于中国。中国漆器制作始于六七千年以前。明代著名漆工黄大成著成《髹漆录》一书，对漆器制作工艺的阐述极为精辟。

中国当代漆器制作主要分布于北京、福建福州、江苏扬州、四川成都、山西平遥、贵州大方、甘肃天水等地。漆器制作有推光、雕填、彩绘、镶嵌玉石和螺钿等技法，制作出的各种髹漆工艺品十分精美。福州脱胎漆器、扬州漆器、平遥推光漆器、成都漆器并称为中国"四大漆器"。

福建脱胎漆器产于福州市，已有180多年历史，一直是我国著名的国际礼品和重要出口产品，被誉为"真正的中国民族艺术"，为中国传统工艺"三绝"之一。中国传统工艺"三绝"包括北京景泰蓝、福建脱胎漆器、江西景德镇瓷器，这些工艺品不仅展示了中国古代工匠的高超技艺，也是中华文化的重要象征。

### 二、工艺画

#### 1. 木版水印画

木版水印画是根据活版印刷原理，首先把绘画原作勾画成底稿，然后再分成若干块刻版，以水调色印刷而成，所以称"木版水印"。木版水印画为我国独有工艺美术品，它将绘画与木刻及印刷技艺相结合。最著名的有北京荣宝斋木版水印画和上海朵云轩木版水印画。

#### 2. 木版年画

木版年画是我国传统的民俗艺术品。由于宋代雕版印刷术的发明，出现了木版年画；在明代中期成为一种独立的艺术形式，清乾隆年间更加盛行。我国著名的年画产地有天津杨柳青、江苏苏州桃花坞、山东潍坊杨家埠，它们被称为中国三大木版年画产地。此外，四川绵竹、河南开封朱仙镇、广东佛山等地也是我国年画的重要产地。天津市杨柳青有"家家会刻版，人人擅丹青"之誉。

### 3. 内画

中国内画的产生源于内画鼻烟壶。四百年前鼻烟壶传入中国后，鼻烟壶之风大盛。在清代嘉庆、道光年间，出现了内画壶这一新的更令人喜爱的工艺品种。内画工艺发展至今，随着不断发扬光大，艺术品种已有内画鼻烟壶、内画摆件、内画佛珠、内画酒具、肖像内画壶、内画打火机、内画香水瓶、摆件等。内画是在透明玻璃瓶的内壁作画，故称"内画"。先将料器制成瓶子，再用铁砂在瓶内摇磨使其成为乳白色，然后用极其精细的特制竹笔蘸色，在瓶子内画出各种山水、人物、花鸟或书法等。内画壶是一种古雅、小巧的手工艺品，主要产地是北京、山东博山和河北衡水。

## 三、景泰蓝

景泰蓝技术盛行于明朝景泰年间，又因多用宝石蓝、孔雀蓝等蓝色珐琅釉料，因此称为景泰蓝，也称"铜胎掐丝珐琅"。景泰蓝的主要制造工序有五道：焊胎，掐丝焊花，填釉，烧结磨光，镀金。

大体上说，明代的景泰蓝胎的铜质较好，多为紫铜胎，整体略显厚重，故造型仿古的多，主要仿青铜所用的彩釉，使用的均为天然矿物质料，色彩深沉而逼真，红像宝石红，绿像松石绿。此时的丝掐得较粗，镀金部分金水较厚。彩釉上大多有砂眼。款有"大明景泰年制"或"景泰年制"，底款、边款均有。

清代的景泰蓝工艺相比明代有所提高，胎薄，掐丝细，彩釉也比明代要鲜艳，并且无砂眼，花纹图案繁复多样，镀金部分金水虽较薄，但金色很漂亮。

民国时期的景泰蓝总体水平不及前代，胎体薄，色彩鲜艳有浮感，做工较粗。这一时期只有"老天利""德兴成"制作的景泰蓝工艺细、质量好。这一时期的景泰蓝造型多仿古铜器，或仿乾隆时的精品款，已都是刻款了。而且景泰蓝多为陈设品，不做实用品。

现在的景泰蓝工艺大大提高，造型多样，纹饰品种繁多，已成为我们与国际友人和亲朋好友互相往来的最佳礼品了。

## 四、风筝

风筝是集彩扎与绘画为一体、以线牵拉、借助风力升空的传统玩具与艺术欣赏品，古称"纸鸢"，江南称"鹞"。相传山东为中国风筝的发源地。相传早在 2000 年前，鲁国公输般用风筝来做侦察敌情的工具。

风筝主要产地有北京、天津、潍坊等地。山东潍坊市从 1980 年开始，每年 4

月1日举行国际风筝赛会。

## 五、文房四宝

笔、墨、纸、砚素称文房四宝。湖笔、徽墨、端砚、宣纸,被称为文房四宝之首。

### 1. 湖笔

湖笔产于浙江湖州善琏镇,因此地古属湖州府,故所产毛笔称湖笔。湖笔自元代以后取代宣笔的地位,具有尖、齐、圆、健四大特点,被称为"毛颖之冠"。浙江善琏镇有"湖笔之乡"的美誉。

### 2. 徽墨

徽墨产于安徽歙县和休宁等县,因这一地区历史上属于徽州,故得名。徽墨创始人是河北易州制墨家奚氏。唐末五代,奚超携子奚廷珪到歙州,利用当地茂密的松林,总结北方制墨的经验,改进捣松、和胶、配料等技术,制出了"丰肌腻理、光泽如漆"的佳墨。明代徽州府的徽墨制造形成了以歙州地区为中心的"歙派"和以休宁地区为中心的"休派"两大派系。清代徽墨驰名天下,其特点是色泽黑润,经久不褪,有"落纸如漆,万载存真"的称誉。

### 3. 端砚

端砚产于广东省肇庆市。肇庆古称端州,故所产砚称端砚。端砚开采于唐,于宋时为世所重。端砚有石质优良、幼嫩细腻、滋润、"发墨不损毫"及"呵气研墨"的特点。端石贵有石眼,它是天然生长在砚石上的石核形状的眼,人们利用石眼花纹雕刻的砚台尤为名贵。有"端石一斤,价值千金"之说。端砚为四大名砚(端砚、歙砚、洮砚和澄泥砚)之首。

### 4. 宣纸

宣纸产于安徽泾县,因泾县历史上属宣州府,故得名。宣纸始产于唐代。宣纸分为生熟两种,生宣渍水渗化,作写意画最好,熟宣经过胶矾浸染,不渗化,宜于工笔,细描细写,为书画最理想的用纸。宣纸具有纸质柔韧、洁白平滑、细腻匀整、不皱、不掉毛、抗老化、久不变色、不蛀不腐、卷折无损的特点,便于收藏,因此有"纸寿千年"的称誉。

## 六、中草药

中医中药、国画与京剧并称为中国的三大国粹。中药按加工工艺分为中药材与中成药。中药材是经加工炮制可直接供药房及药厂制剂使用的半成品药;中成药是经精加工可直接使用的成品药,分为丸、散、膏、丹、片、口服药、药酒等,携带、服用方便。

### 1. 我国主要的中药材

（1）人参。产于东北三省，吉林抚松、集安所产人参量多、质量好。人参有大补元气、回脱、生津、安神之功效。吉林人参被誉为中国人参的正宗。

（2）三七。产于云南、广西两省区。三七具有散瘀止血、消肿定痛之功效，俗称"金不换""三七补药第一"。

（3）冬虫夏草。产于青海、四川、西藏、云南等省区，青海省为全国主要产区。具补虚损、益精气、止咳化痰之功效。

（4）鹿茸。过去主要产于东北，具壮元阳、益精气、强筋骨之功效。与人参、貂皮并称为"东北三宝"。

（5）阿胶。主要产于山东省平阴县东阿镇。具滋阴养血、补肺润燥、止血安胎之功效。

### 2. 我国主要的中成药

（1）山西定坤丹。产于山西中药厂，具调经活血、平肝益肾、理气健脾、补血止血、镇痛强壮之功效；原为宫廷御药。

（2）大活络丹。产于同仁堂，具舒筋活络、祛风除湿之功；被称为宫廷秘方。

（3）漳州片仔癀。产于福建漳州制药厂，具有清热解毒、消炎消肿、止痛等功效，有一片即能退癀（消炎消肿止痛）之美誉。

（4）安宫牛黄丸。具有解热、解毒、镇惊、避秽除痰开窍之功效。

（5）山西龟龄集。产于山西中药厂，具有强身健脑、固肾补气、增进食欲之功效；曾为御用圣药。

（6）云南白药。产于云南，具有活血、止血、止痛之功效；被称为"伤科圣药"。

## 本章小结

本章包括以下几方面内容：介绍了中国的烹饪文化和烹饪技法，重点讲解了地方风味流派；介绍了中国名酒、名茶、陶瓷器和玉雕、石雕、木雕、漆器、工艺画等；介绍了景泰蓝、文房四宝、丝织刺绣品、中草药等。

## 思考与练习

1. 中国白酒有哪些香型？各有哪些特点？

2. 茶叶根据初加工方法的不同分为哪些类型？它们各自有哪些代表名品？其

特点是什么?

3. 陶器与瓷器有哪些区别?我国有哪些著名陶瓷器产地?

4. 我国传统的丝织刺绣品有哪些?它们各自的代表作品及特点是什么?

 试一试

请将空白处填写完整。

| 名称 | 产地 | 代表作品 |
|---|---|---|
| 苏绣 | 江苏苏州、南通一带 | |
| 湘绣 | 湖南长沙一带 | |
| 粤绣 | 广东省 | |
| 蜀绣 | 四川成都 | |

# 第六章
# 中国的民族民俗

**1. 知识目标**

掌握汉族和部分少数民族的基本概况以及物质民俗、精神民俗与社会民俗的主要内容。

**2. 能力目标**

对不同民族民俗进行比较分析。

**3. 技能目标**

对少数民族主要民俗进行准确描述。

**重点难点**

1. 部分少数民族的生活民俗、禁忌与节日,以及少数民族的文化成就。
2. 区分少数民族的生活民俗与禁忌。

## 第一节　中国的民族民俗概述

### 一、民族与民俗

**1. 民族**

"民族"一词有广义和狭义之分。广义的民族泛指处于不同社会发展阶段或体现生息关系的人类共同体,如原始民族、古代民族、近代民族、现代民族、土著民族、世居民族等;或用以指一个国家或一个地区的诸民族,如中华民族、阿拉伯民族等。狭义的民族指各个具体的民族共同体,如汉族、蒙古族、满族、回族、藏族等。一般所称民族多用其狭义的概念,即指人类在一定的历史阶段形成的具有共同语言、共同地域、共同经济生活和表现为共同文化特点基础上的共同心理素质的稳定的共同体。

**2. 民俗**

民俗即民间风俗，是指不同地域不同民族在特定的自然与社会环境下，在长期的生产、生活和社会活动中所形成的思想行为与生活习惯。民俗是人们在社会生活中世代传承、相沿成习的生活模式，它是一个社会群体在语言、行为和心理上的集体习惯。民俗具有民族性、地域性、传承性、社会性、稳定性和变异性等特点。民俗可分为物质民俗（衣、食、住、行等）、社会民俗（婚丧嫁娶、岁时节令、礼仪等）和精神民俗（信仰、禁忌、民间文学艺术等）三大类。

## 二、中国的民族概述

### 1. 中国的民族概述

我国是世界上民族最多的国家之一，共有 56 个民族。这些民族名称是：阿昌族、白族、保安族、布朗族、布依族、朝鲜族、达斡尔族、傣族、德昂族、东乡族、侗族、独龙族、俄罗斯族、鄂伦春族、鄂温克族、仡佬族、哈尼族、哈萨克族、汉族、赫哲族、回族、高山族、基诺族、京族、景颇族、柯尔克孜族、拉祜族、黎族、傈僳族、珞巴族、满族、毛南族、门巴族、蒙古族、苗族、仫佬族、纳西族、怒族、普米族、羌族、撒拉族、畲族、水族、塔吉克族、塔塔尔族、土家族、土族、佤族、维吾尔族、乌孜别克族、锡伯族、瑶族、彝族、裕固族、藏族、壮族。

我国少数民族虽然人口少，但分布地区很广，居住的面积约占全国总面积的一半以上。主要分布在内蒙古、新疆、西藏、广西、宁夏、黑龙江、吉林、辽宁、甘肃、青海、四川、云南、贵州、广东、湖南、河北、湖北、福建、台湾等省区。在长期的历史发展中，形成了我国民族分布的"大杂居，小聚居"的特点。

### 2. 中国的人口

第七次全国人口普查数据显示，2020 年全国人口（指我国大陆 31 个省、自治区、直辖市和现役军人的人口，不包括居住在 31 个省、自治区、直辖市的港澳台居民和外籍人员）数量为 141 178 万人，全国人口中，汉族人口为 1 286 311 334 人，占 91.11%；各少数民族人口为 125 467 390 人，占 8.89%。

### 3. 中国各民族的语言与文字

我国各民族中汉族和回族使用汉语，其余 54 个民族使用本民族的语言，有的民族使用两种或两种以上的语言。我国民族语言分属于汉藏、阿尔泰、南亚、南岛和印欧五大语系，使用 60 多种语言。目前，我国有 40 种民族文字在使用。

知识链接

### 我国的民族政策主要有哪些?

中华人民共和国是统一的多民族国家,有56个民族。为促进少数民族政治、经济、文化等各项事业的全面发展,我国制定了一系列民族政策,一起来了解一下吧。

**一、坚持民族平等团结**

《中华人民共和国宪法》规定:"中华人民共和国各民族一律平等。国家保障各少数民族的合法权利和利益,维护和发展各民族的平等团结互助和谐关系。禁止对任何民族的歧视和压迫,禁止破坏民族团结和制造民族分裂的行为。"

**二、民族区域自治**

民族区域自治是在国家的统一领导下,各少数民族聚居的地方实行民族区域自治,设立自治机关,行使自治权,使少数民族人民当家作主,自己管理本自治地方的内部事务。

**三、发展少数民族地区经济文化事业**

国家根据民族地区的实际情况,制定和采取了一系列特殊的政策和措施,帮助、扶持民族地区发展经济,并动员和组织汉族发达地区支援民族地区。《中华人民共和国民族区域自治法》中,有十三条规定了上级国家机关帮助民族自治地方发展的义务。

**四、培养少数民族干部**

大力培养少数民族干部,是实行民族区域自治、解决民族问题的关键。

**五、发展少数民族科教文卫等事业**

在发展少数民族教育事业、科技事业、卫生事业和繁荣少数民族文化政策方面,国家采取了许多特殊措施。如科技事业方面:重点培养、培训少数民族科技人员,在普通高等院校有计划地招收少数民族学生或举办民族班;帮助少数民族和民族地区引进人才和先进技术设备,改造传统产业和传统产品,扶植提高传统科技,提高经济效益等。

**六、使用和发展少数民族语言文字**

中国各民族都有使用和发展自己语言文字的自由和权利。《中华人民共和国宪法》规定:"各民族都有使用和发展自己的语言文字的自由。""民族自治地方的自治机关在执行公务的时候,依照本民族自治地方自治条例的规定,使用当地通用的一种或者几种语言文字。"

## 七、尊重少数民族风俗习惯

中国各少数民族都有自己的风俗习惯，表现在服饰、饮食、居住、婚姻、礼仪、丧葬等多方面。国家尊重少数民族的风俗习惯，少数民族享有保持或改革本民族风俗习惯的权利。

## 八、尊重和保护少数民族宗教信仰自由

我国宪法规定："中华人民共和国公民有宗教信仰自由。"在中国，宗教信仰自由，即每个公民有信仰宗教的自由，也有不信仰宗教的自由；有信仰这种宗教的自由，也有信仰那种宗教的自由；在一种宗教里面，有信仰这个教派的自由，也有信仰那个教派的自由；有过去不信教现在信教的自由，也有过去信教现在不信教的自由。

# 第二节 汉族

**任务导入**

"炎黄子孙"一词和汉族有什么关系？汉族是什么时候形成的？春节是怎样形成的？汉族民俗节日中"春季要踏青"的习俗因何而来？

## 一、概况

汉族是世界上人口最多的民族，在我国各省、自治区、直辖市都有分布。汉族源于原始社会时期生活在黄河中下游地区的黄帝和炎帝部落，又融入东夷部落，同时不断吸收融合周围蛮苗戎狄和百越等部落而逐渐形成的。魏晋以前称为"华夏"，魏晋以后，"华""夷"同居中国，"五胡"在中国北方立号建国，成为统治民族。由于原称为"华夏"的中原居民行汉礼仪，服汉衣冠，逐渐地被称为"汉人"。在以后的历史发展中，"汉人"逐渐成为中国主体民族的族称。

汉族使用的语言简称为汉语，属汉藏语系汉语族。汉语分为北方、吴、湘、客家、赣、闽、粤七大方言。现代汉语普通话以北方方言为基础，以北京语音为标准音。汉族通用的文字为汉字。

汉族民间主要信仰佛教、道教，部分人信仰基督教等。

汉族人传统以农业生产为主，灌溉农业发达。主要种植农作物有水稻、小麦、谷类、玉米、大豆、甘薯等，盛产各种热带、亚热带和温带水果。

## 二、民俗

汉族传统服饰包括首服（冠冕类和巾帽类）、体衣（上衣下裳）、足衣（鞋袜）和配饰，不同场合有不同的服制。古代男子束发头顶，着以冠帽，上层人物多穿衣与裳相连的深衣袍服，平民多短衣长裤。上层妇女讲究礼服，带有半臂、披帛、霞帔等，最讲究发式和头饰。汉族男女足下均着履（鞋），其式样有履头上翘成笏头（长方牌形）、凤头的，也有一般的翘尖鞋，还有平头及圆头的。妇女喜戴各种金、银、玉制饰品。清入关确立对全国的统治以后，实行"剃发易服"，汉族服饰发生了很大变化。近代以来，引进了西式服制，男子开始穿中山装或西装，女子则穿上衣下裙，贵妇和明星多穿改良旗袍，城市工人及乡村农民则上穿短衫袄，下穿长裤。实行改革开放以来，传统、时尚、运动、休闲等各种服饰流行。

汉族饮食结构以各种粮食作物为主食，以各种动物食品、蔬菜作为副食。主食主要是米食和面食，南方种植稻类地区以米食为主，北方种植小麦地区以面食为主，辅以其他杂粮。主要食品有米饭、饺子、面条、馒头、各种饼类等。菜肴烹饪形成了不同地方菜系，主要有鲁、川、苏（淮扬）、粤等菜系，还形成了特色不同的地方风味小吃。

汉族传统节日有春节、元宵节、清明节、端午节、中秋节、七夕节、重阳节等。

春节。春节是汉族最隆重的传统节日，是家人团圆与对新一年寄托希望的佳节。每年的农历正月初一为春节。传统上，从农历腊月（十二月）二十三的小年即算开始过春节，要扫尘、祭灶等为"除夕"做各种准备。一般农历腊月三十（小月二十九）家家贴年画、春联，以迎接新的一年来临，"除夕"夜要守岁，次日正月初一为春节。春节期间家家燃放爆竹，互相拜年。

清明节。清明节是中国传统节日，是祭祀祖先和扫墓的节日。清明是我国的二十四节气之一，清明一到，气温升高，雨量增多，正是春耕春种的大好时节。本来在清明的前一天是寒食节（为纪念春秋时期晋人介子推），是民间禁火扫墓的日子。后来，由于清明与寒食的日子接近，渐渐地，寒食与清明就合二为一，而寒食便成为清明的别称，也变为清明节的一个习俗，清明之日不动烟火，只吃凉的食品。清明节又叫踏青节，按阳历来说，它是在每年的4月4日至6日之间，正是春光明媚、草木吐绿的时节，也正是人们春游（古代叫踏青）的好时节，所以古人有清明踏青并开展一系列体育活动的习俗。

端午节。农历五月初五为端午节，又称端阳节、五月节、端五节、夏节等，是我国的传统节日。关于端午节的来历，有多种说法，最流行的说法是为纪念战国时楚国诗人屈原。每到这一天，家家户户都悬挂钟馗像、挂艾叶、菖蒲、赛龙舟、吃粽子、饮雄黄酒、游百病、佩香囊、备牲醴。

中秋节。每年农历八月十五，是我国传统节日，因是一年秋季的中期，所以被称为中秋，也称为仲秋节、八月节。传说农历八月十五的月亮是一年中最圆、最亮的。每逢中秋节，游子返乡，家人团聚，所以，中秋节又称"团圆节"。中秋节来源于我国古代的拜月习俗，后增添了赏月的内容，在唐代形成全国性的节日。每逢中秋夜要在庭院中设香案，摆上月饼、西瓜、苹果、红枣、李子、葡萄等祭品，其中月饼和西瓜是绝对不能少的。全家人依次拜祭月亮，然后由当家主妇切开团圆月饼。有的地方还流行烧斗香、树中秋、点塔灯、放天灯、走月亮、舞火龙等民俗活动。

 知识链接

### 春节的来历

春节，是农历的正月初一，又叫阴历年，俗称"过年"。这是我国民间最隆重、最热闹的一个传统节日。春节历史悠久，它起源于殷商时期年头岁尾的祭神祭祖活动。相传，太古时期，有一种凶猛的怪兽，散居在深山密林中，人们管它叫"年"。它的形貌狰狞，生性凶残，专食飞禽走兽、鳞介虫豸，一天换一种口味，让人谈"年"色变。后来，人们慢慢掌握了"年"的活动规律，它是每隔三百六十五天窜到人群聚居的地方尝一次鲜，而且出没的时间都是在天黑以后，等到鸡鸣破晓，它们便返回山林中去了。算准了"年"肆虐的日期，百姓们便把这可怕的一夜视为关口来煞，称作"年关"，并且想出了一整套过年关的办法：每到这一天晚上，每家每户都提前做好晚饭，熄火净灶，再把鸡圈牛栏全部拴牢，把宅院的前后门都锁住，躲在屋里吃"年夜饭"。由于这顿晚餐具有凶吉未卜的意味，所以置办得很丰盛，除了要全家老小围在一起用餐表示和睦团圆外，还必须在吃饭前先祭祀祖先，祈求祖先神灵保佑，平安地度过这一夜；吃过晚饭后，谁都不敢睡觉，挤坐在一起闲聊壮胆。三十晚上，人们还要燃放爆竹，把"年"吓跑。这样就逐渐形成了除夕熬年守岁的习惯。

## 第三节 满族、朝鲜族、蒙古族、回族和维吾尔族

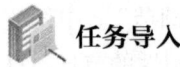 **任务导入**

满族的"口袋房""万字炕"是怎么一回事？朝鲜族为什么能歌善舞？蒙古族有哪些文化艺术成就在世界上独树一帜？

### 一、满族

#### 1. 概况

满族在全国各地均有分布，主要居住在我国东北三省和北京等地，是我国人口第二多的少数民族。满族世居东北"白山黑水"之间，历史上先后称肃慎、挹娄、勿吉、靺鞨、女真，1635年改称满洲，辛亥革命以后简称满族。

满语属于阿尔泰语系满-通古斯语族满语支。曾使用依蒙古文创制的满文，现满族通用汉语文。

满族人曾信仰萨满教。

莽式舞是满族民间筵席歌舞，庆隆舞为宫廷歌舞。满族秧歌和剪纸艺术在民间流传较广。八角鼓是富有特色的满族说唱艺术。

#### 2. 民俗

满族服饰对中国服饰文化影响较大，旗袍已成为东方女性的典型服饰。满族传统服饰主要有旗袍（长袍）、马褂、坎肩、佩饰。旗袍不分季节，男女均可以穿。马褂则为有身份地位的富裕男人在春秋、冬季时穿着。坎肩是外套衣。满族不论男女，都要有玉件、金银、香包等佩饰。男人的鞋是布底纳帮，鞋脸镶嵌双皮条。早期农村下层人冬季多穿用牛皮或猪皮缝制的靰鞡鞋。女人穿高木底绣花鞋。满族男人发式为前剃后留，辫发垂于脑后。女子在出嫁前把头发梳成辫子并在脑后绾成单发髻，结婚后的发式有双髻式、单髻式等多种。大拉翅是清代晚期满族贵族妇女发式，其式是顶发梳成圆髻，脑后发呈燕尾式，于头板正中戴彩色大绢花。现在满族习俗与汉族基本相同。

满族喜吃黏食和甜味食品，传统主食最具特色的是饽饽（各种点心），如年糕、萨其马、驴打滚、打糕等。菜肴有吃肉大典、火锅、全羊席、白肉酸菜血肠、酸汤子等。

满族传统住房的特点为"口袋房""万字炕"。住房一般为三间或五间,门开在建有炕台的东侧或次东间,西边为居住间,中部不设间壁,因此称"口袋房"。屋里南、西、北三面均建有炕,叫作"万字炕"。西炕略窄,一般不住人,于西炕墙正中放置搁板供奉祖宗;南炕为长辈居住,北炕为晚辈居住。由于东北冬季气候寒冷,糊窗棂的窗户纸要糊在外面。

满族传统婚姻依"父母之命,媒妁之言"。妇女生育称"落草",用吊在房梁等处的"悠悠车"养育孩子。

满族节日有春节、元宵节、二月二、清明节、端午节、中元节、中秋节、颁金节等。颁金节是为纪念1635年11月22日(明崇祯八年、后金天聪九年十月十三)"女真"更名为"满洲"而设立的纪念性节日,为农历十月十三。

## 二、朝鲜族

### 1. 概况

中国朝鲜族主要分布在辽宁、吉林和黑龙江省,以吉林延边朝鲜族自治州最为集中。

朝鲜族使用朝鲜语言文字,语系未定,杂居的朝鲜族通用汉语文。

朝鲜族主要从事农业生产,擅种水稻。

部分朝鲜族人信仰佛教和基督教。

朝鲜族能歌善舞,顶水舞、扇子舞、长鼓舞、农乐舞等都是深受喜爱的传统舞蹈。朝鲜族歌曲《桔梗谣》《阿里郎》广为流传。朝鲜族最有名的乐器是伽倻琴。摔跤、足球是朝鲜族男子普遍爱好的体育活动,荡秋千和跳板是朝鲜族妇女最喜爱的娱乐活动。

### 2. 民俗

朝鲜族喜欢穿素白色的服装。短衣长裙,是妇女服饰的一大特点。男子喜穿坎肩,裤子比较肥大。朝鲜族妇女善于在头上顶着东西走路。

朝鲜族喜吃米饭,爱吃打糕、冷面。喜吃八珍菜、大酱汤和狗肉。泡菜是日常不可缺少的菜肴,泡菜做工精细,享有盛誉。

朝鲜族村落多半坐落在依山的平地上,民居多土木结构的青瓦白墙建筑,房屋屋顶四面斜坡,屋里用木板隔成单间,屋内建平地炕。

朝鲜族讲究父慈子孝,长子赡养父母,人们

**朝鲜族**

非常鄙视不孝不敬的人和行为。朝鲜族晚辈对长辈说话必须用敬语，平辈之间初次相见也用敬语。吃饭时长辈动筷子后其余的人才能就餐。吃饭时，匙要放在汤碗里，若放在桌上则表示已吃完。朝鲜族喜食狗肉，但婚丧与佳节时不吃。晚辈不能在长辈面前喝酒、吸烟；吸烟时，年轻人不得向老人借火，更不能接火，否则便被认为是一种不敬的行为。朝鲜族传承"男主外，女主内"习俗。

朝鲜族主要民族节日有婴儿诞生一周年纪念、花甲节（六十大寿）、回婚节（结婚六十周年纪念日）。

 知识链接

### 朝鲜族妇女头顶搬运

头顶搬运是朝鲜族妇女的一种劳动习惯。她们从小就学习用头顶东西的能力，长大成人后，便都熟练地掌握了这门技能。不论是水罐、粮袋、包袱，还是其他的什么东西，她们都不用肩挑、背背或手提，而是放在头上顶着。

顶东西时，先在头上放好一个垫圈，垫圈是用毛巾或布做成的，轻松柔软，防止硬东西直接与头部接触，磨坏头部。另外，这种垫圈还有固定物体的作用，使物体不容易从头上掉下来。她们在用头顶东西时，一般都不用手扶着，东西稳稳地放在头上，快速行走，也不摇晃。特别是顶水罐更叫人佩服。水罐顶在头上，行走轻盈，竟会滴水不洒，像杂技演员表演一样。

随着现代生活水平的提高，运输工具不断改进，如自行车、三轮车、摩托车、畜力车、拖拉机、汽车已经成为较常用的运输工具，所以朝鲜族妇女用头顶搬运重物的现象在逐渐减少，这种劳动方式在不久的将来可能会成为历史了。

## 三、蒙古族

### 1. 概况

中国的蒙古族主要聚居于内蒙古、辽宁、吉林、黑龙江、新疆、青海、甘肃等省、自治区。蒙古族来源于唐代居于今大兴安岭的"蒙兀室韦"，后西迁到蒙古高原。"蒙古"原为一个部落名称，13世纪，成吉思汗统一各部，"蒙古"逐渐成为民族名称。

蒙古族使用蒙古语，属阿尔泰语系蒙古语族，通行蒙古文。

蒙古族主要信仰萨满教和喇嘛教。

蒙古族主要从事牧业生产，中华人民共和国成立后，也从事农耕和工业生产。

蒙古族善于歌舞，蒙古族长调于2005年入选世界"人类口头和非物质文化遗

产代表作"。蒙古族舞蹈久负盛名,传统舞蹈有马刀舞、鄂尔多斯舞、盅碗舞等。说唱艺术"好来宝"深受群众欢迎。主要乐器是马头琴。《蒙古秘史》于1989年被联合国教科文组织确定为世界名著文化遗产。《江格尔》是中国少数民族三大英雄史诗之一。蒙古族医学是祖国医学的重要组成部分。

2. 民俗

首饰、长袍(蒙古袍)、腰带、靴子为蒙古族传统服饰的四个主要部分。"蒙古袍"为右开襟,不开衩,袖长而窄,高领,宽下摆,适合于牧区生活。未婚妇女及男子袍子上都扎腰带,男子习惯在腰带左右两侧佩挂蒙古小刀和烟荷包。冬季男子戴圆形瓜皮帽、尖顶帽子;妇女戴凉圆帽;夏季则分别戴礼帽和头巾。妇女们喜欢佩戴首饰。男子在左耳戴一只耳环。

饮食以牛羊肉、奶食品为主,普遍嗜饮砖茶。特色食品有烤羊、手把羊肉、大炸羊、烤羊腿、奶豆腐、蒙古包子、蒙古馅饼等。奶酒、奶茶、酸奶、奶皮子、奶酪为较有特色的奶制食品和奶制饮料。不喜吃鱼、虾等水产品。

蒙古族传统住房为蒙古包,呈圆形穹顶,帐顶及四壁覆盖或围以毛毡,用绳索固定。蒙古包和勒勒车是他们游牧生活中必不可少的。

蒙古族实行氏族外婚制,严禁氏族通婚,实行本民族通婚。通行聘婚制,其过程主要有提亲、定亲、送聘礼、搭新房及姑娘宴、婚礼、接围帐、回门7项。在婚礼进行当中多次有祝词人为新郎、新娘致祝婚礼词,以表示对一对新人的祝福。

葬俗一般施行土葬和火葬,不留坟丘。

蒙古族是个好客的民族。人们见面要互致问候,即便是陌生人也要问好;献哈达是蒙古族的一项高贵礼节。蒙古族待客十分讲究礼节和规矩。蒙古族主要禁忌有:人骑马、驾车接近蒙古包时忌重骑快行,以免惊动畜群;若门前有火堆或挂有红布条等记号,表示这家有病人或产妇,忌外人进入;忌食自死动物的肉和驴肉、狗肉、白马肉;办丧事时忌红色和白色,办喜事时忌黑色和黄色;忌在火盆上烘烤脚、鞋、袜和裤子等;进入蒙古包后,要盘腿围着炉灶坐在地毡上,但炉西面是主人的居处,主人不上坐时不得随便坐;主人敬上的奶茶,客人通常是要喝的,不喝有失礼貌;主人请吃奶制品,客人不要拒绝,否则会伤主人的心。

蒙古族传统节日有那达慕、祭敖包节等。每年七八

**蒙古包**

月,蒙古族举行"那达慕"大会,这是蒙古族最盛大的节日。"那达慕"在蒙古语中是"娱乐""游戏"之意。节日期间,有赛马、摔跤、射箭"男儿三艺"的比赛。祭敖包节是祭祀神灵的节日,"敖包"也作"鄂博",汉语为"堆子"的意思。敖包原是指在游牧交界之处及道路上用石块或泥土堆积起来以做标记的石堆或土堆,后来逐渐被视为神灵的居所,被作为崇拜物加以祭祀和供奉。祭敖包会每年举行一次,时间各地有所不同,但一般在农历四五月择吉日进行。

## 四、回族

### 1. 概况

回族的起源与唐宋时期居住在我国西北地区的回纥有关,融入了维吾尔族、蒙古族和汉族成分。元朝时回族内迁。由于长期与汉族及其他民族杂居,回族人衣着打扮与当地民族基本一致。回族是中国少数民族中人口较多的民族之一。回族是我国分布最广的一个少数民族,在全国各地都有分布,主要聚居于宁夏回族自治区和甘肃、新疆、青海等省、自治区。

回族通用汉语文,由于普遍信仰伊斯兰教部分人也通阿拉伯语。

回族人主要从事农业、牧业,也经营手工业,擅经商,尤擅经营饮食业。

回族群众普遍信仰伊斯兰教。

### 2. 民俗

回族服饰与汉族基本相同。男子多戴白色、黑色或棕色的无檐小圆帽。妇女多戴盖头,少女及新婚妇女戴绿色的,中年妇女戴黑、青色的,老年妇女戴白色的。

回族喜面食和油炸食品,如拉面、馓子、油炸糕、饸饹、烧卖、馄饨、油茶、馄馍等。饮食中对肉食选择比较严格,只限于牛、羊、驼、鸡、鸭、鹅、鱼。肉汤、羊肉泡馍、蒸肉、凉粉等独具风格。回族喜饮茶,茶既是回族的日常饮料,又是设席待客最珍贵的饮料。

回族主要有三大节日,即开斋节、古尔邦节、圣纪节。

## 五、维吾尔族

### 1. 概况

"维吾尔"是民族自称,意为"团结"或"联合"。维吾尔族主要分布在我国新疆维吾尔自治区。

维吾尔族使用维吾尔语,属于阿尔泰语系突厥语族。文字原用阿拉伯字母,后创制了拉丁化新文字,现在新旧文字并用。

维吾尔族群众普遍信仰伊斯兰教。

维吾尔族主要从事农业生产，部分人从事商业、畜牧业。传统手工业十分发达。

维吾尔族有自己灿烂的文化。《突厥语大词典》、叙事长诗《福乐智慧》是重要的文化宝库，故事集《阿凡提的故事》闻名中外。传统舞蹈有顶碗舞、大鼓舞、铁环舞、普塔舞等；民间乐器有"达甫"（手鼓）、"独他尔"和"热瓦甫"等；大型套曲《十二木卡姆》，2005年入选世界"人类口头和非物质文化遗产代表作"。维吾尔族的体育活动丰富多彩，有叼羊、达瓦孜、秋千、摔跤等。维吾尔族医学是祖国医学的重要组成部分。

### 2. 民俗

维吾尔族的男女老少均戴四楞小花帽（称为"朵帕"）。男子普遍喜欢穿对襟长袍（称为"袷袢"qiāpàn），内着绣有花纹的短衫。女子喜着连衣裙，外套黑色对襟背心，现在城市居民一般穿时装。妇女喜欢戴耳环、手链、戒指、项链等装饰品。姑娘多梳小辫，有穿靴的传统习惯。

维吾尔族

维吾尔族主食以面食为主，最爱吃馕、抓饭、包子、面条等。著名的风味菜肴和小吃有烤全羊、手抓羊肉、薄皮包子、烤羊肉串、油馓子、银丝擀面、羊杂碎等。喜欢吃甜瓜、西瓜、葡萄等水果。

房屋一般用泥土建筑，方形平顶，开天窗，可以晾晒瓜果和粮食。屋内砌高约一尺的实心土炕，供起居坐卧。在南疆，维吾尔族住房多成院落，大门忌朝西开。

维吾尔族传统节日有肉孜节、古尔邦节、诺鲁孜节等。肉孜节即伊斯兰教开斋节。古尔邦节即伊斯兰教的宰牲节。诺鲁孜节又译为那吾鲁孜节，是新疆许多民族共同的节日，在伊斯兰教历每年三月二十二日前后，因正值春分时节，亦称"春节"。

## 第四节　壮族、土家族、苗族和黎族

**任务导入**

壮族是我国人口最多的少数民族吗？土家族有什么婚嫁习俗？苗族妇女为什么爱戴银饰品？黎族有哪些传统习俗？

### 一、壮族

#### 1. 概况

壮族是我国少数民族中人口最多的民族，主要居住在广西壮族自治区，云南、广东、贵州、湖南、四川等省也有分布。壮族是由古代越人的一支发展而来，汉唐时称僚、俚、乌浒，宋以后多称僮，1965 年，改称"壮族"。

壮族使用壮语，壮语属汉藏语系壮侗语族壮傣语支。1955 年，创制了以拉丁字母为基础的壮文，并于 1982 年又做了部分修订推广。

壮族以农业生产为主，种植水稻、玉米、薯类等农作物。

壮族的宗教信仰多为自然崇拜和祖先崇拜。唐、宋以后，佛教、道教先后传入。

壮族人民能歌善唱，被誉为"歌仙"的刘三姐就是歌手的典型代表。"歌圩"是壮族群众在特定时间、地点举行的节日性聚会歌唱活动，2006 年，被列入第一批国家级非物质文化遗产名录。壮族已有 2000 多年铸造和使用铜鼓的历史。壮锦是享有盛名的纺织工艺品。

#### 2. 民俗

壮族传统服饰主要有蓝、黑、棕三种颜色。男子多穿青布对襟上衣，有的以布帕缠头，劳作时穿对襟开胸上衣。妇女多穿无领、左衽上衣，下着宽裤或褶裙，衣袖比男装宽大，衣长至膝盖。男女裤子式样基本相同，裤脚有绲边。

主食以大米、玉米为主。喜吃腌制的酸食，以生鱼片为佳肴。每逢节庆，喜欢做五色饭。五色饭是用红兰草、三月花、密蒙花、枫叶等可食用的植物，制出不同颜色的水汁浸染糯米，蒸出黑、红、黄、紫、白五色饭，这种五色饭，色、香、味俱佳。吃五色饭是预祝五谷丰登的意思。

住房与当地汉族基本相同，部分地区住房是干栏式建筑。干栏式建筑是用木

（或竹）柱做成离地面相当高的底架，在底架上建成住宅，分上下两层，楼上住人，楼下养牲畜和存放东西。

壮族婚姻过去是父母包办，但婚前恋爱自由。通常青年男女通过对歌、抛绣球、打木槽、赶歌圩等活动方式表达爱慕之情。

礼仪与禁忌。壮族热情好客，家里来客，都用丰盛的酒饭款待。给老人端茶、盛饭，都要用双手。农历正月初一不杀生。忌讳戴着斗笠和扛着锄头或其他农具的人进入自己家中。禁止用脚踩踏火塘上的三脚架以及灶台。不准捕杀青蛙，也不准吃蛙肉。

壮族传统民族节日有中元节、牛魂节、三月三歌节和吃立节。牛魂节（又称牛王节）多在每年农历四月初八举行，传说这一天是牛王的生日，要用不同形式来庆贺。这一天人放犁，牛脱轭，主人家要用新酿制的甜酒和用植物汁液染成的五色糯米饭来喂牛。

## 二、土家族

### 1. 概况

土家族主要分布在湖南省和湖北省西部、四川省东部和重庆市。土家族自称"毕兹卡"，意为"土生土长的人"。两千年前土家族先民就定居于湘西、鄂西一带。

土家语属汉藏语系藏缅语族，语支未定。本民族无文字，通用汉文。

崇拜祖先、敬祭土王、相信"老司"、信仰多神，这是土家族宗教信仰的四大特点。农历六月初六祭土王。白虎为土家族的图腾。

土家族文化艺术绚丽多彩。"西兰卡普"（土家织锦）和"摆手舞"被称为土家人的艺术之花。"打溜子"是土家族特有的民间器乐演奏，被誉为"土家族的交响乐"。

### 2. 民俗

土家族男子穿琵琶襟上衣，缠青丝头帕，后来逐渐穿满襟衣（中年以上）和对胸衣（青年人）。妇女头包青丝或青布帕，着左襟大褂，绲两三道花边，衣袖比较宽大，下着镶边筒裤或八幅罗裙，喜欢佩戴各种金、银、玉质饰物。

土家族菜肴以酸辣为其主要特点，豆腐、豆豉、豆叶皮、豆腐乳等豆制食品常见。典型食品有粑粑（糍粑）、腊肉、油茶、合菜、团馓、绿

土家族

豆粉（米粉）、油炸粑等。喜饮酒。

土家族住房都是依山而建，住房为木结构、青瓦顶的吊脚楼。

土家族男女婚恋自由，多为对歌相爱，女子出嫁前有"哭嫁"习俗。

土家族实行土葬。

土家族的禁忌有：晚上不借东西。不能穿蓑衣进灶房。不能用脚踩火坑三脚架。吃饭不能敲碗。小孩忌吃猪尾巴和鸡爪子。

土家族的传统节日有调年会、牛王节、六月六等，赶年节（农历腊月二十八或二十九）是土家族最为隆重的节日。

## 三、苗族

### 1. 概况

苗族主要分布在贵州、湖南、云南、湖北、海南、广西等省区。商周时期，苗族先民即在长江中下游生息，经过多次迁徙，来到湘黔滇地区。

苗语属汉藏语系苗瑶语族苗语支。1956年以后，在老苗文基础上创制了拉丁拼音苗文。现通用汉文。苗族信仰万物有灵，崇拜自然，祀奉祖先。"祭鼓节"是苗族民间最大的祭祀活动。苗族地区以农业生产为主，以狩猎为辅。苗族的挑花、刺绣、织锦、蜡染、剪纸、首饰制作等工艺美术瑰丽多彩，驰名中外。苗族能歌善舞，"飞歌"享有盛名。苗族主要乐器有芦笙、木鼓、皮鼓、芒筒、夜箫、姊妹箫等。

### 2. 民俗

苗族服饰式样繁多，色彩艳丽，以至于各地区不同的苗族也用服饰来加以区别，如"白苗""黑苗""花苗""汉苗"等就是根据服饰色彩来区别的；"长裙苗""短裙苗"等则是根据妇女的裙样来区别的。苗族妇女上身一般穿窄袖、大领、对襟短衣，下身穿百褶裙。百褶裙图案花纹色彩斑斓，多刺绣、织锦、蜡染、挑花装饰。衣裙颜色以红、蓝、黄、白、黑为主，保持了苗族先民"三苗""好五色衣服"的传统。黔东南苗族妇女服饰独具特色，主要有银冠、银珈、项圈、披肩、项链、牙签、髻簪、耳环、手镯、戒指和银衣片、银围腰链、银扣等配饰，把银饰钉在衣服上做成"银衣"，头上戴着形如牛角的银质头饰。苗族男子的装束则比较简单，上装多为对襟短衣或右衽长衫，肩披织有几何图案的羊毛毡，头缠青色包头，小腿上缠裹绑腿。

苗族饮食以大米为主食，辅以少量玉米、小米、大小麦。喜食糯米。喜食酸味菜肴，腌菜、酸菜、酸汤鱼是苗族四季喜食的菜，一般每餐必有一两种酸辣味菜。副食有瓜豆类、蔬菜类。爱吃火锅，喜欢饮酒。苗族青年男女婚前自由恋爱，由父母择日成婚。保存有"抢亲"（"拉咪彩"）习俗。

苗族主要传统节日有苗年、四月八、吃新节、龙船节。苗年一般在正月第一个卯日，历时三天、五天或十五天。年前，各家各户都要准备丰盛的年食，除杀猪、宰羊（牛）外，还要备足糯米酒。年饭十分丰盛，讲究"七色皆备""五味俱全"，有用最好的糯米打的"年粑"。过年时要互相宴请馈赠。

## 四、黎族

### 1. 概况

黎族主要分布在海南省，由古代"百越"族的一支发展而来。

黎语属汉藏语系侗台语族黎语支。大部分黎族人说汉语。黎族本无文字，使用汉字。1957年创制了以拉丁字母为基础的黎文。

黎族盛行祖先崇拜和自然崇拜，现在部分人信仰基督教。

黎族以农业生产为主，种植稻、薯、玉米等作物。

黎族人性格豪爽、能歌善舞，"竹竿舞"最富特色。传统乐器有鼻箫、口弓、叮咚板、独木皮鼓、蛙锣等。"崖州被"和"双面绣"等织锦工艺驰名中外。

### 2. 民俗

黎族传统男子服饰主要由上衣、腰布和红黑头巾组成。男子上衣为对襟开胸，无领无扣，下穿前后两幅布的"吊襜（chān）"，缠头巾插雉翎。妇女服饰，主要有上衣下裙和头巾三个部分。上衣有直领、无领、无纽对襟衫或者贯头衣，下着筒裙，包筒状头帕，喜佩各种银饰。有的地区妇女两耳戴沉重的大小多个金属圈或耳环，垂至肩部，古代称"儋（dān）耳"。妇女过去有文身习俗。

黎族饮食中主食以大米为主，辅以杂粮、番薯，香糯米是黎族地区的特产。"竹筒饭"、糯米饼是传统风味。黎族人嗜酒，大多饮用家酿的低度米酒。喜嚼槟榔。

黎族传统住房有船形屋和金字形屋两种。船形屋是竹木结构建筑，外形像船篷，用竹木架构；金字形屋以树干做支架，用竹片编墙。

黎族婚俗是自由恋爱。儿女长到十三四岁便要搬到"寮房"（黎语称"隆闺"，青年男女相识定情的小房子）去居住，俗称放寮（男女幽会之意）。"夜游"是黎族青年男女谈情的一种独特形式。男方到女方家提亲时要送槟榔，称"放槟榔"或"放衣服"。

黎族传统节日是"三月三"。"三月三"是黎族特有节日。节日当天，各村寨都要举行祭祖仪式，青年男女盛装打扮聚集到一起，以对歌的形式相邀意中人。

# 第五节 藏族、彝族、傣族和纳西族

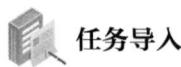
**任务导入**

在泸沽湖畔,居住着一个十分特殊的少数民族,同学们通过本节课的学习,将这个民族的习俗和特殊之处列举出来吧!

## 一、藏族

### 1. 概况

藏族主要分布在西藏、青海、四川、云南及甘肃等省区。藏族自称"博巴",属西羌人的一支。唐宋时称"吐蕃",清康熙以后称"西藏"。

藏语属汉藏语系藏缅语族藏语支,分卫藏、康、安多三种方言。现行藏文是7世纪参照梵文字体创制的拼音文字。

藏族群众普遍信仰藏传佛教,也称"喇嘛教"。

藏区经济以畜牧业和农业为主。

藏族文化悠久,韵律、文学、天文、历算、医药等都有较高水平。位丁拉萨的布达拉宫,已被列为世界文化遗产。

### 2. 民俗

藏族服饰的特点是长袖、宽腰、大襟。藏袍是最具特征的服饰。妇女冬穿长袖长袍,夏着无袖长袍,内穿各种颜色与花纹的衬衣,腰前系一块彩色花纹的围裙。藏帽式样繁多,有金花帽、氆氇帽等。藏靴是藏族服饰的重要特征之一,常见的有"松巴拉木"花靴,靴底是棉线皮革做的。喜佩戴金银珠宝饰品等。

青稞等制作的糌粑、酥油和青稞酒是农牧民的主要食品。喜喝酥油茶。男女老少皆喜饮青稞酒。食物多为肉食和奶制品。

藏族最具代表性的民居是碉房。碉房多为石木结构,一般分两层,底层为牧畜圈和贮藏室,二层为居住层。碉房具有坚实稳固、结构严密、楼角整齐的特点,既利于防风避寒,又便于御敌防盗。牧区采取帐房方式。西藏民居设置天井、天窗等,达到通风、采暖的效果。

藏族婚姻过去多数是包办婚姻,现青年男女多为自由恋爱结婚,但仍然遵循过去的求婚、订婚和婚礼程序。

藏族的丧葬方式主要有五种,塔葬、火葬、水葬、土葬和天葬。

藏族讲究礼仪，在迎接客人时要用手蘸酒弹三下，并在五谷斗里抓一点青稞，向空中抛撒三次。酒席上，主人端起酒杯先饮一口，然后一饮而尽，主人饮完头杯酒后，大家才能自由饮用。饮茶时，客人必须等主人把茶捧到面前才能伸手接过饮用。吃饭时讲究食不满口，嚼不出声，喝不作响，拣食不越盘。用羊肉待客，以羊脊骨下部带尾巴的一块肉为贵，要敬给最尊敬的客人。制作时还要在尾巴肉上留一绺白毛，表示吉祥。献哈达是藏族待客规格最高的一种礼仪，最好的是蓝、黄、白、绿、红五彩哈达。

藏族的主要禁忌有：忌讳提及家中亡故亲人的名字，也忌直呼其名。忌在锅灶前或火塘边烤脚、烤鞋袜。行路遇到寺院，过玛尼堆（祭坛）、佛塔等宗教设施，必须从左往右绕行。忌随便触摸寺院或家中的佛像、酥油灯，忌摸别人头顶。寺院经堂、佛殿内不能吸烟，不许揭佛像上的哈达，不准讲污言秽语。不得跨越法器、火盆。经筒、经轮不得逆转。喝水时，不能随便拿碗从水桶舀水喝，更不准用水勺直接饮水，必须用勺子取水，倒在碗里再喝。迎送客人，要躬腰屈膝，面带笑容。室内就座，要盘腿端坐，不能双腿伸直，脚底朝人，不能东张西望。接受礼品，要双手去接。赠送礼品，要弓腰双手高举过头。敬茶、酒、烟时，要双手奉上，手指不能放进碗口。禁吃驴、马、骡和狗肉，不吃飞禽和鱼虾等水中生物。使用扫把、簸箕时，不能直接用手传递，必须先放在地上，然后另一个人从地上捡起来。若门口插有柏树枝条，或挂一条红布，则表示家中有重病人或产妇，外人不能直接进屋。

藏族节庆主要有藏历新年、雪顿节、沐浴节、望果节、萨噶达瓦节、花灯节等。藏历新年相当于汉族的春节，是最隆重的节庆。雪顿节在每年藏历七月一日，原意为"酸奶宴"，届时家家都要制作大量的酸奶，提酥油筒、茶壶、保温瓶，带上食品到风景优美的地方饮茶喝酒。

**藏族玛尼堆**

## 二、彝族

### 1. 概况

彝族主要分布于云南、四川、贵州等省和广西壮族自治区。是古羌人南下在长期发展过程中与西南土著部落不断融合而形成的民族。

彝语属汉藏语系藏缅语族彝语支,有6种方言。彝族文字是中国最早的音节文字。1975年通过彝文规范方案,确定819个规范文字。

彝族的宗教信仰主要是自然崇拜和祖先崇拜。

彝族主要从事农业生产,畜牧业是副业,手工业生产也相当发达。

彝族文化艺术源远流长,有价值极高的历史、文学、医学、历法文献。彝族能歌善舞,流行的民间集体舞有"跳歌""跳乐"等。

### 2. 民俗

彝族服饰,各地不尽相同。凉山、黔西一带,男子通常穿黑色窄袖右斜襟上衣和多褶宽裤脚长裤,有的地区穿小裤脚长裤,并在头前部正中蓄小绺长发,称"天菩萨"。妇女通常头上缠包头,有围腰和腰带;一些地方的妇女有穿长裙的习惯。男女外出时身穿披风(彝语称"擦尔瓦")。

彝族饮食以米、面和杂粮为主食。荞麦面做的粑粑最富有特色。肉食以猪、羊、牛肉为主,以做成大块肉的"坨坨肉"最为有名。彝族喜欢吃酸菜、饮烤茶、喝转转酒。

四川凉山彝族传统住宅是以土墙、竹篱、柴篱围成方形院落,住房多为板顶、土墙,称"瓦板房"。广西和云南东部彝族的住房为"干栏"式。云南彝族的住房则是以泥土为墙体的平顶的"土掌房"。

彝族婚姻曾流行"不落夫家"和"抢婚"的婚俗。云南楚雄地区的彝族姑娘年满16岁,父母就为她另盖一间小草楼("爬花房"),供其谈情说爱。现青年男女多自由恋爱。

彝族主要节日有十月年、火把节等。彝族太阳历是1年10个月360日,10个月终了另加5日"过年日",习称"过十月年"。火把节是彝族最盛大的传统节日,在每年的农历六月二十四,届时要杀牛、杀羊,祭献祖先,相互宴饮,吃坨坨肉,共祝五谷丰登。火把节一般欢度3天,头一天全家欢聚,后两天举行摔跤、赛马、斗牛、竞舟、拔河等丰富多彩的活动,然后举行盛大的篝火晚会,彻夜狂欢。

## 三、傣族

### 1. 概况

傣族主要聚居在云南省西双版纳傣族自治州、德宏傣族景颇族自治州和耿马、孟连傣族自治县等地。傣族先民为古代"百越"中的一支，历史上有"滇越""掸""金齿""白衣""摆夷"等多种他称，自称"傣泐""傣那""傣雅""傣绷"等。

傣语属汉藏语系壮侗语族壮傣语支，主要有德宏、西双版纳和金平三种方言，现较为通用的是西双版纳傣文和德宏傣文两种拼音傣文，由印度巴利文演化而来。

傣族群众普遍信仰小乘佛教，供奉自己村寨的保护神（傣族称"去拉曼"）。

傣族的文化灿烂，其中以傣历、傣医药和叙事长诗最为著名。傣族有古老的贝叶经。傣族人能歌善舞，以孔雀舞和"赞哈"（民间歌手）闻名。傣族的普洱茶驰名中外。

### 2. 民俗

傣族服饰保留着古代"衣对襟""头缠布巾，喜挂背袋、带短刀"的特点。妇女上身着各色紧身内衣，外套浅色大襟或对襟窄袖衫，下身着花色筒裙，喜戴首饰。男子穿无领对襟或大襟小袖衫，下着宽腰无兜长裤，用白布、青布或绯布包头，有的戴呢礼帽。无论男女，出门总喜欢在肩上挎一个用织锦做成的具有民族特色的挎包（筒帕）。

傣族饮食以大米和糯米为主食。德宏的傣族主食粳米，西双版纳的傣族则主食糯米。喜食狗肉和酸味食品。嗜酒饮茶，喜嚼槟榔。

西双版纳傣族民居为干栏式建筑（俗称竹楼），元江、红河傣族民居为平顶"土掌房"，有土墙、木梁，平顶为木或竹板。

傣族婚俗是青年男女恋爱自由，方式多样。盛行在节日或集会等场合通过"串不少""赶摆黄焖鸡"的活动，寻找意中人谈情说爱。男女订婚时，男方挑着酒菜去女方家请客，叫"吃小酒"。

傣族的禁忌主要有：忌讳外人骑马、赶牛、挑担和蓬乱着头发进寨子。进入傣家竹楼，要把鞋脱在门外，而且在屋内走路要轻。不能坐在火塘上方或跨过火塘，不能进入主人内室，不能坐门槛。不能移动火塘上的三脚架，也不能用脚踏火。忌讳在家里吹口哨、剪指甲。忌用衣服当枕头或坐枕头上。晒衣服时，上衣要晒在高处，裤子和裙子要晒在低处。进佛寺要脱鞋，忌讳摸小和尚的头及佛像、旗幡等佛教圣物。

傣族的主要节日有泼水节（傣历新年）、关门节和开门节。泼水节是傣族隆重的节日（公历 4 月中旬），节日期间的主要活动是祭祀拜祖、堆沙、泼水、丢包、赛龙船、放火花及歌舞狂欢等。

## 四、纳西族

### 1. 概况

纳西族主要聚居于云南省丽江市，四川盐边、盐源、木里等县及西藏的芒康县也有分布。纳西族原是中国西北古羌人的一个支系，大约在3世纪迁徙到丽江地区定居下来。

纳西语属汉藏语系藏缅语族彝语支。1000多年前，纳西族创造了象形文字"斯究鲁究"（东巴文）和音节文字格巴文。1957年创制了拉丁字母形式的纳西拼音文字。

纳西族群众普遍信奉东巴教，一部分人信仰喇嘛教。

纳西族主要从事农业、畜牧业和手工业生产。

纳西族保存了百科全书式的古代文化，用东巴象形文字写成的东巴经和纳西古乐、东巴舞蹈、《创世纪》史诗等是其中的代表。

### 2. 民俗

各地纳西族的服饰略有不同。丽江纳西族男子蓄短发，戴毡帽或缠包头，上身内穿麻布和棉布衣，外披羊毛毡或穿羊皮坎肩；下穿黑色或蓝色长裤，腰束带；穿布鞋、皮鞋。妇女上穿大襟宽袖布袍，外加紫色或藏青色坎肩；下着长裤，腰系围腰，上打百褶，下镶天蓝色宽边；肩披"七星羊皮"羊皮披肩。羊皮披肩是丽江纳西族妇女服饰的重要标志，它一般用整块纯黑色羊皮制成，剪裁为上方下圆，上部缝黑边，下面再钉上一字横排的七个彩绣的圆形布盘，代表北斗七星，俗称"披星戴月"，象征纳西族妇女早出晚归、勤劳之意。纳西族未婚姑娘爱梳长辫于腰后，或戴头帕、帽子。妇女们还喜欢佩戴各种饰物。

纳西族饮食以玉米、小麦、大米、大麦、稗子等为主食。喜欢喝酒、饮浓茶，爱吃酸辣、甜味的食品。有杀年猪后制成腊肉或腌肉长期保存的习惯。典型食品有丽江的火腿粑粑、宁蒗琵琶肉，泸沽湖地区的酸鱼和鱼干，这些是纳西人待客或馈赠亲友的佳品。

纳西族传统住房是井干式"木楞房"。丽江地区纳西民居普遍是土木结构的瓦屋楼房，建筑平面结构大多是"三房一照壁"，正房较高，主要供老人居住，两侧厢房略低，由晚辈居住，正房对面是一堵照壁，天井供生活之用，主次分明，布局协调。

纳西族男女婚前社交自由，相识后通过媒人撮合成婚。泸沽湖的纳西族（摩梭）主要实行男不娶、女不嫁的阿夏（"亲密的情侣"之意）婚。

纳西族曾通行火葬，后行土葬。

礼仪与禁忌。纳西族热情好客，每当猎获归来，凡路遇的行人都可分得一份猎物。贵客临门，主人要做六样或八样菜进行款待。骑马到寨前必须下马，也不能把马拴在祭天堂的地方。不能蹬踏三脚架，也不能翻弄灶里的灰。祭天堂、祖先、战神时忌外人观看。忌在门槛上坐和用刀斧在门槛上砍东西。不许杀耕牛、驮马和报晓的雄鸡。忌食狗肉。

纳西族主要节日有三朵节和火把节。相传远古时代，纳西先祖三朵曾于农历十月初八降服了妖魔，从那以后，人们每年会集到三朵庙里祭拜保护神三朵。

 **本章小结**

本章介绍了民族与民俗的概念，重点讲解了汉族和部分少数民族的概况及主要民俗。涉及汉族和部分少数民族的民族起源、语言文字、宗教信仰、民族传统文化、服饰习俗、饮食习俗、居住习俗、婚姻习俗、礼仪与禁忌习俗和节日习俗等内容。

**思考与练习**

1. 概述中国民族的基本情况。
2. 介绍汉族主要的传统节日。

按照民族名称、分布地域、宗教信仰、主要文化特征与成就、服饰、饮食、居住、婚姻、礼俗与禁忌、节日等方面内容，用一张表格将部分少数民族的基本概况和主要民俗总结出来。

# 第七章
# 中国的四大宗教

**1. 知识目标**

熟悉四大宗教的成立及传播发展过程,四大宗教的经典和标志;熟悉四大宗教的教义主旨及供奉对象,了解四大宗教常用称谓、礼仪、活动和节日;熟悉四大宗教的主要建筑。

**2. 能力目标**

熟练掌握四大宗教的知识,并能自如运用所学知识。

**3. 技能目标**

掌握四大宗教主要旅游区的分布,对重要宗教景观能够独立介绍与分析。

**重点难点**

1. 四大宗教的供奉对象和代表景观。
2. 对四大宗教的认识和理解。

## 第一节 佛教

### 一、佛教的创立与传播

**1. 佛教的创立**

佛教为世界三大宗教之一,产生于公元前6—公元前5世纪的古印度。创始人是出生于古印度的迦毗罗卫国(今尼泊尔首都加德满都西南约200千米处)的乔答摩·悉达多,大约生活在公元前565—公元前486年。释迦牟尼是佛教徒对他的尊称,意思是"释迦族的圣人",亦称"佛陀"或"佛",即"悟者""觉者"。

乔答摩·悉达多出身于古印度的刹帝利种姓，是迦毗罗卫国净饭王太子，诞生于蓝毗尼园。少年时代接受婆罗门教的传统教育，后与觉善王女耶输陀罗结婚，生子曰罗睺罗。29岁时离家修行，到处寻师访友，探索人生解脱之道。6年后，在菩提伽耶的一棵菩提树下觉悟成道，并在婆罗奈城郊的鹿野苑首次宣讲佛法（"初转法轮"）。此后他一心传教，历时45年，使佛教成为世界三大宗教之一。80岁时，于拘尸那迦城外涅槃。

佛教创立后，在印度的发展经过了原始佛教时期（公元前6世纪—公元前4世纪中叶）、部派佛教时期（公元前4世纪—公元1世纪中叶）、大乘佛教时期（公元1世纪中叶—7世纪）和密乘佛教时期（7世纪—12世纪）四个发展阶段。

**2. 佛教的传播**

佛教创立后，信众不断增加，迅速向外传播，其传播路线大致有三条：

北传佛教。从古印度向北经中亚传入中国，从中国传入朝鲜、日本和越南等国。以大乘佛教为主，称汉语系佛教或汉传佛教。

南传佛教。从古印度传到斯里兰卡、缅甸、泰国、老挝、柬埔寨等南亚和东南亚国家，以及中国云南的傣族、布朗族、德昂族、阿昌族等民族地区，称为巴利语系佛教。

藏传佛教。在密乘佛教时期佛教向北传入我国西藏地区，元朝时又传入蒙古族，清朝时传入满族上层，称为藏语系佛教或藏传佛教（亦称"喇嘛教"）。

**3. 佛教在中国的传播与发展**

佛教在中国传播已有2000多年，中国佛教包括汉地佛教、南传上座部佛教和密传佛教（藏传佛教）三大体系。这三大体系佛教在中国的发展历程和内容各有特点。

（1）汉地佛教

关于佛教传入中国的时间，有不同的说法。一般认为西汉哀帝元寿元年（公元前2年），大月氏王使臣伊存向中国博士弟子景卢口授《浮屠经》，为佛教传入中国之始，史称"伊存授经"。此后，佛教在中国中原地区的发展大致经历了译传、创立和融合三个阶段。

译传阶段。为两汉之际至魏晋南北朝时期。这一时期，中国先后译出大量的佛教经典，研究佛教的风气成为一时之盛。

创立阶段。为隋唐五代时期。这一时期，中国僧人分别以一定的印度佛教经典为依据，开宗立派，创构了自己的理论体系，形成三论宗、天台宗、华严宗（贤首宗）、法相宗（慈恩宗）、律宗、净土宗、禅宗、密宗八个主要宗派，号称中国佛教的鼎盛时期。其中，净土宗以口念"南无阿弥陀佛"为修行方式，以往生西方极乐世界为宗旨,是最简便的法门,在民间影响最大。禅宗是完全中国化的佛教,它以觉悟众生必胜的本源(佛性)为主旨。禅宗奉菩提达摩为初祖。五祖弘忍创建"东山法门",为禅宗的实际创始人。弘忍门下出神秀、慧能二大弟子,分成南北两宗。北宗神秀一系不久衰落。南宗慧能一系成为禅宗主流,后发展成临济、沩仰、曹洞、云门、法眼五家,合称禅门五宗。禅宗是我国支派最多的佛教宗派,也是中国佛教史上流传最久远、对中国文化思想影响最广泛的宗派。

融合阶段。为宋元明清四朝。佛教在中国经过900余年的传播与发展,与中国的文化全面结合。一方面,佛教与儒道融合,成为"三教合一"历史背景下的佛教。另一方面,佛教借助文学、绘画、雕塑、建筑等艺术形式,成为民间风俗习惯、民族心理与思维,乃至语言素材构成的重要有机成分。这一阶段从教派上说,主要流行禅宗和净土宗,其他各宗逐渐衰落。

(2)藏传佛教

佛教没有传入西藏以前,藏族信奉原始的本教。藏传佛教在其发展过程中出现两次大高潮,即前弘期和后弘期。7世纪中叶到9世纪中叶的200年间为前弘期,佛教从印度、汉地两个方向传入西藏地区,为藏传佛教的形成时期。公元841年,藏王朗达玛废佛,佛教传播中断136年。10世纪末叶到15世纪初的500年间为后弘期,这一阶段佛教再次从印度传入,是藏传佛教的大繁荣时期,产生互不隶属的各种教派。

藏传佛教吸收了藏族原始宗教本教的一些神祇和仪式。在教义上,是大、小乘兼容而以大乘为主;大乘中显密共修,尤重密宗,并以无上瑜伽密为最高修行次第,形成藏密。

活佛转世制度为藏传佛教所特有。所谓"活佛"系汉族称谓,藏语为"朱古",意谓神佛化现为肉身。按藏传佛教说法,一个活佛圆寂后,其灵魂转移,化身为另一肉体的人,即转世灵童。在清代顺治、康熙年间,清政府先后正式册封宗喀巴的再传弟子为达赖喇嘛和班禅额尔德尼,从此正式形成两大活佛转世制度。

藏传佛教主要有四大教派,即:宁玛派(因该派僧人穿戴红色袈裟、僧裙、僧帽,俗称红教)、萨迦派(因该派寺院围墙涂有象征文殊、观音和金刚手菩萨的红白黑三色花纹,俗称花教)、噶举派(因该派僧人穿白色僧裙和上衣,俗称白教)和格鲁派(因该派僧人戴黄色桃形僧帽,俗称黄教)。格鲁派(黄教)是15世纪初宗喀巴创立的教派,其后世弟子形成达赖和班禅两大活佛转世系统。

### （3）南传上座部佛教

南传上座部佛教（小乘佛教）主要分布在云南西双版纳、德宏、思茅、临沧和保山等地，为傣、布朗、德昂、阿昌等族和部分佤族群众信仰。上座部佛教传入云南有两大路线。大致来说，西双版纳的小乘佛教受泰国佛教的影响较大，德宏地区的小乘佛教受缅甸佛教的影响较大。西双版纳的小乘佛教大致兴起于隋唐时期，在宋代得到较大发展，在元明清三代达到鼎盛时期。德宏地区的小乘佛教大约于16世纪中叶后由缅甸传入。

上座部佛教保持如法如律、精进修学的早期佛教传统，崇拜佛牙、佛塔、菩提树等释迦牟尼的纪念物，又特别重视禅定和早期佛教的一些戒律。上座部佛教对傣、布朗、德昂、阿昌等民族的文化、政治生活和习俗都有深刻影响。

 知识链接

### 大乘佛教与小乘佛教的区别

大乘佛教，是1世纪左右形成的佛教派别。大乘佛教主张普度众生，建立佛国净土。大乘佛教贬称原始佛教和部派佛教为"小乘"。小乘佛教称"上座部佛教"。所谓"乘"，是梵文yāna（音译"衍那"）的意译，有乘载或道路之意。1世纪左右，在印度佛教内部出现了一些具有新的学说和教义思想的派别。他们自称能"普度众生"，就好像一艘巨大的船，能运载无数众生超脱生死轮回，达到涅槃解脱的彼岸，成就佛果，所以自称大乘。

大乘佛教与小乘佛教的主要区别，有以下三个方面。

第一，大乘佛教认为，十方世界都有佛，释迦牟尼佛是化身而非实身；小乘佛教则认为，世上只有一个佛，即佛祖释迦牟尼，他是佛教的教主，是一个完全达到觉悟的人。

第二，在修行的果位上，大乘佛教分为罗汉、菩萨、佛三级，修行的最终目的在于成佛；小乘佛教则认为修行的最高果位为阿罗汉果。

第三，大乘佛教弘扬菩萨和"菩萨行"，要普度众生，要以出世的心情，跳进人间的火坑去救世救人，救一切众生；小乘佛教则只看重自我的解脱。因此，在修行的方法上，大乘佛教主张可以在家修行，并不强调一定要像小乘佛教那样出家。

从目前世界各国佛教分布情况来看，一般来说，传入中国、日本、朝鲜、蒙古国，以及俄罗斯一些地区的北传佛教，都是大乘佛教；传入斯里兰卡、缅甸、泰国、柬埔寨，以及我国云南傣族地区的南传佛教是小乘佛教。

## 二、佛教的基本教义

"四谛"是佛教的基本教义。"谛"即"实在"或"真理"的意思。"四谛"亦称"四圣谛",意为"四条真理",即苦谛、集谛、灭谛、道谛。四谛又分为两部分,苦、集二谛说明人生的本质及其形成的原因;灭、道二谛指明人生解脱的归宿和解脱之路。

苦谛,佛教认为,人在世间一切都是苦的。社会人生原是一大"苦聚",全无幸福欢乐可言。人生诸苦主要包括生、老、病、死、怨憎会、爱别离、求不得、五盛阴八苦。

集谛是说明人生诸苦与烦恼的原因。主要有"五阴聚合""十二因缘"和"业报轮回"。佛教认为,人世间一切痛苦与烦恼来源于"业"(由"欲望渴爱"造成)和"惑"(由"无名无知"造成)。"业"包括身业(行动)、口业(语言)和意业(思想活动)三业。惑即烦恼,包括见惑(身见、边见、断见、邪见)和思惑(贪、嗔、痴、慢、疑五烦恼)。

灭谛提出了佛教出世间的最高理想"涅槃"。"涅槃"是梵文的音译,意译作"灭度""圆寂"等,意即不生不灭。涅槃是熄灭了一切"烦恼",无生死轮回,此为佛教追求的最高理想境界。

道谛即通向涅槃之路,被总结为"八正道",即正见、正思、正语、正业、正命、正精进、正念、正定,从身、口、意三个方面规范佛教徒的日常思想行为,可简要归纳为戒、定、慧三学。

## 三、佛教的经典和标志

汉传佛教的经典是《大藏经》,为汇集佛教一切经典的总称。由经、律、论三部分组成,又称为"三藏经"。经是释迦牟尼佛为指导弟子修行所说的理论;律是佛为他的信徒制定的日常生活所应遵守的规则;论是佛弟子们为阐明经的理论所作的著述。精通经、律、论三藏的僧人称为"三藏法师"。藏传佛教的经典是《甘珠尔》和《丹珠尔》。

佛教中的"卐"(也有画成"卍"),俗称"万字符",意为"吉祥海云"。法轮亦为佛教的标志,是佛法的喻称,表示佛陀所说的法,如车轮辗转可催破众生烦恼。莲花也被认为是佛教的标志之一,它芬芳美丽、清净纯洁,从泥土里出来,却一点也没有染到肮脏,这表示佛教是清净庄严的。

## 四、佛教的供奉对象

### 1. 佛

佛,即自觉、觉他、觉行圆满者。寺院经常供奉的佛有:

三身佛。即法身、报身、应身三种佛身,又叫自性身、受用身、变化身。据天台宗的说法,佛(释迦牟尼)有三身,即法身佛毗卢遮那佛,代表佛教真理(佛法)凝聚所成的佛身;报身佛卢舍那佛,指以法身为因,经过修习得到佛果、享有佛国(净土)之身;应身佛(又称化身佛)释迦牟尼佛,指佛为超度众生,来到众生之中顺缘应机而呈现的各种化身,特指释迦牟尼之生身。佛殿中三身佛的配置是:中尊是法身佛毗卢遮那佛,左尊为报身佛卢舍那佛,右尊为应身佛释迦牟尼佛。毗卢遮那佛左尊为文殊菩萨,右尊为普贤菩萨,称为"华严三圣"。

三方佛。又称横三世佛。三方佛体现净土信仰,认为世界十方都有净土,但最著名的净土为西方极乐世界、东方净琉璃世界和娑婆世界。在佛殿中正中供奉娑婆世界(即"堪忍世界")的释迦牟尼佛,右侧为西方极乐世界的阿弥陀佛,左侧为东方净琉璃世界的药师佛。释迦牟尼佛左胁侍为文殊菩萨,其右胁侍为普贤菩萨,合称"释家三尊"。阿弥陀佛左胁侍为观世音菩萨,右胁侍为大势至菩萨,合称"西方三圣"或称"弥陀三尊"。

三世佛。又称竖三世佛,指过去、现在、未来三世之佛。三世佛是从时间上体现佛的传承关系,表示佛法永存,世代不息。佛殿正中为现在世佛,即释迦牟尼佛;左侧为过去世佛,即燃灯佛;右侧为未来世佛,即弥勒佛。

 小典故

**大肚弥勒佛的来历**

布袋和尚(?—公元917年),五代十国时吴越国高僧。法名契此,又号长汀子。明州奉化(今浙江宁波)人。据民间传说,唐朝末年,奉化长汀村民张重天在一条小溪旁捡到一圆头大耳的婴儿,决定收养他,给他取名为"契此"。契此长大后在岳林寺当了和尚。契此出家后杖荷布袋,见物则出语无定,随处寝卧,饮食无论鱼肉荤素。契此平生好学,善吟咏,每以偈语与人交谈。有人问他有法号否,他用偈语作答:"我有一布袋,虚空无挂碍。展开遍十方,入时观自在。"因此世人称他为布袋和尚。因他圆寂前说了"弥勒真弥勒,分身千百亿。时时示世人,世人自不识",后人以此认为布袋和尚是弥勒佛的化身,以他的形象替代了弥勒佛的原型。布袋和尚圆寂后,葬身于封山寺。相传中国大多数佛教寺院里所供奉的大肚弥勒,即为他的造像。布袋和尚给人的形象是:"开口便笑,笑天下可

笑之人；大肚能容，容天下能容之事。"

### 2. 菩萨

所谓菩萨，即指自觉、觉他者。寺院中常见的菩萨有文殊菩萨、普贤菩萨、观世音菩萨、地藏菩萨、大势至菩萨等。中国将文殊、普贤、观世音、地藏菩萨合称为"四大菩萨"。

文殊师利菩萨。简称文殊菩萨，意译为"妙德""妙吉祥"，专司智慧。形象为手持宝剑（象征智慧锐利），身骑狮子（象征智慧威猛），人称大智菩萨。相传其道场在山西五台山。

普贤菩萨。专司理德（佛法）。形象为手持如意棒，身骑六牙大象（表示六度），人称大行菩萨。相传其道场在四川峨眉山。

观世音菩萨。也称为观自在，简称观音菩萨。典型形象为左手持净瓶，右手持杨柳枝，因其大慈大悲，救苦救难，广大灵感，人称大悲菩萨。为普济众生，观音可以示现三十三相。观音作为菩萨本无性别，但在南朝后，为更好地体现大慈大悲，产生女身观音相。常见的还有千手千眼观音、海岛观音（又名渡海观音）。海岛观音左胁侍为善财童子菩萨，右胁侍为龙女菩萨。相传观音菩萨的道场在浙江普陀山。

地藏菩萨。因其"安忍不动犹如大地，静虑深密犹如地藏"，所以称地藏王菩萨。又因其决心"众生度尽，方证菩提，地狱未空，誓不成佛"，所以人称大愿菩萨。其显著形象特征是手持锡杖，或手捧如意球。相传其道场在安徽九华山。

### 3. 罗汉

全称为阿罗汉。即自觉者。称已灭尽一切烦恼、应受天人供养者。他们永远进入涅槃，不再生死轮回，并弘扬佛法。寺院中有十六罗汉、十八罗汉和五百罗汉。民间传说的济公也被列入罗汉之中。

### 4. 护法天神

佛法的护法天神有四大天王、韦驮、二王尊、伽蓝神等。

四大天王。即：东方持国天王，名多罗吒，身白色，穿甲胄，手持琵琶；南方增长天王，名毗琉璃，身青色，穿甲胄，手握宝剑（保护佛法不受侵犯）；西方广目天王，名毗留博叉，身红色，穿甲胄，手缠龙或蛇，有的另一手持宝珠；北方多闻天王，名毗沙门，身绿色，穿甲胄，右手持宝伞，有时左手握神鼠。

韦驮。原为南方增长天王手下神将。后受佛祖法旨，周统东、西、南三洲巡游护法事宜，保护出家人，护持佛法。汉化韦驮为身穿甲胄的少年武将形象，手持法器金刚杵，或双手合十将杵横于肘间（表示该寺为十方丛林接待寺）；或一手叉腰，以杵拄地（表示该寺为非接待寺）。通常置于天王殿大肚弥勒像背后，面朝大雄宝殿。

二王尊，俗称哼哈二将。在印度原为密迹金刚和那罗延天，是释迦牟尼五百执金刚卫队的卫队长。在中国被汉化成两个金刚力士，专门把守山门，即世俗所称"哼哈二将"。

伽蓝神。在古印度伽蓝神有18位之多，地位相当于寺院的土地神。

## 五、佛教常用的称谓、礼仪、佛事活动和节日

### 1. 常用称谓

（1）汉地佛教常用称谓

一般来讲，汉地佛教常用称谓有和尚、僧人、法师、住持、方丈、高僧、居士等。佛教出家修行者中，男称为僧，女称为尼，相对于在家信众都可称为师父。

和尚：泛指男性出家人。

僧人：现与和尚称谓通用。

法师：通晓佛法且能为人讲说的僧人。

禅师：通达禅理、善修禅定的僧人。

住持：佛教僧职。又称方丈、住职。原为久住护持佛法之意，是掌管一个寺院的主僧。

方丈：即住持。因其所居之处为"方丈"室而得名。

监院：负责协助方丈或都寺监理寺院总务。古称监寺、院主、主首、寺主，后为特尊住持而改称此名，俗名当家。大寺可设数名监院。

高僧：德行崇高的僧人，亦为对佛教僧人的尊称。

比丘：受过具足戒（比丘戒，约250条）的男性出家者。

沙弥：已剃度、受过沙弥十戒，但尚未受具足戒的男性出家人，一般年龄为20岁以下。

尼姑：女性出家修行者。

比丘尼：受过具足戒（比丘尼戒，348条）的女性出家人。

沙弥尼：已剃度、仅受过沙弥十戒，尚未受过具足戒的女性出家人。

行者：本指在佛寺中服杂役、没有正式剃度的出家修行者，后泛指云游僧、禅僧或修行者。

居士：佛教对受过"三皈依"和"五戒"、在家修行的信徒的称谓。

施主：原为佛门中人对施舍者的称呼，后来成为僧人对来寺院进香礼佛者的

敬称。

（2）藏传佛教常用称谓

喇嘛：藏传佛教对男性出家人的统称。

仁波切：藏传佛教用语，义为上师。一般指具有一定学位、能为人传法灌顶的阿阇梨（"金刚上师"之意）。

活佛：藏传佛教将修行有成就、能够根据自己的意愿转世的人称为"朱古"（藏语）或"呼毕勒罕"（蒙语），意思是"转世者"或"化身"。汉族人习惯将他们称为"活佛"。

堪布：原为藏传佛教中主持授戒者的称号，相当于汉传佛教寺院中的方丈。后对深通经典之喇嘛，寺院或扎仓主持者，均称堪布。

2. 佛教礼仪

佛教常用礼仪有合十、绕佛、顶礼。

合十，又称合掌，是佛教徒最普通的常用礼节。左右合掌，十指并拢，置于胸前，以表由衷的敬意。

绕佛。围绕佛顺时针右转行走，一圈、三圈或百圈、千圈，表示对佛的尊敬。

顶礼，又称五体投地。佛教徒的大礼，即跪拜礼，多用于信徒敬师或僧敬佛。"五体"指两肘、两膝和头。先正立合掌，接着膝着地，接着两肘着地，接着头着地，最后两手掌翻转。礼毕，起顶头，收两肘，收两膝，起立。

 小典故

### 东晋时期我国最伟大的佛教旅行家是谁？

魏晋时期，我国有许多僧人不远万里西行取经。他们或孤身西进，或三五成群结伴西游。有的人因各种原因半途而废，有的人则为信仰而捐躯异域，更有人战胜种种艰难险阻，终于到达目的地，取得经卷，最后回归祖国。在这些人中，成就和声名最为显赫的，就是东晋沙门法显。

法显西行的动机，据其在《法显传》中讲，是慨叹汉地佛经中有关戒律的部分残缺不全，因此想到印度去寻找完整的戒律。公元399年，法显已经50多岁。他邀约同学慧景、道整、慧应、慧嵬4人，一同从长安出发，西行取经。他们途经西秦、南凉等地，到了敦煌；又越过上无飞鸟、下无走兽，沿途只有死人枯骨的沙漠，到达了鄯善国。公元401年，法显来到西域佛教重镇于阗国。他在这里详细考察了佛教流行的情况，观看了为庆祝佛诞而举行的盛大佛像游行仪式。

随后，他又在公元402年翻越葱岭，进入北印度境内。法显在印度游历了许多地方，访问了许多佛教圣地，学习了当地的语言文字，抄写了许多佛教经典，

最后于公元 409 年离开印度，坐船来到狮子国（今斯里兰卡）。他在狮子国留住两年，搜求到一些佛教经典，搭乘商船，取道回国。回国途中他遇到风暴，船在海中漂泊 90 余日，后来漂到了南洋群岛（马来群岛旧称）的耶婆提国（今印度尼西亚）。在此停留了 5 个月后，他再次搭船向广州进发。经过艰难的 3 个月海上航行，最后在青州长广郡牢山（今山东省崂山）登陆。这时已经是公元 412 年了。次年，他从陆路南下回到建康。

法显西行，前后共计 15 年之久，历经印度、斯里兰卡等 30 余国，途中备受艰难困苦，最后终于以大无畏的精神完成了他的事业。法显在印度、斯里兰卡等地搜得的佛经有《摩诃僧祇律》《萨婆多律抄》《杂阿毗昙心论》《方等般泥洹经》《弥沙塞律》《长阿含》《杂阿含》等佛教经、律、论多部。回国后，法显居建康（今江苏南京）道场寺，与佛陀跋陀罗合作译出《摩诃僧祇律》《方等般泥洹经》《杂阿毗昙心论》等六部 36 卷。

此后，在中国汉地所传的佛教四部律中，由他带回的就有三部。法显还把自己的游历经过写成文字，后人称之为《佛国记》或《法显传》。此书记述了当时我国西北地区以及印度、巴基斯坦、斯里兰卡、印度尼西亚等国的地理形势、物产风俗，以及各地的宗教状况，是研究中亚、南亚诸国社会历史、经济状况、文化风俗和宗教信仰的宝贵资料，近代以来受到国际学术界的重视。法显的大无畏精神，为世人所赞扬。由于法显所取得的成就和对人类文化发展做出的贡献，他被誉为 5 世纪初的伟大的旅行家。

### 3. 佛事活动

常见的佛事活动有水陆法会、众姓道场、增福延寿道场、焰口施食和忏法等。

水陆法会。全名为"法界圣凡水陆普度大斋胜会"，也称"水陆道场"。此法会超度水陆一切鬼魂、普济六道众生。法会少者 7 天，多者 49 天。

众姓道场。主要为追荐亡灵的道场。用黄纸表示。

增福延寿道场。为活着的人做道场。用红纸表示。

焰口施食。或称放焰口、施食会，用以祭饿鬼，给予法食令其饱满。一般在重大法会圆满之日，或丧事期中举行，通常放在黄昏进行。

忏法。为改恶从善精进修行的一种法事，为死者祈福超度，或为己忏悔罪业，或为结缘建功德。

### 4. 佛教节日

佛教多以诸佛、菩萨的圣诞日、出家日、得道日或涅槃日为节日。主要的节日有：

正月初一日，弥勒菩萨圣诞。

二月初八日，释迦牟尼佛出家日。

二月十五日，释迦牟尼佛涅槃日。

二月十九日，观世音菩萨圣诞。

二月二十一日，普贤菩萨圣诞。

三月十六日，准提菩萨圣诞。

四月初四日，文殊菩萨圣诞。

四月初八日，释迦牟尼佛圣诞。

六月十九日，观世音菩萨成道日。

七月三十日，地藏王菩萨圣诞。

八月二十二日，燃灯古佛圣诞。

九月十九日，观世音菩萨出家日。

十一月十七日，阿弥陀佛圣诞。

十二月初八日，释迦牟尼佛成道日。

## 六、佛教寺院的主要建筑

### 1. 佛寺建筑

中国佛教完整的寺院建筑一般皆为伽蓝七堂。伽蓝为梵语，即僧园或僧院。七堂，专指寺院的主要建筑。伽蓝七堂随宗派的不同而各异。以禅宗为例，七堂指山门、佛殿、法堂、僧堂、厨库、浴室、西净（厕所）。

山门。实即佛教的三解脱门，即空门（中）、无相门（东）、无作门（西），象征三解脱，所以又称三门。通常空门两侧立有哼哈二将。

钟鼓楼。进入山门以后、天王殿前的建筑。天王殿左（东）为钟楼，右（西）为鼓楼。

天王殿。正中供奉大肚弥勒佛，两侧供奉四大天王，其背后供奉韦驮菩萨。

大雄宝殿。佛寺正殿，又称"大殿"。有供奉一佛、三佛、五佛、七佛等不同情况。以三佛同殿供奉居多。常见的有三方佛、三世佛和三身佛。释迦牟尼像背面一般为海岛观音壁塑图。大殿东西两侧，常供奉十六罗汉或十八罗汉。

东西配殿。大雄宝殿两侧常有东西配殿，其供奉对象随教派不同而有变化，有设"三圣殿"（供奉西方三圣）的，有设"祖师殿"的（多为禅宗），有设"伽蓝殿"的，等等。

法堂。亦称讲堂，一般在大殿之后。是演说佛法皈戒集会之处。法堂内除一般性安置佛像外，另设法座、讲台、钟鼓。

罗汉堂。自唐代开始，一些大型寺院就修建五百罗汉堂。

方丈室。佛寺住持（方丈）居住、说法与接客之处。

藏经楼。盛放佛教经典之处。一般建在寺院中轴线的最后一进。

### 2. 佛塔

塔为梵文坟冢的意思。汉文有堵波、佛图、浮屠等音译。相传佛祖释迦牟尼涅槃以后，弟子们把他的遗体火化了，遗骨凝结成五彩斑斓、击之不碎的结晶物，称作舍利子。当时有八个国家的国王分别得到了一份，在自己的国家建塔供奉。由于佛教信徒将释迦佛祖的舍利子视为至高无上的神圣物品，所以，佛塔不仅成为释迦牟尼涅槃的象征，更是佛家弟子们顶礼膜拜的对象。中国佛塔源于印度，从东汉时开始出现，其类型随时代和地区不同而有所变化。中国佛塔主要分为楼阁式、密檐式、覆钵式和金刚宝座式四种类型。

楼阁式塔是中国古塔中历史最悠久、保存数量最多的。这种塔的每层间距比较大，从外表上看是多层的楼阁。塔内一般都设有砖石或木制的楼梯，可以供人攀登。著名的有西安大雁塔、苏州虎丘塔、杭州六和塔、山西应县佛宫寺释迦塔等。

密檐式塔在中国古塔中的数量和地位仅次于楼阁式塔，形体一般也比较高大，它是由楼阁式的木塔向砖石结构发展时演变而成的。这种塔的第一层很高大，而第一层以上每层的层高却特别矮，各层的塔檐紧密重叠，不能登临。著名的有河南登封嵩岳寺塔、北京天宁寺塔、辽宁辽阳白塔。

覆钵式塔又称喇嘛塔，俗称白塔，主要建于喇嘛寺中。它的塔身部分呈半圆形的覆钵体，上面安置着高大的塔刹，下面有须弥座承托着。这种塔形状很像一个瓶子，因此又被称为"宝瓶式塔"。著名的有北京妙寺白塔、北京北海白塔、天津蓟州区白塔、五台山白塔等。

金刚宝座式塔为佛教密宗教派特有的建筑。它的基本特征是，下面有一个高大的基座，座上建有五座塔，位于中间的一塔比较高大，而位于四角的四塔相对矮小。基座上五塔的形制并没有一定的规定，有的是密檐式的，有的则是覆钵式的。著名的有呼和浩特慈灯寺金刚宝座塔、北京正觉寺金刚宝座塔。

中国佛塔的种类尽管是多种多样的，但它们的基本构造是大体相同的，一般都由地宫、基座、塔身、塔刹四个部分组成。舍利塔的下面一般都建有地宫，以便埋藏舍利和供奉物品。塔基是一座塔的下部基础，它覆盖在地宫的上面，又是承托塔身的基座。塔身是塔的主体部分，前面所讲的几种塔的类型，主要就是通过塔身的形制来区别划分的。塔身的内部结构主要有实心和中空两种。塔刹是塔身上部的塔顶部分。中国古塔所使用的建筑材料大体可以分为木、砖石、金属、琉璃等几种。木塔主要流行在东汉、魏晋与南北朝时期，是用汉民族传统的木结构方法建造成的。砖石塔是唐代以后兴起的，中国现存的大部分古塔都是属于这种建筑类型。

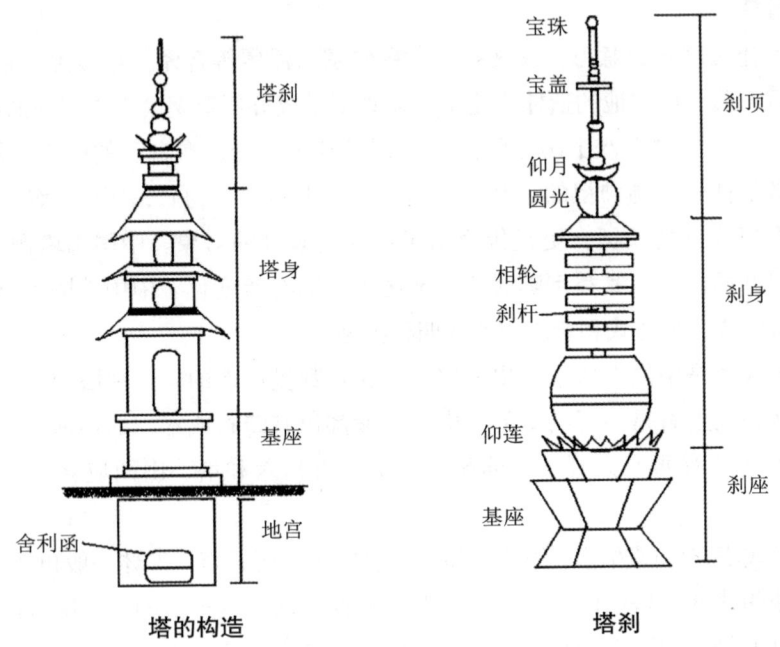

塔的构造　　　　　　　塔刹

## 七、佛教之旅

### 1. 四大佛教名山

我国四大佛教名山是山西五台山、四川峨眉山、浙江普陀山、安徽九华山。

五台山。位于山西省五台县东北，由五座山峰环抱而成。东西南北中五峰（台）高耸，峰顶平坦宽阔，如垒土之台，故称五台。山中气候寒冷，4月解冻，9月积雪，故又名清凉山。五台山是我国唯一一个兼有汉传佛教和藏传佛教道场的佛教圣地，青庙与黄庙并存。五台山自东汉永平年间始建寺庙，后经北魏、北齐、隋、唐直到清末的多次修建，寺庙众多。在全盛时期，建筑多达300余处。历史上几经兴衰，现存庙宇47座，著名的有五大禅庙：显通寺、塔院寺、菩萨顶、殊像寺和罗睺寺。其中以显通寺（其前身为大浮屠灵鹫寺）历史最久、规模最大，是全国重点文物保护单位。塔院寺内的大白塔为五台山的标志。

峨眉山。位于四川省峨眉山市西南。山上寺庙初建于东汉，历代不断增建，唐、宋以后佛教日趋兴盛，庙宇不断增多，到明清时达极盛状态，大小庙宇达100

余座，为著名的佛教道场。主要庙宇及风景区有报国寺、万年寺、伏虎寺、清音阁、黑龙江栈道、洪椿坪、仙峰寺、洗象池、金顶等10余处。最有名的是报国寺，始建于明万历年间，清康熙时重修并改用今名；寺内主要殿宇有弥勒殿、大雄殿、七佛殿、藏经楼等，自前至后逐级升高，建筑宏伟、气宇轩昂。万年寺为全国重点文物保护单位，寺内的拱顶无梁殿供奉北宋铸造的普贤骑白象铜像，这是峨眉山"镇山之宝"。金顶是观看峨眉山三大奇观日出、云海和佛光之地。

普陀山。位于浙江省舟山市，是舟山群岛中的一座小岛。从唐咸通年间起，普陀山开始成为各派佛教的聚集处。历经各代修建，普陀山逐渐成为寺庙林立、僧尼众多的佛教圣地。普济、法雨、慧济三大寺庙最为著名。还有不肯去观音院、大乘禅院、梅福禅院等寺院。普陀山素有海天佛国、南海圣境之称。

### 知识链接

#### 浙江普陀山为什么被称为"南海普陀山"？

相传浙江省普陀山为观音菩萨显灵说法的道场，称为"南海普陀山"。这里真的是佛教中的南海普陀山吗？浙江普陀山原名梅岑山，因西汉末年梅福在此修道而得名。唐咸通四年（公元863年），日本僧人慧锷第三次入唐求法，至五台山，请得观音神像回国，途经舟山莲花洋，遇风暴，以为观音不肯去日本，便留下神像，称"不肯去观音"。五代后梁贞明二年（公元916年）吴越在此建"不肯去观音院"。宋元丰三年（1080年）朝廷赐银，改建为"宝陀观音寺"。从此香火兴盛，南宋嘉定七年（1214年），钦定为观音道场，并根据佛经《补怛洛迦》，更山名为普陀洛迦山，亦称补怛洛迦山。元朝时称南海普陀山。明朝时，莲花洋南的一座小岛被称为洛迦山，于是就有了普陀山和洛迦山两个山名。由此可见，这个"南海普陀山"是朝廷所定，来源于佛教中的观音菩萨道场。

九华山。位于安徽省青阳县。早在汉代，九华山就是道教圣地。东晋隆安五年（公元401年），天竺（今印度）僧人杯渡在此开始建佛寺。唐朝时九华山逐渐从道教圣地变为佛教圣地。九华山现存庙宇80座，著名的寺庙有旃檀林、化城寺、肉身宝殿、百岁宫、天台寺等。佛教珍贵文物有贝叶经、血经、肉身菩萨等1300多件。

### 2. 石窟

中国著名的石窟众多，有甘肃敦煌莫高窟、大同云冈石窟、洛阳龙门石窟、甘肃麦积山石窟、重庆大足石刻等。

敦煌莫高窟。俗称千佛洞，位于中国甘肃省敦煌市东南25千米处的鸣沙山东麓断崖上，以精美的壁画和塑像闻名于世。它始建于十六国时期的前秦，历经十六国、北朝、隋、唐、五代、西夏、元等朝代的兴建，形成巨大的规模，现存有壁画和雕塑的 492 个石窟，有壁画 4.5 万平方米、泥质彩塑 2415 尊，是世界上现存规模最大、内容最丰富的佛教艺术地。近代以来在莫高窟又发现了藏经洞，内有 5 万多件古代文物，由此衍生出了一门专门研究藏经洞典籍和敦煌艺术的学科——敦煌学。

云冈石窟。位于山西省大同市西郊武周山北崖，石窟依山开凿，东西绵延 1000 米。整个窟群现存主要洞窟 53 个，小龛 1100 多个，大小窟龛 252 个，石雕造像 51 000 余尊，最大佛像高达 17 米。

龙门石窟。位于河南省洛阳市南，开凿于北魏太和十八年（公元 494 年）迁都洛阳前后，延续至唐代，现存造像 9.7 万余尊，窟龛 2000 多个。造像中，体形最大、形态最美、艺术价值最高的是奉先寺主尊、通高达 17 米的卢舍那大佛。"龙门二十品"是珍贵的魏碑体书法艺术的精品，代表了魏碑体。龙门石窟是全国重点文物保护单位，已列入世界文化遗产名录。

麦积山石窟。位于甘肃省天水市，开凿于十六国晚期，历代不断增扩。现存洞窟 194 个，有从 4 世纪到 19 世纪的历代泥塑、石雕 7200 余件，壁画 1300 多平方米，以精美的泥塑艺术闻名中外。洞窟大都开凿在悬崖峭壁之上，洞窟之间全靠架设在崖面上的凌空栈道通达。

大足石刻。重庆市大足区境内的各类摩崖造像石窟艺术总称为大足石刻。有造像 5 万余躯，分布于 40 多处。多是唐末宋初时期的宗教摩崖石刻，以佛教题材为主，其中北山摩崖造像和宝顶山摩崖造像最为著名，是中国著名的古代石刻艺术。摩崖造像集中国佛教、道教、儒家"三教"造像艺术的精华，具有鲜明的民族化和生活化特色。

乐山大佛。位于四川省乐山市。大佛雕凿在岷江、青衣江、大渡河汇流处的岩壁上，又名凌云大佛，为弥勒佛坐像。乐山大佛是唐代摩崖造像中的艺术精品之一，是世界上最大的石刻弥勒佛坐像。大佛双手抚膝、正襟危坐，造型庄严。大佛通高 71 米，脚面可围坐百人以上。

### 3. 著名佛寺

白马寺。位于河南省洛阳市，相传建于东汉永平十一年（公元 68 年），被人们称为"中国第一古刹"。白马寺自东汉立寺以来，屡遭焚毁，屡次重建，现在的寺院建筑多为明清两代修建。白马寺因白马驮载经书佛像而得名，被称为中国佛教的"祖庭"和"释源"。

灵隐寺。位于浙江省杭州市。始建于东晋，为杭州最早的名刹。印度高僧慧理云游至此，惊叹于此地与佛祖释迦牟尼修行的灵鹫山十分相似，遂面山建寺，取名"灵隐寺"。今灵隐寺是在清末重建的基础上陆续修复再建的。寺前有冷泉、飞来峰（灵鹫峰）等胜景。

**隆兴寺。** 位于河北省正定县城。始建于隋代，初称龙藏寺，后经唐宋元明清各代扩建修葺，清康熙年间改称隆兴寺。大悲阁是隆兴寺的主体建筑，阁内矗立着高大的千手观音菩萨铜铸像。隆兴寺俗称"正定大佛寺"。

**灵岩寺。** 位于山东济南市。始建于东晋，自唐代起就与浙江国清寺、南京栖霞寺、湖北玉泉寺并称"天下四大丛林"。寺内有北魏石窟造像、唐代的宇寺塔、宋朝的泥塑绘画，寺内的罗汉泥塑像制作于宋代，梁启超称之为"海内第一名塑"。现灵岩寺为世界自然与文化遗产泰山的重要组成部分。

**少林寺。** 位于河南省登封市西少室山。建于北魏太和十九年（公元495年）。是中国佛教禅宗祖庭。后禅宗初祖菩提达摩于寺内面壁九年。少林寺历代不衰，后军阀石友三于1928年火烧少林。少林寺著名景观有塔林、初祖庵、二祖庵、达摩洞、立雪亭、千佛殿等。

**法门寺。** 位于陕西省扶风县法门镇。始建于东汉末年，原名阿育王寺。唐代诸帝笃信佛法，法门寺成为皇家寺院及举世仰望的佛教圣地。1987年重修寺内宝塔时，出土了2499件大唐国宝重器。

**甘丹寺。** 位于拉萨市达孜区境内。由藏传佛教格鲁派的创始人宗喀巴亲自筹建，清世宗曾赐名为永寿寺。主要的佛殿建筑有拉基大殿和阳八犍，以宗喀巴的肉身灵塔最著名。甘丹寺为格鲁派六大寺院之首，与哲蚌寺、色拉寺合称为"三大寺"。

**哲蚌寺。** 位于拉萨市西郊更丕乌孜山下，建于明代，为历代达赖喇嘛的母寺。寺中的甘丹颇章（宫）为二世达赖根敦嘉错主持修建，第二、三、四、五世达赖均在此坐床，以后五世达赖在此掌领西藏地方政教大权。寺庙主要由措钦大殿、四大扎仓和甘丹颇章几部分组成。寺内有二、三、四世达赖喇嘛的灵塔。

**色拉寺。** 位于拉萨北郊色拉乌孜山麓，建于明代，是藏传佛教格鲁派六大主寺之一。藏在措钦大殿的200余函《甘珠尔》《丹珠尔》经书全用金汁抄写，十分珍贵。

**雍和宫。** 位于北京市。1694年，康熙皇帝在此建造府邸，将之赐予四子雍亲王，称雍亲王府。1725年，雍正皇帝改王府为行宫，称雍和宫。1735年，雍正驾崩，曾于此停放灵柩，因此，雍和宫主要殿堂原绿色琉璃瓦改为黄色琉璃瓦。又因乾隆皇帝诞生于此，雍和宫出了两位皇帝，成了"龙潜福地"，所以殿宇为黄瓦红墙，与紫禁城皇宫一样规格。乾隆九年（1744年），雍和宫改为喇嘛庙。雍和宫是全国规格最高的一座佛教寺院，具有汉、满、蒙、藏民族的特色。

曼飞龙塔。位于云南省景洪市大勐龙镇曼飞龙寨北后山上，建于1204年，为金刚宝座塔，是西双版纳著名的佛塔群。塔群建在山顶，共9座，其中主塔高16.29米，四周环抱着8座小塔，塔身为多层葫芦形。

广允缅寺。位于云南省沧源佤族自治县勐懂镇，俗称"学堂缅寺"。建于清代道光年间，为小乘佛教有重要影响的寺院之一。

## 第二节　道教

 学习任务

道教是由老子创立的吗？张天师为什么名传至今？真有"八仙"吗？北京白云观是由丘处机建立的吗？道教两大教派指什么？

### 一、道教的创立与传播

道教是中国本土宗教，其产生与中国历史文化发展密不可分。道教是在汉代黄老道家思想基础上，吸收古代神仙家的方术和民间巫术及鬼神信仰，在东汉末年形成的。道教的创立与发展共经历了原始道教阶段、理论化阶段和形成两大派系三个阶段。

#### 1. 原始道教阶段

原始道教阶段，道教创立了最初两个教派——天师道和太平道。

东汉时沛国丰邑张陵隐居北邙山（今河南洛阳北），修炼长生之道。东汉顺帝（公元126—公元144年）时，张陵修道于鹤鸣山（一名鹄鸣山，今四川大邑县北），造作道书，创立天师道，传太上正一盟威之道，尊老子为教主，以《道德经》为经典。张陵自称太上老君亲授，为"三天法师正一真人"。后建立24治区，各治立道观祭酒，以统治道民。天师道又名五斗米道、正一道，张陵人称张天师。

比张陵稍晚的东汉冀州巨鹿（今河北平乡）人张角，因得到道士于吉等人所传《太平清领书》(《太平经》)，于灵帝建宁年间（公元168—公元172年）创立太平道。张角自称"大贤良师"，奉事黄老道，以阴阳五行、符箓咒语为根本教法。

#### 2. 理论化阶段

道教产生以后，并没有受到统治者的重视，反而由于组织起义而受到打击。

道教该如何发展与完善，是魏晋南北朝时期道士们面临的重大问题。经过三国时期的积淀，到两晋南北朝时，各家道士对道教的发展形成了较为系统的理论，道教的神仙谱系也得到了确定。

东晋时的葛洪系统地总结并改造了早期道教的神仙理论和神仙方术，并把儒家的纲常名教与道教的戒律融为一体，构建了一套修炼成仙的方法体系。北魏著名道士寇谦之改革天师道，吸收了儒家礼义思想，创立了北天师道。南朝宋的陆修静对江南天师道组织进行整顿，并将之与神仙道教融合，完善了道教斋醮仪式，成为南朝道教的一代宗师。经过寇谦之和陆修静的改革，道教改变了过去设观分治、组织涣散的状况，教规、仪式走向规范化。南朝梁人陶弘景以《上清大洞真经》为本门正传，供奉元始天尊为最高神，完善创立了道教的神仙体系。

### 3. 形成两大派系阶段

宋金时期，北方兴起了全真教、真大道、太一道三大道派别，与原有的天师道形成四大派别。到元代中期以后，太一道与正一道合流，真大道归并入全真教，于是全国道教形成全真教和正一道两大教派。

全真教也称全真道或全真派，由王重阳创立于金初。全真教主张儒、释、道三教合一，以《道德经》《清静经》《心经》《孝经》等为初学道的主要经典。王重阳死后，其弟子分创遇仙、南无、随山、龙门、嵛山、华山、清静七派。元太祖时期，丘处机应诏赴西域，受到礼遇，后掌管道教，各地大建宫观，全真教进入全盛时期。目前，我国北方地区主要信奉全真教。

正一道形成于元朝中期以后，是在原天师道、龙虎宗长期发展的基础上，以龙虎宗为中心形成的。其形成以元成宗大德八年（1304年）敕封张陵第三十八代孙张与材为"正一教主"为标志，后继的历代天师皆袭此职。正一道集各符箓道派之大成。

## 二、道教的教义

### 1. 尊道重德

"道"和"德"是道教教义的核心。道教把"道"作为最基本的理论信仰，"道"也是道教教义的思想核心。"道"既是宇宙的本原也是主宰者，它无处不在，无物不包。"道"生成宇宙，是天地之本，万物之根源。正所谓"道生一，一生二，二生三，三生万物"。在道教的理论中，将"道"与"气"和神联系起来，认为"元气行道，以生万物"，而"气聚形则为太上老君"，以此确立了道的宇宙观和神仙观。"道"在人和万物中的显现就是"德"，道教重视"德"，认为"道德一体，而其二义"，"德"是道之功，道之用，道之现，道德是一体的。所以，万物的生化离不开"德"。有"道尊德贵"之说,而道教修德的手段通常就是"广积阴鸷",要"先修自己,再度众生"。

**2. 追求长生不老、肉身成仙**

道教认为,"一切万物,人最为贵","人是有生最灵者也"。人命的夭寿是自然的赋性,但"我命在我不在天",人可以通过建善功和清静寡欲的德行,以及内外丹的修炼,享尽天寿甚至得道成仙,永生不死。内丹道通过性命双修,识心见性,返璞归真求得长生。"性者神也,命者气也","气神相结,谓之神仙"。外丹道则注重通过服药食丹来求得长生成仙。道教这种对生命的尊重与追求具有积极的意义,与其他几大宗教的来世说、天堂说迥然不同。

### 三、道教的经典和标志

道教的经籍浩繁,被汇成总集,称为《道藏》。唐玄宗下诏令天下搜访道书,编成我国第一部"道藏",称《开元道藏》。以后经过历代不断的增广,先后有多种《道藏》出版,流传下来较著名的有明《正统道藏》和《万历续道藏》,共收入各类道书1476种,5485卷,按三洞四辅十二类的分类方法编排。

道教的标志为八卦太极图。

### 四、道教的供奉对象

**1. 尊神**

三清。指玉清元始天尊、上清灵宝天尊、太清道德天尊。他们是道教的最高神。玉清元始天尊在三清之中位最尊,"主持天界之祖",居清微天之玉清境;上清灵宝天尊居三清第二位,居于禹余天之上清境,供奉中位于元始天尊左侧;太清道德天尊(太上老君),居三清尊神第三位,居大赤天之太清境,供奉中位于元始天尊右侧。

四御。地位仅次于三清的四位天帝,即昊天金阙至尊玉皇大帝,总执天道;中天紫微北极大帝,协助玉皇执掌天经地纬、日月星辰、四时气候;勾陈上宫天皇大帝,协助玉皇执掌南北极与天地人三才,统御诸星,主持人间兵革之事;承天效法后土皇地祇,执掌阴阳生育、万物之美与大地山河之秀的女神。四御还有一种说法,称为"四极大帝",北方曰北极紫微大帝总御万星,南方曰南极长生大帝总御万灵,西方曰太极天皇大帝总御万神,东方曰东极青华大帝总御万类。第一种说法较为流行。

星宿诸神。道教崇拜星神,与我国古代天文学发达及其与社会生产、生活关系密切有关,又与古人的思维观念有关。星宿诸神在道教中的地位很高,主要有五星七曜星君、北斗七星君、二十八宿等。五星指岁星（木星）、镇星（土星）、太白星（金星）、辰星（水星）、荧惑星（火星），五星又称五曜，与日、月合称七曜，尊之为星君。北斗七星君即北斗七星。我国古代为了观测天象运行，选取二十八个星辰作为观测时的标志，称为二十八宿，又平均分为四组，每组七宿，这二十八宿被道教称为二十八星君。

四方神。四方神也称为四象或四灵，指东方青龙、西方白虎、南方朱雀、北方玄武。四方神为道教的守护神。其中北方玄武神比较特殊。玄武本为二十八宿中北方七宿总称，称为玄武神，北宋封其为圣君，后为避宋圣祖赵玄朗讳，改玄武为真武，称真武大帝或真武帝君。明朝以后，其在全国影响极大，近代民间信仰尤为普遍。

三官大帝是道教尊奉的三位天神，指天官、地官、水官。据称，天官能赐福、地官能赦罪、水官能解厄。三官分别诞生于正月十五日、七月十五日、十月十五日，故又称为三元大帝。近代将天官与员外郎、南极仙翁合称为福、禄、寿三星。

文昌帝君。文昌本是星名，亦称文曲星或文星，被道教尊为主宰功名、禄位的神。其成为道教的文昌帝君，与蜀中的梓潼神张亚子（又作张恶子或张垩子）有关。安史之乱时，唐玄宗避乱入蜀，曾梦见张亚子显灵，并追封他为左丞相，其后历代不断加封，元仁宗封梓潼神为"帝君"，文昌与梓潼遂合二为一，称文昌帝君。元明以后，各地多建有文昌宫、文昌祠等，人们多于二月初三文昌帝君诞辰日举行"文昌会"。位于四川省绵阳市梓潼县城北郊的七曲山大庙是全国文昌帝君的发祥地。

2. 俗神

俗神主要来源于民间崇拜的自然神，被纳入道教的神仙谱系之中，主要有山神、水神（包括江河湖海等）、风神、雨神、城隍、土地、门神、灶神以及药神、财神等。

3. 神仙

神仙是道教理想中经过修炼得道者，修炼成仙后即可长生不死，而且神通广大。道教中的神仙可分为三类：一类是传说中的人物，如西王母、九天玄女、赤松子、广成子、彭祖等；一类是仙化的道教人物，如安期生、阴长生等；一类是历史人物的仙化，如八仙、张亚子以及护法神关公和王灵官、保护神妈祖等。

## 五、道教常用的称谓、仪式和节日

1. 常用称谓

道教常用称谓根据道士的性别、职位、修炼程度等的不同有天师、道长、道士、道姑、监院、真人等不同称谓。

天师：一般指张陵或其嗣号之后裔。

法师：精通经戒、主持斋仪、度人入道、堪为众范的道士。

真人：对道行高深、羽化登仙道士的尊称。

监院：亦称"当家""住持"，为道教丛林中总管内外一切事务者。

知客：负责接待参访及迎送宾客者。

道长：教外人士对出家道士的尊称。

道士：对出家修道者的称谓。

道姑：也称女冠，对女道士的称谓。

元君：对女道士的尊称。

### 2. 常用仪式

道教常用仪式统称为斋醮，俗称道场。"烧香行道，忏罪谢愆，则谓之斋；延真降圣，乞恩请福，则谓之醮。"道教斋醮仪式复杂，种类多样，道教经籍中记载的有172之种之多。就其层次和功能主要分为内斋和外斋。内斋包括心斋、坐忘和存思等；外斋主要指三箓（金箓斋、玉箓斋、黄箓斋）七品（三皇斋、自然斋、上清斋、指教斋、涂炭斋、明真斋、三元斋）。内容上也名目繁多，如悼亡、追荐、延寿、解厄、祈福、净宅、醮墓、祈雨雪、止雨雪、断瘟、灭蝗等。道教斋醮仪式不同，其规定也不同，一般来讲包括坛场设置、法服冠饰、经典文检、唱、念、手印、弹指、步罡踏斗、旋绕，还要配以音乐。

### 3. 道教节日

道教多以尊神、俗神和神仙的圣诞日或习升日为节日。主要有：

正月初九日，玉皇上帝圣诞。

正月十三日，关圣帝君飞升。

二月初三日，文昌梓潼帝君圣诞。

二月十五日，太上老君圣诞。

三月初三日，王母娘娘圣诞。

三月十五日，财神赵公元帅圣诞。

三月十八日，后土娘娘圣诞。

三月二十三日，天后妈祖圣诞。

五月十一日，城隍爷圣诞。

五月十八日，张天师圣诞。

六月二十四日，关圣帝君圣诞。

十二月二十四日，司命灶君上天向玉帝奏人善恶。

三元日，又称三元节，天官（正月十五日）、地官（七月十五日）、水官（十月十五日）圣诞。

夏至灵宝天尊圣诞。

冬至元始天尊圣诞。

知识链接

**道教的两大流派**

|  | 全真教 | 正一道 |
|---|---|---|
| 创建 | 金初王重阳 | 元代张与材 |
| 经典 | 道经《道德经》，佛经《般若波罗蜜多心经》，儒经《孝经》，主张三教合一 | 《正一经》 |
| 主要特征 | 重内丹修炼，不尚符箓，不事黄白之术，以修真养性为正道 | 行符箓 |
| 戒规 | 出家住宫观，不得蓄妻室，不茹荤腥，断酒色财气，清规戒律严 | 不居宫观在家修道，可以有家室，清规戒律不严 |
| 传播地区 | 全国大部分地区 | 江南、香港地区及台湾地区 |
| 祖庭 | 终南山重阳宫、北京白云观、山西永乐宫——全真教三大祖庭 | 龙虎山 |

## 六、道教的主要建筑

道教为供奉、祭祀神灵，进行修炼、生活以及举行斋醮祈禳等仪式，修建了各类殿堂，形成理想的修道场所，便形成了各种类型的道教建筑。通常情况下，道教的各种活动场所根据其规模不同，称为宫、观、道院等。道教的宫、观和道院都是由不同的建筑组成。一般情况下，道教建筑的平面组合布局有两种形式：一是中轴布局，即以中轴线为基准形成前后递进、左右均衡对称的院落布局；二是五行八卦形式布局，即按五行八卦的方位来确定主要建筑的位置，其他建筑围绕八卦方位展开。道教建筑中的装饰非常有特色，反映道教追求吉祥如意、延年长生和羽化升仙的思想。如日月星云寓意光明普照，山水岩石寓意坚固永生，扇、鱼、水仙、蝙蝠和鹿寓意善、（富）裕、仙、福、禄等。另外，还直接以福、禄、寿、喜、吉、天、丰、乐等字的抽象、变形体，用在窗棂门扇裙板及檐头蜀柱、斜撑、雀替、梁枋等建筑构件上，形成特有的吉祥文字图案建筑装饰，丰富了我国古代建筑文化和传统民俗文化，对我国建筑文化的影响深远。

一般建筑规模较大的道教活动场所称为"宫"，次之的称为"观"，小的则称

为道院。由于道教宗派众多,神仙体系庞大,道教宫观建筑的功用各异,各地道教建筑也不尽相同。通常道教宫观都建有山门、灵官殿、三清殿、四御殿、三皇殿等。

山门。道教宫观的大门。门在道家眼中象征三界,跨入山门,就意味着跳出了三界,不受世俗的烦扰,可以清静修炼。有的宫观就以龙虎殿为山门,殿内或殿前供奉道教护卫神青龙、白虎。

灵官殿。道教的第一重大殿,内供道教护法神王灵官。王灵官的形象一般是红脸膛,三目圆睁(有三只眼睛),锯齿獠牙,虬须怒张,披甲执鞭,威武凶猛,有震妖降魔气魄。他法力无边,因此为镇守山门的护法神。

三清殿。道教宫观主殿。殿中央供奉道教至高尊神三清,即中尊左手拿圆珠的玉清元始天尊;左尊为右手拿太极图的上清灵宝天尊;右尊为白发、白眉、右手拿扇子的太清道德天尊。

四御殿。有的宫观不设三清殿,即以四御殿为主殿,建有二层楼,以楼下供四御,楼上供奉三清。四御殿内供奉昊天金阙至尊玉皇大帝、中天紫微北极大帝、勾陈上宫天皇大帝、承天效法后土皇地祇。有的宫观四御殿又称玉皇殿,供奉中为昊天金阙至尊玉皇大帝神位,左为勾陈上宫玉皇大帝像和玉清真人南极长生大帝统天元圣天尊像,右边为无极元皇中天紫微北极大帝像和承天效法后土皇地祇像。

三官殿。供奉天官、地官、水官。

三皇殿。供奉神农、伏羲、轩辕。

道教的其他建筑有全真教的重阳殿、邱祖殿、吕祖殿、纯阳殿等,天师道则建有天师殿等;还有财神殿、文昌殿、慈航殿等。

## 七、道教之旅

### 1. 道教名山

相传道教有三十六洞天,七十二福地,皆仙人居处游憩之地。

武当山。位于湖北省丹江口市,列"四大道教名山"之首。主峰天柱峰海拔1612米。武当山山势奇特,雄浑壮阔,是武当武术的发源地。山间道观规模宏大,道观建筑群已被列入世界文化遗产名录。主要道教建筑有金殿、紫霄宫、遇真宫、复真观、天乙真庆宫等近百处。

青城山。古称丈人山,又名赤城山,位于四川省都江堰市。这里林木青翠,峰峦多姿,素有"青城天下幽"之誉。青城山是我国道教发祥地之一,历代宫观林立,至今尚存38处。著名的宫观有建福宫、天师洞、上清宫等,并有经雨亭、天然阁、凝翠桥等胜景。

龙虎山。位于江西省鹰潭市，是道教发源地之一。天师府是历代天师的起居之所，坐落在江西贵溪上清古镇。上清宫，始建于东汉，为祖天师张道陵修道之所。

齐云山。位于安徽省南部休宁县，因其"一石插天，与云并齐"，故名齐云山。是一处以道教文化和丹霞地貌为特色的山岳风景名胜区。主要道教景观有洞天福地、真仙洞府、太素宫、玄天太素宫、玉虚宫等。

终南山。是秦岭山脉的一段，位于陕西省武功县至蓝田县之间，道教发祥地之一。终南山千峰叠翠，景色幽美，素有"仙都"、"洞天之冠"和"天下第一福地"的美称。据传，周康王时，函谷关关令尹喜于终南山中结草为楼，老子为其讲授《道德经》。魏晋南北朝时期，北方名道云集楼观，增修殿宇，开创了楼观道派。

### 2. 道教宫观

道教著名的宫观有北京白云观、泰山东岳庙、山西芮城县永乐宫、北京朝天宫、沈阳太清宫、四川成都青羊宫、陕西鄠邑区重阳万寿宫、江西龙虎山上清宫、四川梓潼七曲山文昌宫、福建莆田湄洲妈祖庙、苏州玄妙观、广州三元宫、武汉长春观、台北指南宫、香港黄大仙观等。终南山重阳宫、北京白云观、芮城永乐宫为全真教三大祖庭，白云观为全真教第一丛林。

白云观。位于北京市，始创于唐代。金代全真派在此建大道场，名太极宫，蒙古时期丘处机居于此，因改名长春宫，并于宫东建白云观，明代曾改建。是道教全真三大祖庭之一，被称为"全真第一丛林"。中国道教协会、中国道教学院及中国道教文化研究所等全国性道教组织、院校和研究机构先后设在这里。

湄洲妈祖祖庙。位于福建莆田湄洲岛，为祀海神林默娘而建。相传林默娘生活在北宋初年，生前经常在岛上救助遭海难的船舶和百姓，死后人们感其恩德，称其为神姑，后朝廷敕封其为天妃。湄洲妈祖祖庙始建于宋雍熙四年（公元987年），明、清两代不断重修和扩建，为全球妈祖祖庙。

永乐宫。位于山西省芮城县，始建于元代，为道教宫殿式建筑群。宫殿内部墙壁上的壁画，艺术价值之高，数量之多，堪与敦煌壁画媲美。该建筑为奉祀中国道教"八洞神仙"之一吕洞宾而建，原名"大纯阳万寿宫"，因原建在芮城镇永乐镇，被称为永乐宫。

## 第三节 伊斯兰教

### 一、伊斯兰教的创立与传播

#### 1. 伊斯兰教的创立

伊斯兰教是世界三大宗教之一，7世纪时产生于阿拉伯半岛，创始人穆罕默德。穆罕默德出身于麦加古莱氏部落的一个没落的贵族家庭，自幼父母双亡，跟随祖父和伯父长大。他的童年很苦，替人放牧，12岁开始随伯父外出经商，到过巴勒斯坦、叙利亚和许多地区。在经商期间，穆罕默德增长了见识，对阿拉伯人民的各种痛苦也有了很深的了解。公元610年的一天，穆罕默德宣称得到了安拉启示，命令他作为人间的使者，传播伊斯兰教。

穆罕默德创建伊斯兰教的初期，遭到一些麦加富商和奴隶主贵族的反对。公元622年7月16日深夜，穆罕默德率领他的信徒离开了麦加，前往麦地那，伊斯兰教把这一年定为伊斯兰历法的元年。穆罕默德在那里建立了一个以伊斯兰教信仰为共同基础的政教合一的穆斯林政权——乌马公社。公元630年，穆罕默德夺取麦加城，并将"克尔白"定为伊斯兰教的朝拜中心。公元631年，基本统一了阿拉伯半岛。公元632年，穆罕默德归真。

穆罕默德归真后，伊斯兰教内部在财产和权力分配上产生分歧，逐渐形成两大政治宗教派别：拥护阿里一派的称为什叶派，另一部分由穆斯林主体发展为逊尼派。

#### 2. 伊斯兰教的传播

穆罕默德逝世后，伊斯兰教进入"四大哈里发时期"，随着统一的阿拉伯国家的对外征服，伊斯兰教向阿拉伯半岛以外地区广泛传播。伊斯兰教早期向世界的传播，与阿拉伯帝国的向外征服有着密切的联系。但自10世纪后，伊斯兰教在非洲、亚洲和东南亚的广泛传播，以及伊斯兰化的过程，通常是通过商人的贸易活动、文化交流和传教士的传教活动而实现的。如今，伊斯兰教遍布世界各地，成为西亚、北非、中亚、东南亚一些国家的主要宗教，在世界90多个国家和地区拥有10多亿信徒。

伊斯兰教传入中国始于唐代。唐高宗永徽二年（公元651年）大食国（今阿拉伯地区）派使者来长安朝贡，是为伊斯兰教传入中国之始。伊斯兰教传入中国有陆路和海路两条路线。陆路基本上是沿"丝绸之路"的线路传入中国的，从大食经波斯（今伊朗）、经中亚传入到新疆地区，再经河西走廊传入中原。海上传播路线基本上是沿"海上丝绸之路"（或称"香料之路"）的线路传入我国，从大食出发，经印度、马六甲海峡，到达中国东南沿海的广州和泉州等港口，在我国东南沿海地区传播。

## 二、伊斯兰教的教义

### 1. 六大信仰

伊斯兰教教义主要体现在"六大信仰"中。六大信仰是：信安拉、信先知、信天使、信经典、信前定、信末日。基本信条为"万物非主，唯有真主；穆罕默德是主的使者"。

信安拉。相信安拉是宇宙间至高无上的唯一主宰。

信先知。相信穆罕默德是安拉在人间的使者（先知），负责传达安拉的旨意，开导世人。

信天使。相信天界有众多根据安拉的旨意各司其职的天使，人们的一言一行都受到天使们的监视并被报知安拉。

信经典。《古兰经》是安拉默示的一部天经，教徒必须信仰和遵奉，不得诋毁和篡改，应依它而行事。

信前定。凡万事万物皆由安拉事先安排好，是人类的意志不能违抗的，只能承认和顺从。

信末日。信在今世和后世之间有一个世界末日，人死后要接受"末日审判"，安拉根据天使的记录，使恶者下地狱，善者升入天堂。

### 2. 五功和善行

伊斯兰教要求人们信仰并服从安拉，从心灵深处信仰安拉的存在和伟大，同时要求在行为上要表现出服从安拉的意志，力行一定的宗教功修，把信仰和行为的实践结合起来，达到增强信仰、巩固信仰的目的。《圣训》中把这些功修称为信仰赖以建立的基础，将五项基本功课概括为念、礼、斋、课、朝，又称五善功，是伊斯兰教的五项基本功课。

念功：穆斯林信徒在一切重要的宗教活动场合都要表白信仰。教徒口诵清真言："除安拉外，再无神灵。穆罕默德是安拉的使者。"

礼功：穆斯林定时向麦加方向礼拜，分日礼（每日5次）、聚礼（每周五午后一次）、会礼（每年两次）。礼拜前要净身，礼拜时要念诵清真言。

斋功：每年斋月（即伊斯兰教历九月）全月斋戒，昼间禁食。

课功：缴纳定量课税，即每年拿出一定的钱财济贫。

朝功：伊斯兰教规定凡身体健康的穆斯林，一生至少要去麦加城的克尔白清真寺朝觐一次。

善行指穆斯林必须遵守的穆罕默德圣人按《古兰经》指导规定的道德行为规范。

### 三、伊斯兰教的经典和标志

伊斯兰教经典主要是《古兰经》和《圣训》。

伊斯兰教的根本经典是《古兰经》。据记载，在公元610—公元632年间，安拉陆续颁降给穆罕默德，是安拉的语言和启示，是最后的一部经典。各种启示最初由穆罕默德门下弟子默记、背诵或录在皮革、椰枣叶等上面。后经追记、搜集、核实、抄写、保存，于奥斯曼在位时汇集分卷，划分章节，形成定本，遂称"奥斯曼定本"，即"穆斯哈福"。其后书写和标音不断完善，逐步统一。共30卷，114章。《古兰经》主要记载了伊斯兰教与多神教和"有经人"的论争，以及信仰纲领、宗教义务和社会义务、伦理道德规范，确定了古代阿拉伯社会的习惯法和仲裁惯例以及当时流行的传说故事等。

《圣训》是伊斯兰教的另一部经典，是先知穆罕默德传教、立教的言行记录。经穆罕默德认可和赞许的弟子谈论宗教、经训和实践教理的重要言行，也收入《圣训》。《圣训》被视为仅次于《古兰经》的基本经典，是对《古兰经》基本思想的阐释，它对整个伊斯兰教的教义、教律、教制、礼仪和道德做出了全面回答和论述。《圣训》成为后世伊斯兰教各派法学家立法、制法的第二位渊源和依据，也是历代教职人员、学者进行宣教和立论、立说的依据，故受到穆斯林的高度尊崇。

伊斯兰教的标记为新月。

### 四、伊斯兰教的信仰对象

伊斯兰教的信仰对象有安拉、使者和天使。

安拉，伊斯兰教认为安拉是独一无二的真主，安拉之外别无神灵。

使者，伊斯兰教认为穆罕默德是安拉的使者。

天使，伊斯兰教认为天使是安拉创造的，奉安拉差遣，传达安拉旨意，替安拉监视、记录人们言行的天神。

### 五、伊斯兰教常用称谓和节日

#### 1. 常用称谓

穆斯林：阿拉伯语"顺服者"之意，即顺服安拉的人。是对信仰伊斯兰教的教民的统称。

多斯提：波斯语"好友""教友"之意。穆斯林之间，无论他们在什么地方或职位高低，都互称兄弟。

阿訇：波斯语"教师"之意。对主持清真寺教务者的称谓。在我国，人们对伊斯兰教宗教职业者的通称为阿訇。

毛拉：阿拉伯语音译，原意为"保护者""主人""主子"。含义比较多，清真寺的阿訇、教长称作"毛拉"，其中德高望重者称"大毛拉"。

伊玛目：清真寺里主持礼拜的人，有时也指教长。

2. 主要节日

伊斯兰教有三大主要节日，开斋节、宰牲节和圣纪节。

开斋节：伊斯兰教历九月是斋月，斋戒期满即为开斋节，时间在斋月结束次日，望见了新月，意味着斋期结束，时间为伊斯兰教历十月一日。伊斯兰教法规定在节日中进行七件事是可嘉行为：拂晓即吃食物，以示开斋；刷牙；沐浴；点香；穿洁美服装；会礼前开斋施舍；低声诵念赞主词。中国信仰伊斯兰教的回族、维吾尔族等民族过此节，也叫"肉孜节"。

宰牲节：时间为伊斯兰教历十二月十日。穆斯林举行会礼，宰牲献主，是伊斯兰教朝觐仪式之一。安拉为了考验先知易卜拉欣的忠诚，"启示"他用自己的儿子献祭。易卜拉欣毫不犹豫地照办。在他要执行安拉"启示"时，真主派使者用一只黑头绵羊替代其子。伊斯兰教为纪念易卜拉欣父子为安拉牺牲的精神，便在此日宰牲。在中国，又称"古尔邦节"，信仰伊斯兰教的回族等民族过此节。

圣纪节：纪念穆罕默德诞生的节日，时间在伊斯兰教历三月十二日。这一天也是穆罕默德归真的日子，所以中国穆斯林又称这一天为"圣忌"。纪念活动多在清真寺举行，由阿訇念经、赞圣、讲述穆罕默德生平业绩等。仪式结束后有的穆斯林还要举行聚餐活动。

## 六、伊斯兰教清真寺主要建筑

清真寺在中国又称作礼拜寺，是伊斯兰教举行宗教仪式、进行礼拜等各种宗教活动的场所。有穆斯林聚居的地方，就会有清真寺，清真寺一般由礼拜殿、望月楼、宣礼楼、讲经堂和沐浴室组成。

礼拜殿：清真寺的主体建筑，为使教徒朝拜时面向麦加，所以礼拜殿一律背朝麦加。大殿内不设任何偶像，只是设一壁龛（又称窑窝、窑殿、凹壁），用以指示朝拜方向。壁龛右前方设宣讲坛。参加礼拜的人必须先盥洗、脱鞋才能进入大殿。

望月楼：常呈塔形建于清真寺前，专供阿訇望新月以决定开斋、封斋日期。

宣礼楼：又称邦克楼（波斯语"召唤"之意），每日五时礼拜前，由穆安津（宣礼员）按时召唤，高念招祷词，并多次重复，提示穆斯林准备上寺礼拜。多位于清真寺大殿前或两侧。常呈尖塔形，又叫宣礼塔。

### 七、伊斯兰教著名清真寺

中国伊斯兰教清真寺根据建筑形制和艺术特点可分为两大类型：一是以木结构为主的中国传统建筑风格清真寺，二是以阿拉伯建筑风格为主，融合中国地方的或民族的某些建筑特色的清真寺。以木结构为主的中国传统建筑风格清真寺，多是宋元或明时期建成，其布局、建筑式样基本采用中国传统建筑风格，这种清真寺也是中国特有形制的伊斯兰教建筑，多分布在中原地区。以阿拉伯建筑风格为主，融合中国传统建筑风格或地方民族某些建筑特色的清真寺，充分体现了伊斯兰风格。中国现存的清真寺绝大多数为元、明、清以来创建或重建。明代所建之寺，在整体布局、建筑形制、建筑装饰、庭院处理等方面已具有鲜明的中国特色。清代是中国伊斯兰教发展时期，中国特有的清真寺建筑形制于此时完成。

我国著名的清真寺有被称为中国"伊斯兰教四古寺"的杭州凤凰寺、扬州仙鹤寺、泉州清净寺和广州怀圣寺，还有北京牛街礼拜寺、新疆喀什艾提尕尔清真寺、西安化觉寺、西宁东关清真大寺、银川南关清真寺等。

广州怀圣寺，又称光塔寺、狮子寺，位于广州市光塔路。怀圣寺是伊斯兰教传入中国后最早兴建的清真寺。该寺始建于唐代，现寺为清康熙年间修建。

杭州凤凰寺，原名真教寺，俗称礼拜寺，位于杭州中山中路，因原建筑群状似凤凰，故得名。始建于唐代，元明清以来历经重修。

扬州仙鹤寺，原名礼拜寺，位于扬州市南门街。始建于南宋，由伊斯兰教创始人穆罕默德第十六世裔孙普哈丁来扬州传教时募款建造。此寺在兴建时就按鹤的形体布局。

泉州清真寺，又称艾苏哈卜清真寺，位于福建省泉州市涂门街，是仿叙利亚大马士革伊斯兰教礼拜堂形式建造的，始建于北宋。

牛街清真寺，又名牛街礼拜寺，位于北京西城区牛街。始建于辽。建筑采用了中国木结构的传统形式，但主要建筑物的细化装饰带有伊斯兰教建筑的阿拉伯装饰风格。

化觉寺，俗称"东大寺"，位于今陕西省西安市化觉巷内。始建于明代。为中国传统建筑风格，是我国现存规模最大、保存最完整的清真寺。

艾提尕尔清真寺，位于新疆喀什市艾提尕尔广场西侧，是全国规模最大的清真寺之一。始建于1442年，后经重修扩建。艾提尕尔清真寺主要由门楼、礼拜大殿、召唤阁楼、院落、净身房等附属用房组成。清真寺建筑造型精美、宏伟壮观，是中国阿拉伯式伊斯兰教清真寺建筑的典范，是新疆伊斯兰教最高学府所在地。

 知识链接

### 麦加大清真寺与克尔白圣殿

麦加大清真寺是伊斯兰教第一大圣寺，是世界各国穆斯林向往的地方和去麦加朝觐礼拜的圣地。据《古兰经》经文启示，在此禁止凶杀、抢劫、械斗，故又称禁寺。位于沙特阿拉伯麦加城中心，规模宏伟，经几个世纪以来的扩建和修葺，特别是沙特时代的扩建，总面积已扩大到18万平方米，可容纳50万穆斯林同时做礼拜。圣殿克尔白在麦加禁寺广场中央。克尔白是阿拉伯文音译，意思是"方形房屋"，中国穆斯林又称天房（真主的房子）。克尔白采用麦加近郊山上的灰色岩石建成，殿高14米多，殿的四角依所朝方向分别称为伊拉克角、叙利亚角、也门角和黑石角。殿门为金制，殿内以大理石铺地。殿内自上而下终年用黑丝绸帷幔蒙罩，帷幔中腰和门帘上用金银线绣有《古兰经》经文，帷幔每年更换一次，据说这一传统自伊斯兰教创始以来已绵延1300多年。圣殿每年都要在伊斯兰教历七月和十二月隆重地洗刷2次。天房外东南角墙壁上，用银框镶嵌着一块黑石，即有名的玄石，呈褐色，略带微红，被穆斯林视为圣物，相传它是易卜拉欣时的遗物。朝觐者按逆时针方向游转天房走过此石时，都争先与之亲吻或举双手以示敬意。每年伊斯兰教历的十二月，世界各地虔诚的穆斯林要来到麦加大清真寺朝圣，瞻仰真主真神和他们指点的圣地圣石。

## 第四节　基督教

### 一、基督教的创立与传播

#### 1. 基督教的创立与发展

基督教是世界三大宗教之一，创始人为耶稣。基督教创立于公元1世纪的巴勒斯坦地区，信仰上帝创造并主宰世界，信仰上帝及其儿子耶稣基督，以《旧约全书》（继承自犹太教的经典）和《新约全书》为经典。

在起初的一二百年间，基督教作为异教被罗马帝国禁止，基督教信徒受到迫害，甚至被处死。直到公元313年，罗马帝国皇帝君士坦丁大帝颁布《米兰敕

令》，基督教才成为政府认可的合法宗教。公元392年，罗马皇帝狄奥多西一世宣布基督教为国教，从此，基督教开始迅速发展起来。

在基督教的发展过程中，先后发生过两次大的分裂，形成三大教派——天主教、正教、新教。1054年基督教分裂为东西两派，史称"东西教会大分裂"，形成正教和罗马公教（天主教）。16世纪，天主教内发生反对教皇统治的宗教改革运动，陆续产生脱离天主教的新宗派，统称"新教"，主要有路德宗、加尔文宗和安立甘宗三大派，后新教又不断分化，派系日繁。

中文"基督教"一词有广狭二义，通常情况下，一般所说的基督教往往用其狭义，特指基督新教，俗称"耶稣教"；但广义则指包括新教、罗马公教（天主教）、正教（东正教）三大派系和其他一些较小派系在内的基督信仰体系。目前基督教在全世界有20多亿信徒，为拥有信徒最多的世界宗教。

**2. 基督教在中国的传播**

基督教于7世纪开始传入中国，中间起起落落，到近代才逐渐成为中国社会中一种重要的宗教。唐太宗贞观九年（公元635年），被当时天主教认为是异端的聂斯脱利派传教士到长安传教，中国称为大秦景教（即今"基督宗教马龙派"），是为基督教开始传入中国。后在唐会昌五年（公元845年）被禁止传播。元朝时景教随着蒙古人的西征再次在中国兴起，称为"也里可温教"。同时，天主教传教士也来到中国。元朝灭亡后，基督教在中国的发展又衰落下去。明朝中期以后，基督教的三大教派先后派传教士来中国传教。鸦片战争以后，基督教以沿海通商口岸为基地迅速发展。至中华人民共和国成立前夕，基督徒人数近70万人。

## 二、基督教的教义

基督教教义各宗派不尽相同，总体上主要包括上帝创世说、原罪救赎说和天堂地狱说。

上帝创世说。基督教信仰上帝是世界唯一的主宰，是至高至上的，全能、全知、全善的神，上帝创造了包括人类在内的宇宙一切，是人类生活上一切的供应者和掌管者，是他们必须信仰和顺服的神。唯一神上帝有三个"位格"，即圣父——天地万物的创造者和主宰；圣子——耶稣基督，上帝之子，受上帝派遣，通过童贞女玛利亚降生为人，并"受死""复活""升天"，为全人类做了救赎，必将再来，审判世人；圣灵——唯一能施行救恩使人重生的上帝圣灵。三者是一个本体，却有三个不同的位格。

原罪救赎说。这是基督教伦理道德观的基础。人乃上帝"按照自己的形象"

所造，由身体和灵魂组成，在万物中居于最高地位。人类的祖先亚当和夏娃偷食禁果，这一罪过成为整个人类的原始罪过，给了后代子孙，成为人类一切罪恶的根源。人生来就有这种"原罪"。此外，还有人类违背上帝意志而犯下的种种"本罪"，这些"原罪"和"本罪"人类自身无法自救，唯有信仰、依靠上帝才能获得救赎。上帝派遣耶稣基督降世为人类赎罪。

天堂地狱说。基督教认为，人是有灵魂的，死后将受审判。依生前行为，信徒信仰上帝，向爱人的上帝祈求和忏悔，希望他宽恕人有意或无意中所犯的罪，其灵魂会得救而升入天堂永生；不信仰上帝，不思悔改者，灵魂将受罚，被打入地狱。世界终有毁灭的末日，天堂是永生的极乐世界。在世界末日之时，人类包括死去的人都将在上帝面前接受最后的审判，无罪的人将进入天堂，而有罪者将下地狱。天主教和部分东正教认为，人犯有未经宽恕的轻罪，或已蒙宽恕的重罪及各种恶习，而无须下地狱者，其灵魂在升入天堂前，必须先经过净化过程，这种专供涤罪净化的场所称炼狱。在炼狱中必须受苦，待所有罪过炼净，补赎做完，才可进入天堂。

### 三、基督教的经典和标志

基督教的经典是《圣经》，包括《旧约全书》和《新约全书》。《圣经》的内容主要包括历史、传奇、律法、诗歌、论述、书函等。将这部书定为正典的圣书者认为该书具有神的启示和旨意。

基督教的标志是十字架。

### 四、基督教的信仰对象

基督教的信仰对象有上帝、耶稣基督。天主教还信奉圣母玛利亚、基督的门徒和天使。

上帝，或译为"天主""神"，是基督教信奉的最高神。基督教认为上帝是世界唯一的主宰，他是至高至上的、全能、全知、全善的神，上帝创造了包括人类在内的宇宙一切。上帝具有圣父、圣子、圣灵（圣神）三个位格，三位一体。

耶稣是上帝的儿子，由圣灵感孕童贞女玛利亚，取肉身降世成人的救世主。耶稣基督为赎人类之罪，被钉死在十字架上。

玛利亚为童贞女，耶稣的生母，受圣灵感孕后生下耶稣。

基督的门徒共有12人，他们是西门彼得、安得烈、雅各、约翰、腓力、巴多罗买、多马、马太、亚勒腓的儿子雅各、达太、奋锐党的西门及卖主的犹大。

天使是上帝的使者，神差遣他们来帮助需要拯救的人，传达神的意旨，是神在地上的发言人。

## 五、基督教常用的称谓、仪式和节日

### 1. 基督教常用称谓

教皇：天主教的最高首脑。

牧首：宗主教的译称。高级主教职称。

枢机：天主教罗马教皇以下最高级神职人员的职称。

枢机主教：天主教罗马教廷中最高级主教，枢机团最主要的神职人员，在中国亦称"红衣主教"。

首席主教：基督教某些教会中最主要的主教的荣誉称号。

都主教：基督教高级主教职称，为实行主教制教会中教省的首脑。在天主教中与大主教地位相同；东正教教会中，指重要城市教会的主教，地位仅次于牧首；新教中与大主教同义。

大主教：基督教高级主教的职称，亦称总主教。天主教会中，指驻节大城市而管辖教省的主教，总管和监督教省范围内的各个教区；在东正教会中指主管一个大教区的主教，接受牧首管辖；新教中少数教会也有大主教职称。

主教：天主教、东正教和部分新教的教区首脑，为教会高级圣职人员。新教的某些教派译为"会督"。

司铎：又称司祭。基督教实行主教制的教会中神职人员的正式品级职称，由教区首脑主教派立授权，协助主教管理教务。通常是一个教堂的负责人。

神父：亦译作"神甫"。天主教、东正教教会中协助主教管理教务的一般神职人员。通常担任一个教堂的负责人。其正式品位为司铎（司祭），神父为其尊称。

牧师：新教多数宗派中的主要圣职人员。

长老：基督教实行长老制的教会中教务领袖的称谓。东正教中指修道院中隐修生活的灵性导师，一般由未受神职而深通教义的长者担任。

执事：基督教新教有些宗派在教徒中推选出来的协助长老和牧师管理教会事务的人。执事一般不放弃世俗职业，也不终身任职。

教士：基督教会中担任教会职务神职人员的统称。

修士：进入修道院修行的男教徒。

修女：进入修道院修行的女教徒。

### 2. 基督教常用仪式

基督教的常用仪式有礼拜、日课、圣事（包括洗礼、坚振、告解、圣体、终傅、神品、婚配）、弥撒。

礼拜：基督教新教的主要宗教活动。内容包括祈祷、读经、唱诗、布道等。一般是星期日在教堂内举行，由牧师主礼。无教堂之处可在信徒家中举行；无圣职人员时亦可推举一位信徒主领。

日课：赞美、崇拜上帝的公众礼拜。内容包括咏唱诗篇、赞美诗和祈祷、诵读经文等。

圣事：是基督教的重要礼仪，或称圣礼。举行圣事要遵循规定的仪式，只有合格的教会神职人员依照基督亲定的样式施行方为有效。天主教和东正教的圣事有七件，即洗礼（为新入教者举行的圣本仪式）、坚振（由主洗礼人在已受洗者的头上按手并敷圣油和画十字，同时口念圣词）、告解（向神父告罪并忏悔，听由神父赦罪）、圣体（圣餐）、终傅（由神父或主教在患病的信徒的口、鼻、耳、目和手、足等处敷擦经过祝圣的橄榄油，并诵念祈祷经文）、神品（包括授职礼等）、婚配（受过圣洗的男女双方在教堂由神父主礼，按教会规定礼仪结为夫妻的仪式）。新教一般只承认洗礼和圣餐为正式圣事。

弥撒：基督教纪念耶稣牺牲的宗教仪式，只有神父、主教有神权主持。天主教为圣餐圣事。

### 3. 基督教节日

围绕基督教的节日众多，有显圣节、狂欢节、忏悔节、大斋期、耶稣升天节、万圣节、万灵节、感恩节、圣诞节、复活节等。其中最主要的是圣诞节和复活节。

圣诞节。是纪念耶稣诞生的节日，时间是每年的12月25日。圣诞节现在已不只是基督教的节日，也是流行于西方，传入世界各地的较为普遍的习俗性节日。通常在12月24日平安夜举行，基督信徒要到教堂做礼拜，12月25日庆祝节日。圣诞节人们常互赠礼物、举行圣宴，并用圣诞老人、圣诞树等增添节日气氛。

复活节。基督教信徒为纪念耶稣被钉十字架受死后第三日复活的节日。时间不固定，一般在每年的3月21日或该日后月圆以后第一个星期日。复活节人们互赠象征生命和繁荣的彩蛋。

### 罗马教廷

罗马教廷是协助教皇处理政教事务、管理天主教会的机构，设于梵蒂冈。罗马教廷由罗马教区的主教公署发展而成。1588年教皇西克斯图五世设立教廷各部门，罗马教廷始告形成。其后教廷体制几经变化。教廷首脑为教皇，下设国务院、教会公共事务理事会，均由国务卿主持。另设信理部、主教部、东方教会部、圣事和礼仪部、神职部等机构。教廷驻外使节由教皇派遣并作为教皇私人代表，分为三种：特使、常驻外交使节（大使、公使）和宗座代表。在联合国有常驻观察员代表团。

（资料来源：辞海（第七版）缩印本［M］．上海：上海辞书出版社，2022.）

## 六、基督教著名教堂

基督教在中国有1000多年的发展历史，修建了众多的教堂。目前我国的基督教教堂主要有：天主教教堂有北京南堂、北京北堂、天津老西开教堂、上海徐家汇天主堂、上海佘山圣母大教堂、广州圣心大教堂；新教教堂有上海国际礼拜堂、上海沐恩堂、上海圣三一堂；东正教教堂有哈尔滨圣索菲亚教堂、上海圣母大教堂。

北京南堂。我国建造历史最早的天主教堂。明万历年间（1573—1620年）意大利传教士利玛窦创建，清顺治七年（1650年），德国传教士汤若望在旧址上重建。现存建筑为清光绪三十年（1904年）修建。

北京北堂。又称西什库北堂、救世主堂，是北京教区最大的教堂，始建于1693年。

上海佘山圣母大教堂。亦称佘山天主堂，位于上海市。建于1894年，山顶大堂于1925年奠基，1935年正式落成。建筑具有罗马过渡时代的风格。1942年，教堂被罗马教廷敕封为"乙等大殿"，即仅次于罗马教廷大殿的第二等大殿，是中国天主教徒在东南沿海的主要朝圣地。

上海国际礼拜堂。1923年由在华美国人修建，是一座近代哥特式砖木结构的建筑，呈英国民间乡村建筑风格。为基督教新教教堂。

上海沐恩堂。最初创建于1887年，1929年教堂向西迁移，建造了现在的这座教堂。为新哥特式建筑风格。为基督教新教教堂。

上海圣三一堂。1869年建成，俗称"红礼拜堂"。是英国侨民中的圣公会教徒服务的教堂，1847年先建造了一座小型教堂，1866年5月24日—1869年重新建造，外观为哥特式，是上海早期最大、最华丽的基督教堂。为基督教新教教堂。

哈尔滨圣索菲亚教堂。位于哈尔滨市内，建于1907年，是中国最大的东正教堂，通高53.35米，占地面积721平方米，是拜占庭式建筑的典型代表。1997年，圣索菲亚教堂修复后更名为哈尔滨市建筑艺术馆。

## 本章小结

本章对四大宗教的创立、传播和发展过程进行了介绍，对四大宗教的经典和标志、常用称谓、礼仪、活动和节日进行了讲解，重点阐述了四大宗教的基本教义、供奉（信仰）对象，还介绍了国内现存的主要宗教建筑及宗教圣地。

## 思考与练习

1. 概述四大宗教的创立、传播和发展过程。
2. 简述佛教在中国的传播发展过程。
3. 概述四大宗教的基本教义。
4. 分别介绍四大宗教的供奉（信仰）对象。

试一试

1. 四大菩萨的别号、手持法器、坐骑及其道场（请将空白处填写完整）。

| 菩萨名 | 别号 | 手持法器 | 坐骑 | 道场 |
| --- | --- | --- | --- | --- |
| 文殊菩萨 | | | 狮子 | 山西五台山 |
| 普贤菩萨 | | 如意棒 | 六牙大象 | |
| 观音菩萨 | | | | 浙江普陀山 |
| 地藏菩萨 | 大愿菩萨 | | | |

2. 列举四大宗教的代表性建筑。

# 第八章
# 中国旅游文学

 **学习目标**

**1. 知识目标**

了解旅游文学的特点、内容、形式;掌握旅游文学的类型及表现形式;了解旅游体验和文学旅游在实际旅游活动中的重要性。

**2. 能力目标**

通过对中国旅游文学作品的了解,实现"文化赋能产业发展",融合中突显文化价值,提升学生文化自信。

**3. 技能目标**

能够熟悉掌握部分经典诗、词、曲。能够涵养一份中国古代文人寄情山水间的人文情怀。

**重点难点**

1. 旅游文学的特点、内容、形式。
2. 旅游体验与文学旅游的融合与实践。

## 第一节 旅游与旅游文学

 **任务导入**

一首诗,一个地方,在时光里与诗词进行一次诗意的邂逅。诗中有风景、有历史,让人们在诗词营造的唯美意境里,感受祖国大好河山的清婉与壮美。同学们,你记忆里印象最深刻的一首与"山河美景"有关的诗词是什么?

## 一、旅游文学的含义

旅游作为当下人们最常见的一种休闲方式，通常是指人们离开日常生活的住处，暂时到别处去的一种行为。旅行的动机各有不同，旅行由此可以划分为不同的种类，如休闲旅游、商务、传教、朝觐、探险、考察、学术访问、探亲访友等。徐志摩等文人所写的游记，对中国文学的发展有一定的影响。旅行可以促使文学作品产生，文学可以带动旅游。然而今日，旅游已成为人们生活中不可缺少的一部分，也成为拉动地方经济的重要支柱和载体。中国古代文人墨客的许多传唱至今的诗词歌赋都是在旅行途中书写的。文学中文人墨客所及之处，如李白所写的《望庐山瀑布》的庐山一样，成为人们向往的所在。

旅游文学，顾名思义，就是反映旅行途中生活的文学。但旅游文学绝非只是游记，除了记述途中的山川风物和风俗民情，旅行途中的生活与感悟才是重点。旅行中发生的事情，遇到的突发状况，一湖一树带来的沉思，构成了旅行的另一面。

## 二、旅游与旅游文学的关系

文学与旅游关系密切，由旅游活动产生了旅游文学，而文学作品又使旅游目的地得到宣传渲染，吸引更多旅游者参观游览、凭古吊今。文学是文化的灵魂，文化是旅游的灵魂。文学具有导游、兴游作用，作家在作品中对旅游景点、旅游文化的独特诠释为旅游增添了亮点，起到了无形的宣传和带动作用。旅游因诗而兴，因诗而名，山川景物、民俗风情因诗人们的吟诵而流光溢彩、韵味无穷。这就是所谓的"文以景生，景以文传"。总体上来说，旅游资源中良好的自然景观，经过文人作家的创意创作，结合环境和灵感的触动，积极促进了旅游产业的快速发展。

## 三、旅游文学的特点

### （一）抒情性

旅游文学作者在观景、游览名胜古迹时自然会生发出情感，这种情感因景因物而生，同时又受旅游者自身生活经历、艺术修养及写作个性的影响。因此，同样的景观，会引起创作者不同的感受，或忧或喜，不一而足。旅游文学的抒情方式大致有三种情况，即直接抒情、寓情于景以及情景交融。

直接抒情，多见于早期旅游作品，一般先写景或先叙事写景，最后在文末抒情。如谢灵运《登池上楼》全诗 22 句,前 16 句主要叙写登楼远眺的所见所闻,重在描写初春景色,只有后 6 句表达"伤豳歌""感楚吟"的情怀,同时抒发"离群难处心""无闷征在今"的矛盾心情。

寓情于景,指作品通篇写景叙事,不见抒情的句子,但景中却包含着作者要抒发的感情。这类旅游作品不少,如贺知章《咏柳》:"碧玉妆成一树高,万条垂下绿丝绦。不知细叶谁裁出,二月春风似剪刀。"该诗通篇写景,不直接抒发感情,然而诗行中洋溢着诗人对春天的喜爱。又如陆游的《游山西村》,全诗紧扣"游"字,描写了山村风光和风俗民情,诗中亦没有直接抒情的句子,然而诗人对家乡的赞美和热爱,对前途的乐观和信心,均融于景中,跃动于字里行间。

情景交融,指作品中既有写景的成分,也有抒情的成分,情景结合,融于一体。这类旅游作品很多。如孟浩然《望洞庭湖赠张丞相》,前 4 句描写洞庭湖的壮阔气势,其中"气蒸云梦泽,波撼岳阳城"一联写出洞庭湖的雄浑、磅礴气势,形象地描绘出湖水波滚浪涌的神态和活力;后 4 句,通过"欲济无舟楫""徒有羡鱼情"的陈述,表达出诗人不甘隐居、迫切求仕的心情。情景交融,可分为触景生情和缘情写景两种类型,此诗写景抒情,属于触景生情的抒情方式。

### (二)审美性

审美性是旅游文学最显著的特征。任何文学作品都能给人以美感,而旅游文学亦如此。"旅游文学作品是对审美主体与客体及其互相作用的过程和关系的审美意识的艺术表现。"旅游从本质上说是一种审美活动,是人类精神生活的重要部分。旅游文学基于旅游活动而产生,因此,旅游活动的审美内容也丰富多样,涉及人类审美的全部领域——自然美、社会美、艺术美。

旅游文学则对这些美的内容予以反映,有些作品侧重反映某种单一内容,有些则是对审美内容的综合表现。有的作品侧重于表现一种美感,比如侧重于表现西湖自然之美的《西湖漫笔》(宗璞);侧重于表现风情民俗之美的《西安散记》(秦似);侧重于表现建筑雕塑、绘画之美的《敦煌游记》(张恨水);又如现代作家朱自清的散文《荷塘月色》;这些作品都是自然美、社会美和艺术美的综合表现。而在旅游文学园地里,最令阅读者倾心不已的当数自然美。自然美有多种类型,就性质而言,有形态美、色彩美、听觉美、嗅觉美、触觉美等;就形态而言,则有雄美、秀美、奇美、险美、幽美、旷美、野美、奥美等;这些都在旅游文学作品中得到充分的展现。

### （三）知识性

所谓知识性，是指旅游文学能给读者提供与观赏客体有关的种种知识信息，包括名胜知识、民情风俗知识、自然科学知识以及名人生活知识等。旅游文学引人入胜的魅力之一便是作品中容纳了大量的有关旅游地的各方面的知识信息，读者能在享受"美"的同时，得到"知"的启迪与充实。

比如陆游的《入蜀记》、徐霞客的《徐霞客游记》等，不仅描写了作者游历的景物景观，而且记录了大量的民俗风情、历史遗迹、地理地貌、佛寺道观等社会历史文化知识，不仅可以加强读者对所记地区景点的了解，而且为历史文化、地理科学研究提供了丰富的史料。

有的作品侧重解说名胜古迹所包含的人文知识，如秦牧的《天坛幻想录》，文中关于中国文化中带有神秘色彩的"九"的探索令人折服。北京天坛圜丘的石栏杆、石块的数量都和"九"有关，即都为"九"的倍数，作者认为这中间一定藏着谜，于是通过大量关于"九"的材料的层层剖析揭开了谜底。阅读者阅读此文，不仅能增加关于"九"的知识，而且对中国的数字文化也能有所窥见。

## 四、旅游文学的作用

旅游文学的作用主要表现在以下两个方面：

第一，旅游文学的社会功能是多方面的，总括起来主要有美感作用、认识作用、教育作用和广告作用。旅游文学运用文学艺术手法创造的旅游景观的典型形象美和诗情画意美，能引发读者的感情共鸣，令人神思飞扬，具有鲜明的赏心、悦目、乐神的审美作用；其次，那些注目景观、以心会景、寓理于景、言志明理、蕴含哲理美的旅游文学，具有激发读者联想和感悟、开人心智、启迪心灵、陶冶品行的"寓教于乐"的作用。那些蕴含着自然科学和社会科学知识的旅游文学，对于拓宽人们的眼界、提高人们的认知能力、丰富人们的知识大有裨益。

第二，旅游文学对于旅游具有反作用。旅游文学美化了旅游资源，丰富了旅游资源的文化内涵，滋养了人们的审美意识，提升了旅游者的综合素质，推动了旅游业的发展。中国特有的历史文化造就的旅游景观，总是与名人相得益彰、交相生辉。景观因名人和名文而显。"山川之秀，实出人才；人才之出，益显山川。"精美的作品一经问世，又构成了江山景观的一部分，为山川胜迹增辉添彩，提升了旅游景观的审美文化价值和知名度。因此，旅游文学又是旅游景观最好的广告，旅游文学以美陶冶了人们的精神，精神又转化为物质。总之，旅游文学起到了提高旅游工作者和旅游资源的文化审美品位的作用。

### 五、旅游文化的范畴

我国的旅游文学是一个较为宽泛的概念,既涵盖古今,又涵盖不同的文体。从时间上讲,可分为古代旅游文学和现代旅游文学。古代旅游文学包括描写记叙山川景物、吟咏大自然以及旅游活动的诗词、歌赋、游记、楹联、碑铭、摩崖、神话、传说、故事等。现代旅游文学除了游记和记游诗词等之外,还有旅游小说、旅游小品文及文学性较强的导游词和旅游景点介绍等。

古代游记是"杂记中的奇伟之作",以山水记为正宗,部分以文学手法描述亭、台、楼、阁之文,及山川江河都城之赋、碑铭,也可列入古代游记之中。古代记游诗词中的瑰丽之作,以山水诗词为主体,还包含部分田园诗、边塞诗、吟咏名胜古迹的诗词、楹联等。那些与旅游相关的摩崖石刻、神话、传说、故事,以及涉及旅游景观及古今人们旅游活动的文字或口头传说,虽然是旅游文学的附庸,也应归属于旅游文学之列。

## 第二节　旅游文学的类型及形式

**任务导入**

旅游文学作为一种融合旅游体验与文学审美的特有形式,在我国古代文人的笔下以诗、词、散文、楹联、骈文等不同的形式,呈现了中国山河的壮丽之景,表达和传递着歌咏之情。根据金宇澄同名小说改编的电视剧《繁花》的爆火,给上海带来了从历史到文化的全方位出圈。深入挖掘地域文化特色,将旅游文学作品的内容、故事融入旅游景区,旅游已成为人们感悟中华文化、增强文化自信的重要路径。

同学们,本节课让我们寄情于中国优秀旅游文学作品之中,感悟文字的力量吧!

### 一、旅游文学的类型

#### (一)主流型——三要素结构

旅游中遭遇的"事",随着旅游而波动之"情",为作者五官所感觉到并有意识表现之"景",这三要素的组合构成旅游文学的主流结构内容。旅游文学内容三要素依具体作品而各有主次、轻重、隐显之别,高明的作家擅长在这些构思上匠心独运。如李白《黄鹤楼送孟浩然之广陵》:"故人西辞黄鹤楼,烟花三月下扬州。孤帆远影碧空尽,唯见长江天际流。"这首七绝吟,妙在全诗都在叙事,都在状景,又都在抒情,尽管四句没有一字道及衷情,但送友黄鹤楼,人别舟远,犹伫立目送,此时此景岂不正艺术地展现出李白对孟浩然的真挚淳厚情谊!

具有异曲同工之妙的还有盛唐岑参《白雪歌送武判官归京》之末节:"轮台东门送君去,去时雪满天山路。山回路转不见君,雪上空留马行处。"此诗同样寄真情于景、事,情似隐而更深,辞虽淡而味反醇,达到了"不着一字而尽得风流"的艺术境界!

### (二)简明型——二要素结构

这也是旅游文学内容常用的结构方式,其中主要采用事与情或景与情二要素结构。旅游文学作品有不写景而为佳篇者,典型的如苏轼在密州知州任上所作《江城子·密州出猎》,其云:"老夫聊发少年狂,左牵黄,右擎苍,锦帽貂裘,千骑卷平冈。为报倾城随太守,亲射虎,看孙郎。酒酣胸胆尚开张,鬓微霜,又何妨!持节云中,何日遣冯唐?会挽雕弓如满月,西北望,射天狼。"此词上片描述出猎的盛况,下片抒发保卫边疆的决心,全词略去边地风光,全力表现狂放之态与豪迈之情,被认为是苏轼豪放词风的奠基之作。

至于淡化叙事性笔墨,以情景互融取胜,这是唐后诗词流变的趋势,出现了多种多样的表现形态:

一为触景生情,即因眼前之景而生发胸中之情,代表作如李白《独坐敬亭山》:"众鸟高飞尽,孤云独去闲。相看两不厌,只有敬亭山。"李白晚年漫游至宣州,赋予无生命之敬亭山以人格性情,以与敬亭山"相看两不厌"来反衬连年郁积心田的孤独与愤懑,曲笔更蕴诗致。

二为融情于景,即将情巧妙地融入所描绘的景象之中,让读者由景去体会"诗画"中的情。中国旅游文学强调心物交感、情景相融、物象贯通、文情并茂,正如《文心雕龙》所说"神用象通,情变所孕",即讲求意境之美。

三为因情设景,即为了抒发情感的需要而在诗中营造某种并非真有实在的物境,如将并非一时一地的景物皆收纳集聚到一首诗中。如晚唐杜牧《江南春》云:"千里莺啼绿映红,水村山郭酒旗风。南朝四百八十寺,多少楼台烟雨中。"诗人驰骋艺术想象,将首句风和日丽之情景与末尾烟雨迷蒙之雨景、眼前实有之楼台小景与历史上南朝四百八十寺的巨景"叠印"于同一首诗歌画面中,从而抒发了对晚唐皇帝一味奉佛的不满。

### (三)哲理型——四要素结构

哲理型作品要素除普遍常见的事、景、情之外,还多了一个"理",这类旅游作品往往以其哲思理念而发人深省。苏轼的作品《题西林壁》即表达了他在庐山游玩时的所见所感。这是一首描绘庐山景色的诗,其中蕴含了深厚的哲学思想。这首诗以简洁明快的语言、富有哲理的寓意,给人留下了深刻的印象。"横看成岭侧成峰,远近高低各不同。不识庐山真面目,只缘身在此山中。"诗人告诉我们,看待问题要全面,要有超越自身的眼光;同时也要热爱生活,欣赏生活中的美好。通过这首诗,我们可以更好地理解苏轼的思想和人生观,从而获得更多的启示和感悟。

## 二、旅游文学的形式

旅游文学形式,指文学作品作为思想与艺术的载体所表现出的多种样式,是由各种表现形式与功能所组成的。我国古代文学体裁,以是否押韵为标准分为押韵的韵文(诗词、曲)与不押韵的散文,还有兼具韵文与散文特点的赋与骈文及后起的小说与戏剧文学。旅游作家为了反映丰富多彩、变幻无穷的旅游生活,尝试创作各种文学体裁,形成了旅游文学形式的多样化。以作品体裁为标准,可以将旅游文学形式分为以下八种。

### (一)旅游诗、词、曲

旅游诗,是以诗的形式反映旅游生活的作品。诗是我国古代运用得最广的一种韵文,按其形式可大致分为古体诗与近体诗两大类。所谓"古体诗"与"近体诗",都是唐代形成的概念。

旅游词、曲,是以词与散曲的形式反映旅游生活的作品,词是随隋唐燕乐的兴盛流行,由诗歌与音乐结合而生成的一种新型格律诗。词的全名是"曲子词"。"曲子"是它的燕乐曲调,"词"是与这些曲调相谐和的唱词。唐宋时,它并无一定的称呼,人们或简称其为"曲子",或简称其为"词"。现在由于"曲子"的唱法已经失传,人们只能欣赏剩下的文辞了,所以通常省称其为"词"。

### (二)旅游散文

一般将古代旅游文学中除诗、词、曲以外的写景并在写景基础上抒情、言志的文章统称为"古代旅游散文"。其中既有一般的游记散文,包括王粲的抒情小赋《登楼赋》和吴均的书信体的山水骈文等。旅游散文是旅游文学中的一个大类，特别是在现代，旅游散文在旅游文学中占有越来越重要的地位，许多著名散文作家以广阔的艺术视野和敏锐的审美眼光，为时代写照，令山水传神，写出了许多旅游散文珍品，值得我们给予特别的关注。

### （三）楹联

楹联，是我国旅游文学中特有的一种文学样式，数量众多，涉及面广，华夏风景名胜区与古代建筑物，举凡皇宫王府、馆阁廨宇、陵寝祠堂、古刹园林、私宅别第、鼓楼牌坊、山亭水榭，到处可见楹柱上书挂的精美的楹联。楹联从春联演化而来，古代民间有每年元日（今春节）在门上插桃符以驱鬼避邪的习俗，相传五代后蜀国主孟昶首次在桃符上书写"新年纳余庆，嘉节号长春"十字，后来这被认为是楹联的发轫之作。

 知识链接

**济南趵突泉楹联**

佛脚清泉，飘飘飘飘，飘下两条玉带。
源头活水，冒冒冒冒，冒出一串珍珠。

此联生动形象地表现了趵突泉"泉源上奋，水涌若轮"时的逼真情景。两个动词"飘""冒"的反复重叠及顶针修辞的使用十分传神。"玉带"和"珍珠"分别比喻泉瀑和水珠，十分贴切。

### （四）散文

旅游散文以形形色色的游记为主体，旁涉部分带有游历性的殿祠庙堂亭阁楼观等建筑"记"、摩崖碑石记、书信体记游散文、旅游诗文集序、山水画序、地志、山志及其序、导游词等。旅游散文可以是结构完整的单篇文章，也可能是由若干单篇组合成的"组文"，如柳宗元的《永州八记》，还可以是逐日或逐程记录的旅游文集如徐霞客的《徐霞客游记》。旅游散文可长可短，可雅可俗，不拘一格，较之诗词楹联骈赋，创作更加自由，故其创作久盛不衰，至今仍活跃于报纸杂志、文集画报、电台电视，成为交流观感、沟通心灵的主要文学形式。

### （五）骈文

骈文与散文相对，以俪词偶句、两两相对为基本句型。骈文与楹联同为我国

特有的文体,它之所以产生,和汉字是方块字密切相关,汉字一字一音,一音一义,才可形成对称整齐的俪词偶句。骈文始于东汉之初而形成于魏晋之际,至南北朝达到全盛,声势盖过散文,后迭经韩愈、柳宗元的中唐古文运动,欧阳修、苏氏父子等的北宋诗文革新运动打击,骈文才还宗于散文。

旅游骈文以其至美形式反映至美风光,文质相称,内外辉映,流传下不少可圈可点的名篇佳句,如南朝鲍照《登大雷岸与妹书》,其中有一段瞻望庐山的华美文字:"西南望庐山,又特惊异。基压江潮,峰与辰汉连接。上常积云霞,雕锦缛。若华夕曜,岩泽气通,传明散彩,赫似绛天,左右青霭,表里紫霄。从岭而上,气尽金光;半山以下,纯为黛色。信可以神居帝郊,镇控湘、汉者也。"清代许梿读文至此,援笔惊叹道:"烟云变灭,尽态极妍。即使李思训(唐代著名山水画家)数月之功,亦恐画所难到。"

### (六)赋

赋也是中国文学的特有文体。以赋名篇初见于战国荀卿的《礼赋》《知赋》等;以赋独标风韵,始于汉代。汉赋吸取《诗经》《楚辞》的音韵节奏美,又张扬先秦诸子散文、《楚辞》铺陈排比的手法和纵横恣肆的风格,形成散句与韵语相间,兼具诗歌与散文性质的特殊文体。刘勰《文心雕龙·诠赋》云:"赋者,铺也。铺采摛文,体物写志也。"指出了赋作雕词琢句、排比铺陈的艺术特征,寓意写物、抒写情志的内容特点。汉赋被后世誉为汉代文学的代表体式,与唐诗、宋词、元曲、明清小说相提并论。汉代以后赋作分化,或向骈文的方向发展,演化为骈赋、律赋,如东晋孙绰的《游天台山赋》,或向散文的方向发展,演变为文赋,代表作如苏轼的《赤壁赋》。

### (七)旅游小说

通过旅游故事情节和有关的社会自然环境的描写,以塑造人物形象,反映社会生活,这类小说可称为旅游小说或亚旅游小说。我国旅游小说源自古代神话和历史传说,《穆天子传》略具雏形;到了魏晋南北朝,旅游小说创作之风渐开,出现《搜神记》《拾遗记》等;唐代传奇小说中多情节曲折、人物丰满的旅游小说,如李朝威《柳毅传》;宋明话本小说流行,旅游奇遇已成热门题材,如冯梦龙"三言"中的《杨八老越国奇逢》《杨谦之客舫遇侠僧》《陈从善梅岭失浑家》《赵太祖千里送京娘》等。

### (八)戏剧

戏剧是融合文学、音乐、美术、舞蹈等艺术因素的综合艺术,而戏剧文学是戏剧艺术的文学因素,通常称为剧本,是可供阅读和舞台演出的一种文学体裁。戏剧文学主要用于舞台演出,特点是以台词为主,台词的中间或前后,有叙述人的舞台提示;人物语言要求朗朗上口,而且往往有潜台词;最鲜明的特征是戏剧冲突,它是构成戏剧文学的根本因素。戏剧文学从文体的角度分主要有杂剧、诗剧、歌剧、话剧和影视文学等。

在旅游文学领域中,戏剧文学的创作最为薄弱,创作实践也有待丰富和提高。但是毕竟出现了一些戏剧文学作品,这应该是一个良好的开端。比如旅游纪录影视片制作就很活跃,不但有自然风光片,还有反映民族风情、民俗民事、风味佳肴、工艺特产、古建园林等多种内容的旅游影视片。目前,全国许多著名的山水风景点,或重要的园林古迹、风俗民情、独特的风味特产等,都已经被拍成影视片,这些影视片所配的解说词,大都是优美的散文,它们既依附于影视片,又可作为独立的文学作品来欣赏。

## 第三节　文学中的旅游体验

**任务导入**

在《诗经》发源地西安沣河东岸,出现了全国首个诗经主题特色小镇"沣滨水镇·诗经里",其建设以诗经文化为魂,将《诗经》内容中所涉及的这块土地上所有的风物、民宿、音乐、人物,都转化为现实的景观和建筑。在这里,有国风广场、鹿鸣食街、关雎广场、小雅书社等一系列与《诗经》相对应、相融合的建筑和景观,更有诗经礼乐盛典呈现。同学们,当旅游与文化真正融合时,旅游会是一种怎样的体验呢?

在文旅融合的时代背景下,文学的影响力和引导作用对旅游景点文化底蕴和整体水平的提升有着十分重要的意义。如何让文学作品赋予景点诗情画意,如何让文学作品与景点完美结合,让旅游者在沉浸式、体验式的环境下感受和体验旅行所来的"体验价值"呢?

古人游山玩水,以诗文寄情,这些文学作品为其所描绘的景观增添了独特的文化魅力，也使其歌颂的人文古迹拥有了更加丰富的文化韵味。文学来源于生活，它又是文化的一种重要表现形式，对于追求文化旅游，对于乐于在旅游活动中品味生活的现代人来说，文学作品毫无疑问是一种独特的优质资源。那么，在旅游体验经济时代到来的当下，文学作品该如何为旅游目的地的"体验价值"增光添彩呢？

### 一、旅游体验

未来学家阿尔文·托夫勒提出"体验市场"这一新概念。约翰·奈斯比在这个基础上提出"体验经济"。他们认为，继农业经济、工业经济、服务经济之后的一种新经济，就是体验经济。这个概念指的是：以服务为舞台，以商品为道具，用活动将顾客带入其中，使他们产生美好感觉和难忘体验，从而在体验感的驱动之下积极完成消费。文学，特别是文学中的游记，本身就是作者深入客观对象的体验，是一份完全融汇个人体验的文本，它包含着对景观的描述、对沉浸其中的感情的表达和对由此产生的感悟的分享。可以说，文学作品是超越一切其他文字的体验报告。旅游，就是一种体验，是把身心浸入山川大地和名刹古寺去深入感受的一种体验活动。

旅游体验是一系列特定体验活动的产物，这种特定的体验活动是旅游者在一个特定旅游地花费时间来游览、参观、学习、感受所形成的，是由众多复杂因素构成的综合体，这些因素包括个人感知、地方印象以及所消费的产品等。所谓"物随心转，境由心生，心之所向，境之所在"。正如刘勰在《文心雕龙·神思》中所言："夫神思方运，万涂竞萌，规矩虚位，刻镂无形。登山则情满于山，观海则意溢于海。"游客的旅游体验与感悟大多通过主题性来体现和强化。

### 二、旅游文学与旅游体验

中国文化有尚古重文的传统，无论是名城、名山、名水、名园、名陵，还是名寺、名观、名花、名石，都积累了或多或少歌咏它们的文学作品。文学作品可以转化为旅游产品，对这一点，毋庸置疑。但必须注意一点，那就是，这部文学作品必须是具有影响力、具有符号性，最好是耳熟能详、妇孺皆知的，因为其影响力大小决定了市场吸引力远近，决定了旅游目的地的辐射范围。

此外，借助文学作品进行旅游景区推广和宣传，一定要结合本地的地域特点、人文资源、风土人情等元素进行综合考虑，切切实实做到因地制宜，这样才会形成特色，塑造原汁原味的文学场景，达到旅游目的地主题与文学作品主题的有机统一，让人相信文学作品就诞生在你这里，让人相信他所读到的故事就真真切切地发生在这里。例如，沈从文先生在短篇小说《边城》中用一个美丽的姑娘，几首动人的山歌，两个痴心的小伙，一只老黄狗，一个老爷爷，勾勒出了自然风光秀丽、民风淳朴的湘西小镇茶峒。而在沈从文先生的故里凤凰古城，亦有绵延的远山、流淌的沱江、星罗棋布的吊脚楼，如水墨丹青，如梦似幻。人们普遍地、潜意识中就认为《边城》的故事就发生在凤凰古城。凤凰古城虽不是茶峒，但二者气质相投，风情相宜。文学作品的诗情画意与旅游景点的美丽景色交相辉映，正是景因文显、文以景传的表现。

无论是王安石的《游褒禅山记》、范仲淹的《岳阳楼记》、苏轼的《前后赤壁赋》、陶渊明的《桃花源记》，还是王勃的《滕王阁序》、欧阳修的《醉翁亭记》、柳宗元的《永州八记》等作品，不仅具有重大的文学贡献，在旅游审美和创作上亦产生了重大影响。仅因《桃花源记》一文，中国就出现了常德桃花源、酉阳桃花源、天津盘山桃花源、湖北竹山桃花源、江西庐山市桃花源、安徽黟县桃花源等与之有关的景区，这些景区就是文学影响旅游的典型代表。

总体来说，旅游文学与旅游体验的关系具体表现在：第一，真实性体验是重要基础，以真情实感为第一要务。第二，现场感为第一要素，所有的传达均来自个人的现场感。现场感保持细节的真实和现场的氛围，因此，具有强大的抵近客观现实的能力。第三，真实性和现场感托起的思维深度、高度以及广度，比一般性思考具有更丰沛的生活基础和更深厚的生命祈望。

## 三、文学旅游

当《马可波罗游记》在欧洲风靡的时候，人们就想前往这样一个神秘的国度一探究竟。当孩子们在阅读《三国演义》和《水浒传》时，父母为了让其增加体验感，就会策划一次前往无锡三国水浒城的旅行。当下，随着网络文学热度持续攀升，一些与影视作品同名的著作，带火了城市的旅游业。例如，由梁晓声《人世间》改编的电视剧是在长春市拍摄，剧中"吉春"火车站、剧场、生活区都成了人们的打卡热点。在文旅走向深度融合的今天，更多的文艺文学作品与旅游融合，IP联动效应更为显著。

### （一）什么是文学旅游？

一般而言，文学旅游是一种结合文学作品和旅游体验的旅行方式。它通过参观和探索与文学作品相关的地点、景点或场景，让游客能够通过体验深入了解作品中的故事情节、人物形象和文化背景。文学旅游的核心理念是通过文学作品的吸引力和影响力，吸引游客到作者的故乡、作品的背景地或具有文学意义的地方旅行。这种旅行方式不仅带给游客视觉和感官上的享受，还能够让他们更深入地理解和体验作品中的情感和思想内涵。

### （二）文学旅游的内容

文学旅游不仅丰富了旅游体验，还有助于传承和弘扬文学遗产，促进文化交流和理解。它提供了一种全新的旅行方式，让游客在旅途中融入文学的世界，享受知识、艺术和美的结合。

文学旅游可以包括以下方面的内容：

（1）作家故居和纪念馆。参观作家的故居或纪念馆，了解他们的生平和创作背景，感受他们的思想和他们笔端营造的文学氛围。

（2）文学题材景点。游览与文学作品中描绘的场景或事件相关的景点，如小说中的城市、乡村、建筑物等，通过实地探访加深对作品的理解。

（3）文学主题旅游线路。设计以某一作家或作品为主题的旅游线路，游客可以按照作品中的情节和场景逐步游览，沿途领略文学的魅力。

（4）文学节和活动。参加文学节、文学讲座、读书会等活动，与其他文学爱好者交流并深入了解当地的文学氛围。

（5）文学创作体验。提供写作工作坊或文学创作体验活动，让游客亲身参与到文学创作的过程中，体验作家的创作灵感和思维方式。

### （三）文学旅游的策划要点

（1）目标受众。明确目标受众是谁，他们对文学感兴趣的程度及他们的阅读喜好和旅游期望等。这将有助于目的地确定合适的文学作品、景点和活动来吸引和满足他们的需求。

（2）文学作品选择。选择与目标受众兴趣相符的文学作品。这可以是著名的经典文学作品、当代畅销书或当地作家的作品。需要考虑文学作品的知名度、影响力及与目的地的相关性。

（3）景点和场所选择。确定与文学作品相关的景点、场所和地点。这可能包括作家故居、文学博物馆、书店、图书馆、历史建筑等。确保这些地点能够展现作品的背景和氛围，以及提供丰富的文学信息和体验。

（4）专业导游和讲解员。为文学旅游提供专业的导游和讲解员。他们应该对相关文学作品和作家有深入了解，能够生动地讲述作品的故事和背后的历史文化背景，为游客提供丰富的解说和解读。

（5）交互体验和活动。设计一些互动体验和活动，让游客能够更深入地参与到文学旅游中。这可以包括文学创作工作坊、读书会、演讲讲座、文学游戏等，激发游客的创造力和思考。

（6）多媒体技术应用。考虑运用多媒体技术，如音频导览、虚拟现实、增强现实等，来提升文学旅游的互动性和沉浸感。

（7）合作与推广。与当地的旅游机构、文化机构、出版社、作家协会等合作，共同推广文学旅游产品。利用各种渠道，如社交媒体、旅游网站、书店等，宣传和推广文学旅游的独特魅力。

（8）安全和便利性。确保文学旅游线路的安全性和便利性。提供良好的交通、住宿和就餐条件，同时加强安全措施，保障游客的旅行体验。

（9）持续创新和改进。不断进行反馈和改进，根据游客的反馈和市场需求进行文学旅游产品的创新和改进。关注文学领域的新作品和新动向，及时更新旅游线路和活动。通过综合考虑目标受众、文学作品、景点选择、导游服务、互动体验、合作推广等因素，可以打造出独特、吸引人的文学旅游产品，为游客带来深刻的文学体验和旅行记忆。

知识链接

### 文学旅游目的地——南京

六朝古都、十朝都会、天下文枢、中国四大古都之一、首批国家历史文化名城之一……南京城市印象"关键词"，总与历史文化紧密相连。2019年10月31日，南京正式加入联合国教科文组织创办的全球创意城市网络，并被授予"文学之都"称号。擦亮"文学之都"新名片，用文学为城市赋能，让旅途更有诗意，南京做出了一系列探索。

融入文化内涵的南京旅游产品更加丰富。中秋佳节，清代甘熙《白下琐言》中记载的、明朝鼎盛一时的"笪桥灯市"，重现南京熙南里街区。"世界文学之都南京"主题课程走进课堂，持"文学之都"南京探索护照，跟着诗词穿越南京1800年文脉，打卡乌衣巷、凤凰台等景点，随着《红楼梦》《儒林外史》品"金陵味道"，各类主题课程引导孩子们"重游"家乡。

### 本章小结

本章介绍了旅游文学、文学旅游、旅游文学与旅游体验，重点对旅游文学的类型和特点进行了详细解读。其中，对文旅融合背景下的旅游体验的重要性提出了建议。此外，对加强文学旅游形式的创新提出了可实践的方法。

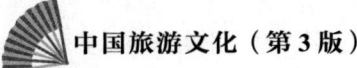

**思考与练习**

1. 什么是旅游文学？
2. 什么是旅游体验？
3. 什么是文学旅游？
4. 请举例，您所熟悉的旅游景区中，何处体现了"中国旅游文学"元素？

请同学们举办一场"旅游文学作品中的美丽中国"读书会，在分享和交流中感受中国之美。

# 参考书目

[1] 祁颖.旅游美学基础[M].北京：高等教育出版社，2004.

[2] 陈兴中，方海川，汪明林.旅游资源开发与规划[M].北京：科学出版社，2005.

[3] 苏文才，孙文昌.旅游资源学[M].北京：高等教育出版社，1998.

[4] 王熙兰.中国旅游资源概论[M].北京：中国财政经济出版社，2006.

[5] 甘枝茂，马耀峰.旅游资源与开发[M].天津：南开大学出版社，2000.

[6] 中国大百科全书出版社.中国大百科全书·民族卷[M].北京：中国大百科全书出版社，1986.

[7] 中国大百科全书出版社.中国大百科全书·语言文字卷[M].北京：中国大百科全书出版社，1988.

[8] 李晓英.中国烹饪概论[M].北京：旅游教育出版社，2007.

[9] 王兴斌.中国旅游客源国/地区概况[M].北京：旅游教育出版社，2003.

[10] 李娌.模拟导游实训[M].长春：东北师范大学出版社，2011.

[11] 聂聪.精酿啤酒酿造技术[M].北京：中国轻工业出版社，2020.

[12] 国家旅游局人事劳动教育司.汉语言文学知识[M].北京：中国旅游出版社，2004.

# 试卷 A

一、填空题（共11题，每空0.5分，共10分）

1. 公元前21世纪，禹之子_____取消了中国五帝时期的"禅让"制，登上王位，建立了中国历史上第一个王朝_____。

2. 我国是个多山的国家，山地、高原和丘陵约占陆地面积的_____。

3. 云海壮观、擎天神木、日出奇景、艳红樱花是_____最著名的四大自然景观。

4. 中国历史上一次民族大融合时期，也是中国古建筑体系的发展时期是在_____。

5. 中国古典园林理水之法一般有_____、_____、_____三种。

6. 馕是我国_____地区少数民族的特色食物。

7. 以新鲜葡萄或葡萄汁为原料，经酒精发酵酿制而成的酒精含量不低于百分之_____的饮料酒称为葡萄酒。

8. 船形屋和金字形屋是_____的传统住房。

9. 满族主要分布在我国_____和_____等地。

10. 文学史中"三曹"是指_____、_____、_____；"三苏"是指_____、_____、_____。

11. _____写意山水园林在体现自然美的技巧上取得了很大的成就，如叠石堆山、理水等技巧成熟。

二、单选题（共30题，每题1分，共30分）

1. 思想主张"存天理、灭人欲"的学者是（  ）。
   A. 荀子　　　　B. 孔子　　　　C. 朱熹　　　　D. 墨子

2. 以下作品属于东晋顾恺之的是（  ）。
   A.《列女仁智图》　　　　B.《游春图》
   C.《步辇图》　　　　　　D.《写生珍禽图》

3. 中国文字在（  ）成熟并且已经定型。

A. 夏朝　　　　　B. 西周　　　　　　C. 商朝　　　　　　D. 东周

4. 公元前770年，周平王迁都（　　），开启了中国历史上的东周时期。

A. 镐京　　　　　B. 安阳　　　　　　C. 洛阳　　　　　　D. 洛邑

5. 谥号起源于（　　）。

A. 东周　　　　　B. 西周　　　　　　C. 商朝　　　　　　D. 隋朝

6. 长期以来形成了一些树木和花卉的最佳观赏地，如北京香山观（　　）。

A. 松　　　　　　B. 牡丹　　　　　　C. 红叶　　　　　　D. 梅花

7. 下列城市中被称为水城的是（　　）。

A. 扬州　　　　　B. 苏州　　　　　　C. 杭州　　　　　　D. 张家港

8. "四面荷花三面柳，一城山色半城湖"描述的是（　　）的城市风貌。

A. 北京　　　　　B. 济南　　　　　　C. 成都　　　　　　D. 福州

9. 五岳之中以险著称的是（　　）。

A. 嵩山　　　　　B. 华山　　　　　　C. 衡山　　　　　　D. 泰山

10. "青山遮不住，毕竟东流去"指的是（　　）景区。

A. 长江三峡　　　B. 漓江　　　　　　C. 九曲江　　　　　D. 三江并流

11. 我国目前已知最早的宫殿遗址是（　　）。

A. 陕西岐山凤雏西周遗址　　　　　B. 彭头山遗址

C. 楼兰古城　　　　　　　　　　　D. 河南偃师二里头遗址

12. 西周建筑上出现与使用了（　　），解决了屋顶防水问题，是中国古建筑史上的一个重要进步。

A. 制砖技术　　　B. 瓦　　　　　　　C. 琉璃瓦　　　　　D. 屋顶

13. 高出地面的建筑物底座称为（　　）。

A. 台基　　　　　　　　　　　　　　B. 斗拱

C. 普通台基　　　　　　　　　　　　D. 最高级台基

14. 从屋顶形式上看，级别最高的是（　　）。

A. 庑殿顶　　　　　　　　　　　　　B. 歇山顶

C. 重檐庑殿顶　　　　　　　　　　　D. 单檐歇山顶

15. 我国现存规模最大的坛庙建筑群是（　　）。

A. 太庙　　　　　B. 日坛　　　　　　C. 月坛　　　　　　D. 天坛

16. 北方类型园林的特点是（　　）。

A. 明媚秀丽　　　　　　　　　　　　B. 淡雅朴丽

C. 具有热带风光　　　　　　　　　　D. 建筑富丽堂皇

17. 我国现存的保存最完整、最为典型的皇家园林是（　　）。

A. 北京颐和园 B. 北京故宫御花园
C. 北京北海公园 D. 承德避暑山庄
18. 园林植物中既属于"四君子"又属于"岁寒三友"的植物是（　　）。
A. 梅、菊　　B. 松、兰　　C. 竹、菊　　D. 梅、竹
19. 在无锡寄畅园里可以看园外的惠山，这种手法被称为（　　）。
A. 对景　　B. 借景　　C. 漏景　　D. 添景
20. 我国古典园林进入成熟时期是在（　　）。
A. 秦汉 B. 魏晋南北朝
C. 唐宋 D. 明清
21. 君山银针是黄茶中的极品，君山银针冲泡有"三起三落"之称，君山银针产于（　　）。
A. 湖南　　B. 江苏　　C. 江西　　D. 安徽
22. 茶的故乡在（　　）。
A. 日本　　B. 中国　　C. 印度　　D. 巴西
23. 《茶经》的作者是（　　）。
A. 陆羽　　B. 神农氏　　C. 有巢氏　　D. 共工氏
24. 茶在我国（　　）成为一种饮品。
A. 西周时期　　B. 春秋时期　　C. 战国时期　　D. 西汉时期
25. 传说中，茶被发现是基于它的（　　）功效。
A. 贡品　　B. 药用　　C. 食用　　D. 饮用
26. 我国人口最多的少数民族是（　　）。
A. 回族　　B. 蒙古族　　C. 壮族　　D. 满族
27. "以文为诗"、追求奇险的唐代著名作家是（　　）。
A. 杜甫　　B. 孟郊　　C. 贾岛　　D. 韩愈
28. 旅游文学作品中表现出哲思理念的是（　　）。
A.《题西林壁》 B.《游峨眉山记》
C.《虎丘记》 D.《三峡》
29. （　　）是中国旅游日发起的缘头。
A.《游黄山日记》 B.《徐霞客游记》
C.《虎丘记》 D.《峡江寺飞泉记》
30. 尊号是中国古代尊崇皇帝、皇后的称号，也称（　　）。
A. 年号　　B. 谥号　　C. 徽号　　D. 庙号

三、多选题（共 10 题，每题 2 分，至少有 2 个选项是正确的，合计 20 分）

1. 西周时期设置辅弼周王的三公，分别是（    ）。
   A. 太师  B. 太傅  C. 丞相  D. 太保
   E. 司徒

2. 隋唐时期建立起来的三省六部制，三省即为（    ）。
   A. 门下省  B. 尚书省  C. 中书省  D. 下书省
   E. 上书省

3. 有佛光出现的景区是（    ）。
   A. 峨眉山  B. 泰山  C. 庐山  D. 华山
   E. 五台山

4. 地文景观按成因可分为（    ）等类型。
   A. 花岗岩名山景观          B. 石灰岩地貌
   C. 火山熔岩地貌景观        D. 砂岩地貌景观
   E. 溶岩地貌

5. 宋代以后彩画成为官殿不可缺少的装饰艺术，主要分为（    ）。
   A. 和玺彩画  B. 苏式彩画  C. 旋子彩画  D. 山水彩画
   E. 人物彩画

6. 中国古代园林中属私家园林的有（    ）。
   A. 颐和园  B. 豫园  C. 避暑山庄  D. 拙政园
   E. 恭王府

7. 下列属于上海名点小吃的是（    ）。
   A. 南翔小笼包  B. 黄桥烧饼  C. 排骨年糕  D. 蟹黄汤包
   E. 蟹壳黄

8. 对云锦说法正确的有（    ）。
   A. 产于江苏苏州，因锦纹如云而得名
   B. 云锦使用大量的金线装饰，因此织品明丽辉煌，光彩夺目
   C. 南京云锦木机妆花手工织造技艺于 2006 年列入首批国家级非物质文化遗产名录
   D. 南京云锦木机妆花手工织造技艺于 2009 年 9 月成功入选联合国教科文组织的人类非物质文化遗产代表作名录
   E. 始织于南朝，明清尤盛

9. 我国主要信仰伊斯兰教的少数民族有（　　　）。
A. 维吾尔族　　　B. 回族　　　　　　C. 哈萨克族　　　D. 蒙古族
E. 满族

10. 旅游文学的审美意义是（　　　）。
A. 显示了人的自由　　　　　　　　B. 有利于发展人的个性
C. 激励人的创造精神　　　　　　　D. 陶冶人的性情
E. 激发人们对祖国山河的热爱

## 四、判断题（共10题，每题1分，合计10分）

1. "山顶洞人"已经懂得使用天然火，"北京人"已经会人工取火。（　　）
2. "万岁通天"是武则天的年号。（　　）
3. 丹霞地貌主要分布在江西省、福建省、河北省、湖南省和安徽省。（　　）
4. 长沙马王堆汉墓属土穴墓，明代万历皇帝的定陵属木椁墓。（　　）
5. 中国唐代以黄、绿、蓝三种颜色为釉色制成的陶制品，俗称"唐三彩"。（　　）
6. 纳西族自称"毕兹卡"。（　　）
7.《游黄山日记》不仅描写了黄山的景物及其变化，更重要的是体现了作者的科学探险精神。（　　）
8. 兵家理论集大成者是孙武，他的《孙子兵法》一直受到古今中外军事界的重视。（　　）
9. 嵩山少林寺是我国佛教禅宗的发源地，也是我国少林拳的发源地。（　　）
10. 云南白药以三七等做原料，因疗效显著，素有伤科圣药之誉和"神药""仙丹""灵芝草"之美称。（　　）

## 五、简答题（共3题，每题5分，合计15分）

1. 简要说明蒙古族的服饰特点。
2. 什么是旅游文学？
3. 中国古代建筑的特点有哪些？

## 六、论述题（1题，计15分）

试述中国古典园林的旅游价值。

试卷A参考答案

# 试卷 B

一、填空题（共11题，每空0.5分，共10分）

1. 中国最早的诗歌总集是_____，其中作品可分为_____、_____、_____三类。
2. 三朵节和火把节是_____的主要节日。
3. 蒙古族主要信仰的宗教是_____和_____。
4. 介子推"割肉奉君尽丹心，但愿主公常清明"的传说，指的是我国传统节日中的_____。
5. 苏州四大历史名园是_____、_____、_____、_____。
6. 我国现存修建年代最早、保存最为完好的藏书楼是_____。
7. 被誉为"不是夏威夷，胜似夏威夷"的海滨是海南三亚_____。
8. 1901年，_____的签订，标志着中国半殖民地半封建社会形成。
9. 我国最著名的冰川地貌景区是_____。
10. 川菜的味以多、广、厚著称，享有"_____""_____"的美誉。
11. 中国造园艺术中的"借景"理论是_____的计成在_____一书中首次提出来的。

二、单选题（共30题，每题1分，共30分）

1. 科举考试中，考中第一名称为"解元"的是下面的（　　）考试。
   A. 乡试　　　　B. 殿试　　　　C. 会试　　　　D. 朝考
2. 清代对皇帝女儿丈夫的称谓是（　　）。
   A. 驸马　　　　B. 老公　　　　C. 外戚　　　　D. 额驸
3. （　　）年，成吉思汗的孙子忽必烈改国号为元，定都大都（今北京）。
   A. 1234　　　　B. 1271　　　　C. 1217　　　　D. 1279
4. "太祖"是（　　）。
   A. 谥号　　　　B. 全称　　　　C. 庙号　　　　D. 尊号
5. 强调教育的功能，主张"有教无类"的是（　　）思想。

A. 儒家　　　　B. 道家　　　　　　C. 法家　　　　　　D. 兵家

6. 树挂是（　　）的别称。

A. 雨凇　　　　B. 海市蜃楼　　　　C. 佛光　　　　　　D. 雾凇

7. 壶口瀑布位于（　　）交界的黄河段，气势奔腾，有"天下黄河一壶收"之说。

A. 晋陕　　　　B. 晋豫　　　　　　C. 青陇　　　　　　D. 豫鲁

8. 在沙漠看到的蜃景属于（　　）蜃景。

A. 上现　　　　B. 下现　　　　　　C. 左现　　　　　　D. 右现

9. "三江并流"中的三江不包括（　　）。

A. 金沙江　　　B. 澜沧江　　　　　C. 牡丹江　　　　　D. 怒江

10. 下列景观属于人文景观的是（　　）。

A. 地文景观　　B. 建筑园林　　　　C. 天象景观　　　　D. 生物景观

11. 故宫保和殿的屋顶形式为（　　）。

A. 重檐庑殿顶　B. 重檐歇山顶　　　C. 歇山顶　　　　　D. 悬山顶

12. 我国古代建筑装饰及色彩特征的真实写照是（　　）。

A. 墙倒屋不倒　B. 雕梁画栋　　　　C. 画像石墓　　　　D. 梁枋彩画

13. 我国古塔中历史最为悠久，体形最为高大，保存数量也最多的是（　　）。

A. 楼阁式塔　　B. 亭阁式塔　　　　C. 密檐式塔　　　　D. 花塔

14. 中国规模最大、内容最丰富的石窟群是（　　）。

A. 莫高窟　　　B. 大同石窟　　　　C. 云冈石窟　　　　D. 炳灵寺石窟

15. 青藏高原上的住宅形式，结构为一间一根柱，俗称（　　）。

A. 阿以旺　　　B. 毡帐　　　　　　C. 一把伞　　　　　D. 碉房

16. 苏州拙政园、北京颐和园、承德避暑山庄、北京恭王府，分别属于（　　）园林。

A. 私家　私家　寺庙　皇家　　　　B. 皇家　私家　私家　皇家

C. 私家　皇家　皇家　皇家　　　　D. 私家　皇家　皇家　私家

17. 下列有关皇家园林，说法错误的是（　　）。

A. 规模宏大　　　　　　　　　　　B. 建筑体形高大

C. 多奇石秀水，轻盈秀丽　　　　　D. 色彩富丽堂皇

18. 下列中国古代园林中属岭南类型名园的是（　　）。

A. 何园　　　　B. 留园　　　　　　C. 清晖园　　　　　D. 豫园

19. 冠云峰、楠木殿、（　　）为留园三绝。

A. 鱼化石　　　B. 太湖石　　　　　C. 雨花石　　　　　D. 花岗岩

20. 下列关于苏州四大历史名园的名称和朝代说法正确的是（　　）。
   A. 沧浪亭（宋朝）、狮子林（清朝）、拙政园（明朝）、留园（元朝）
   B. 沧浪亭（明朝）、狮子林（元朝）、拙政园（宋朝）、留园（清朝）
   C. 沧浪亭（宋朝）、狮子林（元朝）、拙政园（清朝）、留园（明朝）
   D. 沧浪亭（宋朝）、狮子林（元朝）、拙政园（明朝）、留园（清朝）

21. 下列选项中属于中国的红茶是（　　）。
   A. 祁门红茶　　B. 大吉岭红茶　　C. 锡兰高地红茶　　D. 阿萨姆红茶

22. 公元前13世纪—公元前12世纪的商周时代，中国人独创酒曲复式发酵法，开始大量酿制（　　），开始有了饮酒习惯。
   A. 白酒　　B. 黄酒　　C. 啤酒　　D. 葡萄酒

23. 曾被誉为"中国第一黄酒"的是（　　）。
   A 女儿红　　B. 五月红　　C. 会稽山　　D. 绍兴黄酒

24. 白酒是用酒曲及酒药酿出的酒再经过蒸馏，得到的酒度较高的蒸馏酒。据考证，中国人在（　　）发明了白酒。
   A. 西周时期　　B. 西汉时期　　C. 三国时期　　D. 南宋时期

25. 1900年，俄国人在哈尔滨建啤酒厂，1904年，中国人自建啤酒厂，名为（　　）。
   A. 盛京啤酒厂　　　　　　B. 东北三省啤酒厂
   C. 哈尔滨啤酒厂　　　　　D. 大连啤酒厂

26. 流行于云南大理地区，每年三月十五日起举行的白族传统节日为（　　）。
   A. 芦笙节　　B. 歌圩节　　C. 火把节　　D. 三月街

27. 东巴教为（　　）所信仰。
   A. 蒙古族　　B. 纳西族　　C. 白族　　D. 满族

28. 三朵节是（　　）举行祭拜三朵的传统节日。
   A. 白族　　B. 苗族　　C. 纳西族　　D. 彝族

29. 傣族竹楼是属于（　　）结构的建筑形式。
   A. 抬梁式　　B. 穿斗式　　C. 干栏式　　D. 井干式

30. （　　）是我国第一部诗歌总集。
   A.《诗经》　　B.《离骚》　　C.《春秋》　　D.《风》

## 三、多选题（共10题，每题2分，至少有2个选项是正确的，合计20分）

1. 乐府诗歌的代表作是（　　）。
   A.《陌上桑》　　B.《离骚》　　C.《两都赋》　　D.《孔雀东南飞》

E.《窦娥冤》

2. 自然旅游景观包括（　　）。

　A. 地文景观　　　B. 水体景观　　　C. 人文景观　　　D. 天象景观

　E. 历史景观

3. 下列景区属于岩溶地貌景观的是（　　）。

　A. 桂林山水　　　B. 路南石林　　　C. 织金洞　　　　D. 天涯海角

　E. 大小洞天

4. 秦汉时期，我国古代建筑的许多基本特征都已形成，建筑具有（　　）三部分。

　A. 斗拱　　　　　B. 屋顶　　　　　C. 屋身　　　　　D. 台基

　E. 横梁

5. 中国古代园林的特色是（　　）。

　A. 几何规则，整齐一律　　　　　　B. 造园艺术，师法自然

　C. 均衡对称，控制自然　　　　　　D. 园林建筑，顺应自然

　E. 分隔空间，添景借景

6. 在中国园林中，可临水观景的建筑有（　　）。

　A. 书房　　　　　B. 石塔　　　　　C. 榭　　　　　　D. 堂

　E. 舫

7. 以下工艺品中，属于中国传统工艺美术"三绝"的是（　　）。

　A. 江西景德镇瓷器　　　　　　　　B. 福州脱胎漆器

　C. 北京景泰蓝　　　　　　　　　　D. 北京雕漆

　E. 天津杨柳青年画

8. "名山产名茶"一说主要是因为茶树生长的条件需要（　　）。

　A. 温暖、雨量充沛、湿度较高　　　B. 酸性土壤

　C. 弱光照　　　　　　　　　　　　D. 生长周期长

　E. 地域文化深厚

9. 旅游文学的特点是（　　）。

　A. 抒情性　　　　B. 审美性　　　　C. 知识性　　　　D. 娱乐性

　E. 展示性

10. 藏族的主要节日有（　　）。

　A. 雪顿节　　　　　　　　　　　　B. 歌圩节

　C. "那达慕"大会　　　　　　　　　D. 望果节

　E. 火把节

**四、判断题（共 10 题，每题 1 分，合计 10 分）**

1. 古代旅游文学包括描写记叙山川景物、吟咏大自然以及旅游活动的诗词、歌赋、游记、楹联、碑铭、摩崖、神话、传说、故事等。（  ）
2. 黎族主要分布在云南省。（  ）
3. 中国饮食文化的四大基础理论分别是本味主张、饮食疗疾、饮食养生、孔孟食道。（  ）
4. 五粮液因选用高粱、大米、糯米、玉米、小麦五种粮食为酿酒原料而得名。（  ）
5. 留园叠石艺术采用分峰用石的手法，运用不同石料堆叠成"春、夏、秋、冬"四景，表达了"春山宜游，夏山宜看，秋山宜登，冬山宜居"的诗情画意。（  ）
6. 颐和园是清王朝最早建造的规模最为宏大的皇家园林，全园由万寿山和昆明湖组成，总面积达 290 公顷。（  ）
7. 宫殿大门前陈设的石狮主要起"辟邪"的作用，按照中国文化的传统习俗，一般是"左雄右雌"。（  ）
8. 奉祀孔子的庙称文庙；奉祀关羽的庙称武庙；奉祀岳飞的庙称武侯祠。（  ）
9. 宁夏中卫沙坡头、内蒙古达拉特旗银肯沙丘和甘肃敦煌鸣沙山三大响沙地是最为著名的风沙地貌景区。（  ）
10. 墨家提倡"兼相爱，交相利"，政治上主张尚贤、尚同和非攻，经济上主张强本节用，思想上提倡尊天事鬼。（  ）

**五、简答题（共 3 题，每题 5 分，合计 15 分）**

1. 简述我国不同地域的气候条件对旅游活动的适宜性有什么影响。
2. 简要说明壮族的礼仪与禁忌。
3. 结合日常生活实际，谈谈中西方饮食内容上的差异。

**六、论述题（1 题，计 15 分）**

请简述明清文学的主要成就。

试卷 B 参考答案

# 后 记

党的二十大报告中指出,"高质量发展是全面建设社会主义现代化国家的首要任务",并提到"坚持以文塑旅、以旅彰文,推进文化和旅游深度融合发展",这为我们用好资源,提升服务,向世界旅游地出发指明了新方向。春夏之交、草木葱茏之际,以"畅游中国,幸福生活"为主题的"中国旅游日"活动在全国各地精彩上演。当下,旅游不仅成为人们的一种生活方式,更成为一种重要的学习方式和成长方式。淄博、哈尔滨、天水等地文旅热现象的背后,不仅是我国消费活力的提升,更是中国文化自信的彰显。对中华文化知之愈深、信之愈坚,对文化了解的渴求便愈强烈,对文旅消费的热情也愈浓郁。

本次《中国旅游文化(第3版)》修订工作,主要有以下几方面的变化:

第一,为方便广大师生,更新了配套试题资源和PPT资源,并增加了动画视频资源,图文并茂,重点突出了应知应会内容的梳理及总结,便于学生归纳记忆。

第二,在"智慧职教"平台导游专业资源库中开设了在线课程。师生可以实现"线上+线下"混合式学习。

第三,更新了部分章节的知识点,使阅读和学习更有趣味性和知识性。

第四,以旅游文化为切入点、结合点,通过旅游知识承载、凝练旅游文化中蕴藏的思政育人元素,较好实现了思政育人元素与教材内容的有机融合。

由于能力有限,书中难免有不当之处,请各位专家、学者多多批评指正!

李娌